BASTEI
LÜBBE

Hans-Christian Huf, geboren 1956 in Starnberg, ist leitender Redakteur der Fernsehserien »Sphinx – Geheimnisse der Geschichte« und »Quo Vadis«. Er studierte Geschichte an der Universität München und als Stipendiat des DAAD an der Universität Bordeaux. 1984 wurde er Mitarbeiter des ZDF und arbeitet seit 1987 in der Redaktion *Kultur und Gesellschaft.* Veröffentlichung von Beiträgen und Büchern zu kulturhistorischen Themen, u.a. »Das Land der großen Mitte«, »Sphinx – Geheimnisse der Geschichte«, Band 1 und 2, »Quo Vadis«.

Sphinx

3

Geheimnisse der Geschichte

Von Ramses II. bis zum Ersten Kaiser von China

Herausgegeben von
Hans-Christian Huf

BASTEI LÜBBE

BASTEI-LÜBBE-TASCHENBUCH
Band 64166

Lizenzausgabe im Bastei-Verlag Gustav H. Lübbe GmbH & Co.,
Bergisch Gladbach
Printed in Germany, November 1999
Textredaktion: Martin Sulzer-Reichel, Overath
Umschlag-, Buchgestaltung und Satz:
KOMBO KommunikationsDesign GmbH, Köln
Titelillustration: Grigori Berstein, Köln
Druck und Bindung:
B.o.s.s Druck und Medien GmbH, Kleve
ISBN 3-404-64166-3

Sie finden uns im Internet unter
http://www.luebbe.de

Der Preis dieses Bandes versteht sich einschließlich
der gesetzlichen Mehrwertsteuer.

Sehnsucht nach Unsterblichkeit.

Ramses –

Liebling der Götter

Hans-Christian Huf

»Er ließ die Höflinge zusammenrufen, um die beiden Kronen auf meine Stirn zu setzen. ›Befestigt die Uräusschlange auf seinem Haupt‹, sagte er zu ihnen ..., ›damit er dieses Land verwalten kann.‹«

Qurna, den 5. Juli 1881

Nach langen peinlichen Verhören gesteht der Grabräuber Muhammad Abd ar-Rassul, ein ganz besonderes Grab entdeckt zu haben. Seit Monaten war Archäologen aufgefallen, daß auf dem internationalen Kunstmarkt immer wieder Stücke von außerordentlicher Güte auftauchten, die aus einem unentdeckten Pharaonengrab stammen mußten. Der Leiter der Antikenverwaltung, Gaston Maspero, beauftragte den deutschen Archäologen Emil Brugsch, nach Luxor zu reisen, um dort Nachforschungen anzustellen. Trotz größter Anstrengungen und unzähliger Expeditionen war es selbst den ehrgeizigsten Schatzsuchern nicht gelungen, im unterirdischen Labyrinth des thebanischen Westgebirges auch nur ein einziges noch nicht ausgeraubtes Pharaonengrab zu entdeckten.

Es sollte ein ganz außergewöhnlicher Tag werden, als Muhammad Abd ar-Rassul am 5. Juli 1881 eine kleine Schar von Archäologen gen Westen führte. Doch er nahm nicht den Weg ins Tal der Könige, sondern den steilen Pfad hinauf in die Felswand von Deir el-Bahari. Etwa 60 Meter über dem Totentempel der Königin Hatschepsut fanden sie eine unzugängliche Höhle, in der sich über 40 Sarkophage stapelten. Seinen Augen kaum trauend, las Brugsch auf einem davon den Namen Ramses. Und neben Ramses, dem vielleicht größten aller Pharaonen, lagen die berühmtesten Herrscher des Neuen Reiches: sein Vater Sethos I., Ahmose, der Begründer der 18. Dynastie, dessen Gemahlin Ahmose-Nefertari, Amenophis I. sowie Thutmosis III. Doch wer hatte sie aus ihren königlichen Gräbern gerissen? Und wer hatte sie in großer Eile hier oben versteckt? Emil Brugsch stand vor einem Rätsel. In einer Nacht-und-Nebel-Aktion ließ er Sarkophage, Grabbeigaben und Mumien aus dem Versteck schaffen. Schon 13 Tage später wurde Ramses

1 (Vorhergehende Doppelseite) Kolossalstatue von Ramses II., genannt »der Große«, vor dem Tempel in Luxor

auf einem Schiff nach Kairo gebracht. Hunderte von Menschen säumten das Nil-Ufer. Schrill klangen die Schreie der Totenklage über den Fluß. Salutschüsse hallten durch das Tal. Das ägyptische Volk trauerte noch einmal um seinen größten Herrscher.

2 und 3 Die Sarkophage der Pharaonen (2, Filmszene) werden aus ihrem Versteck über den Klippen von Deir el-Bahari (3) in Sicherheit gebracht.

Paris, den 26. September 1976

Eine französische Transall-Maschine landet auf der Militärbasis Du Bourget bei Paris. An Bord befindet sich der von Bakterien und Pilzen zerfressene Körper Ramses' II. Nach langjährigen zähen Verhandlungen

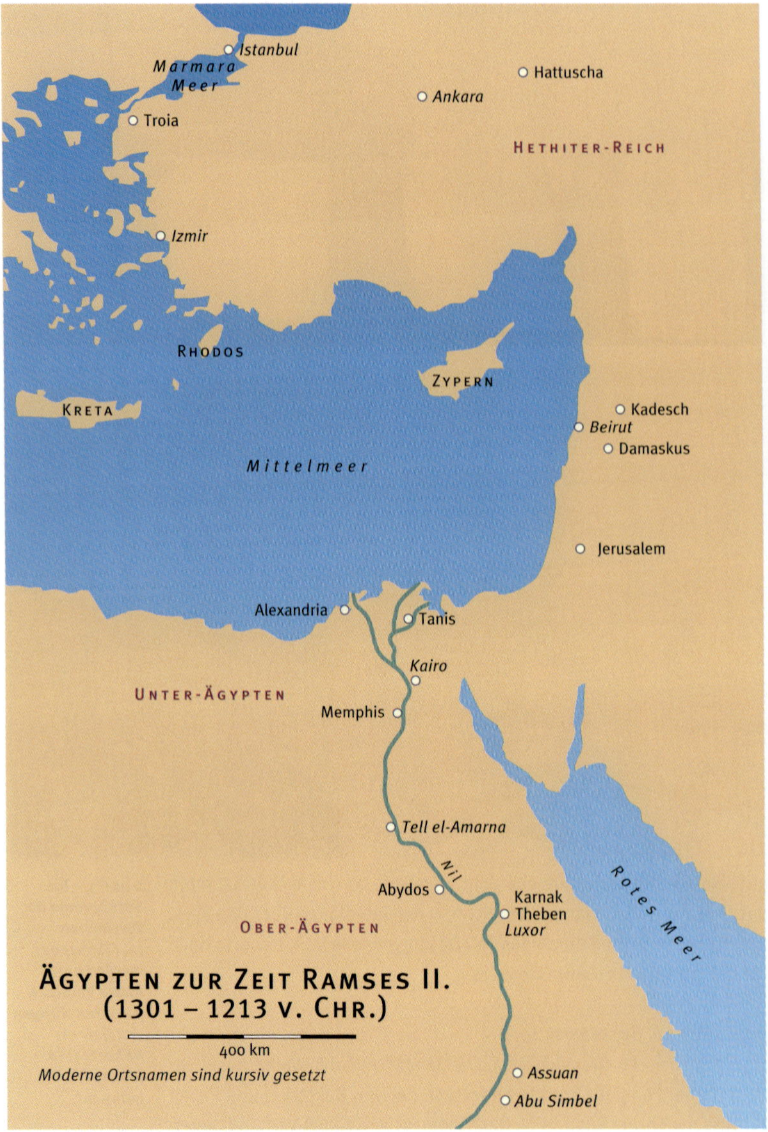
Istanbul
Marmara Meer
Hattuscha
Ankara
Troia
HETHITER-REICH
Izmir
RHODOS
ZYPERN
KRETA
Kadesch
Beirut
Damaskus
Mittelmeer
Jerusalem
Alexandria
Tanis
Kairo
UNTER-ÄGYPTEN
Memphis
Tell el-Amarna
Nil
Abydos
Karnak
Theben
Luxor
OBER-ÄGYPTEN
Rotes Meer
ÄGYPTEN ZUR ZEIT RAMSES II.
(1301 – 1213 V. CHR.)
400 km
Moderne Ortsnamen sind kursiv gesetzt
Assuan
Abu Simbel

hat sich die ägyptische Altertümerverwaltung entschlossen, seine Mumie zu einer computertomographischen und bakteriologischen Untersuchung nach Frankreich zu schicken. In einem vierhundertseitigen Dossier wird festgehalten, daß der Pharao fast 90 Jahre alt wurde, rote Haare hatte und so eitel war, diese mit Henna zu färben. Er war 1,73 Meter groß und litt in den letzten Jahren an einer schmerzhaften Gelenkentzündung. Den Tod brachte dem Herrscher aber wohl ein Zahnabszeß, der vermutlich eine Blutvergiftung auslöste. Ein jämmerlicher Tod für einen legendären Herrscher, der als Gott geboren worden war.

Memphis im Jahre 1302 v. Chr.

»Er fand sie (die Königin), wie sie ruhte im Innersten ihres Palastes. Sie erwachte wegen des Gottesduftes, sie lachte Seiner Majestät entgegen. Er ging sogleich zu ihr, er entbrannte in Liebe zu ihr; er ließ sie ihn sehen in seiner Gottesgestalt, nachdem er vor sie gekommen war, so daß sie jubelte beim Anblick seiner Vollkommenheit; seine Liebe ging in ihren Leib.«

Mit diesen Worten beschreibt Ramses den Moment, als der König der Götter Amun-Re sich mit der Königin Tuja vereinte, um ihn, den zukünftigen Herrscher von Ägypten, zu zeugen. »Ich wurde als ältester Sohn und als Erbprinz auf den Thron des Geb eingesetzt; als Oberbefehlshaber der Infanterie und der Streitwagen berichtete ich über die Zustände in den ›beiden Ländern‹. Als mein Vater vor dem Volk erschien und mich als Säugling auf seinen Armen hielt, da sagte er über mich: ›Laßt ihn krönen, damit ich seine Schönheit sehe, so lange ich noch lebe.‹«

Der Weg zur Macht

»Horus, starker Stier, Geliebter der Maat. Der Herr der beiden Diademe, Schützer von Ägypten, der die Fremdländer bezwingt. Goldhorus, Reich an Jahren, Groß an Siegen. König von Ober- und Unterägypten, Usermaatre-setepenre. Sohn des Re, Ramses, geliebt von Amun.«

Als Ramses im Jahre 1301 v. Chr. geboren wird, scheint sein Schicksal durchaus nicht so klar vor ihm zu liegen, wie es seine Geburtslegende erscheinen läßt. Wie schon die Pharaonen vor ihm läßt er seine göttliche

Zeugung durch den Hauptgott des Landes, Amun-Re, und seine leibliche Mutter Tuja erst dokumentieren, als er bereits auf dem Thron sitzt. Die Inschriften und Reliefs aus der Zeit seines Vaters Sethos I. reden nicht vom Kronprinzen. Im Gegenteil, es gibt sogar Anhaltspunkte, daß Ramses nicht von Anfang an als Nachfolger seines Vaters vorgesehen war.

Das Land am Nil ist erst wenige Jahrzehnte zuvor in den Grundfesten erschüttert worden. Es war die Zeit des Pharao Echnaton, der als »Ketzer von Amarna« in die Geschichte einging, da er versuchte, im Land der

4 Ramses opfert vor dem Gott Amun. Darstellung auf Säulen im großen Säulensaal des Amun-Tempels in Karnak.

1000 Götter den Monotheismus einzuführen: Allein dem Sonnengott Aton sollte göttliche Verehrung zuteil werden. Er schloß den großen Tempel des Amun von Karnak, entmachtete die Priester. Das bedeutete nicht nur eine Revolution des Glaubens, sondern auch der Wirtschaft, denn die Priesterschaft des Gottes Amun war neben dem Pharao der größte Machtfaktor im Land am Nil. 17 Jahre hatte dieser Pharao die Geschicke Ägyptens bestimmt. Um seine Unabhängigkeit von den mächtigen Amunpriestern zu zeigen, verließ er die damalige Hauptstadt Theben und errichtete beim mehrere Tagesreisen entfernten heutigen Tell el-Amarna seine neue Residenz: Achetaton, »Horizont des Aton«, ein Ort, der »noch keinem Gotte, keiner Göttin, keinem Fürsten, keiner Fürstin gehörte«.

Der Weg von Luxor nach Tell el-Amarna ist heute beschwerlicher als damals, denn das Gebiet gilt als Hochburg der Fundamentalisten. Nur im Konvoi gestattet man uns den Besuch der archäologischen Stätten. Selbst auf der weiten Fahrt durch einsame Wüstenwadis werden wir von schwerbewaffneten Militärs begleitet. Nach stundenlanger Fahrt über steinige Pisten und durch ausgetrocknete Flußläufe erreichen wir schließlich den Zugang zum Königsgrab Echnatons. Ergreifend ist es noch heute, zu sehen, wie dieser menschlichste aller Pharaonen seine Trauer um eine früh verstorbene Tochter tief im Inneren des Grabes in ein Relief bannen ließ. Modern und revolutionär, wie die Töchter des Pharao ihre Hände zur Sonne heben, deren Strahlen schützend und segnend auf die Herrscherfamilie fallen und Leben, Licht, Liebe und Wahrheit vermitteln. Doch die jahrtausendealten Götter Ägyptens waren unerbittlich.

KRIEG UND FRIEDEN

»Wohl, du schöner Kämpfer, der das Herz ermutigt, du rettest deine Soldaten ... Du hast ein mutiges Herz und bist der erste im Schlachtgewühl. Alle Länder ... haben dir nicht widerstanden; du warst siegreich vor dem Heere und angesichts der ganzen Welt ... Du bist der Schützer Ägyptens und Bändiger der Fremdländer.«

Direkt nach der Thronbesteigung setzt Ramses das Werk seines Vaters und Großvaters fort: die Spuren ihrer Vorgänger zu tilgen. Besonders die

Echnatons und seiner Frau Nofretete lassen sie aus dem Gedächtnis löschen. Inschriften werden ausgehackt, Tempel abgerissen, Statuen zerstört. Das Land kehrt zum Glauben der Väter zurück, und die mächtigen Amunpriester übernehmen wieder die Hebel der Macht.

Eine mächtige Festung ist Karnak, in der Hunderte von Priestern dem höchsten aller Götter dienen, das Land verwalten und wesentlichen Einfluß auf die Entscheidungen des Pharao nehmen. Nach dem Pharao ist der Hohepriester des Amun in Karnak der mächtigste Mann im Staat.

In seinem ersten Regierungsjahr setzt Ramses den ehemaligen Hohenpriester des Osiris in Abydos, Nebwennef, wohl gegen den Widerstand der Amunpriesterschaft in dieses Amt ein und schafft sich damit viele Feinde. Doch Ramses ist als Pharao Gott, höchster Priester und Herrscher in Ägypten zugleich, nur er erscheint auf den Reliefs der Tempel vor den Göttern, denn nur er kann die heiligen Riten vollziehen. Er allein, der Sohn des Amun-Re, vermag den Kontakt zwischen Göttern und Menschen herzustellen, nur ihm offenbart sich der Wille der Götter.

Ramses entfaltet zudem von Anfang an eine gewaltige Bautätigkeit. Er überzieht das Land mit Tempeln, die von seinem Ruhm künden. Und er läßt sich Tausende von Malen in Stein verewigen, denn im Jenseits kann nur bestehen, wer sich und seine Taten in möglichst großer Zahl in Stein meißeln läßt.

Keine fremde Macht bedroht das Land am Nil. Geschützt durch die Wüste und das Meer, blüht Ägyptens Reichtum und Macht, denn die Goldminen in den südlichen Provinzen und in Nubien sind scheinbar unerschöpflich. Die jährliche Nil-Überschwemmung beschert dem Volk ein sorgenfreies Leben. Bis zu zwei Ernten können die Bauern von ihren Feldern einbringen. Überall im Land arbeiten die Handwerker an den Bauprojekten, Tausende von Beamten und Schreibern verwalten das Land. All das ist das Verdienst des Pharao, des Herrschers der Welt.

Als Sohn des Pharao hat Ramses bereits an den siegreichen Feldzügen seines Vaters teilgenommen. Alle umliegenden Fremdvölker zollen ihm Tribut. Doch ein Volk bietet Ramses die Stirn. Bereits in seinen ersten Regierungsjahren kommt es zum Konflikt mit den Hethitern. Dieses Volk, das aus dem Inneren Asiens stammt und es bereits mehrmals gewagt hat, die ägyptische Vormachtstellung in Frage zu stellen, bedroht die nördliche Grenze des Nil-Landes. In seinem fünften Regierungsjahr entschließt sich Ramses, sie durch einen Kriegszug in ihre Schranken zu weisen. Sein Ziel ist die Stadt Kadesch im heutigen

5 (rechte Seite) Immer wieder läßt sich Ramses in Großstatuen verherrlichen – so wie hier in Luxor.

Westsyrien. Mit einem 20 000 Mann starken Heer macht er sich auf zur größten Schlacht der ägyptischen Geschichte.

Doch es geht nicht alles so problemlos vonstatten, wie Ramses es sich erhofft. Muwatalli, König der Hethiter, zieht von seiner Hauptstadt Hattuscha, auf dem anatolischen Hochplateau gelegen, Ramses entgegen, um dem jungen Pharao eine Lektion in Sachen Strategie zu erteilen. Verstärkt durch Hilfstruppen seiner Bundesgenossen und Vasallen erwartet er Ramses in Kadesch. Davon ahnt Ramses nichts, als er sein Heer von angeblich 3500 Streitwagen und nahezu 40 000 Kämpfern (in Wirklichkeit dürften es eher etwa 50 Streitwagen und 5000 Mann Infanterie gewesen sein) in Piramesse sammelt. »Seine Majestät machte seine Infanterie, seine Streitwagentruppe und die Schardanu ... bereit ..., indem sie mit allen ihren Waffen ausgerüstet wurden und ihnen Instruktionen für den Kampf erteilt wurden. Nach Norden zog seine Majestät ... Er hatte einen guten Start auf dem Marsch, nämlich im Jahr 5, dem 2. Monat des Sommers, am 9. Tag.« Einen Monat nach diesem Aufbruch erreicht Ramses das Umland von Kadesch. Hier informieren zwei Beduinen den Pharao darüber, daß sich die Hethiter aus Furcht vor der ägyptischen Streitmacht etwa 150 Kilometer nach Norden zurückgezogen hätten. Ramses wiegt sich in Sicherheit. Er weiß nicht, daß die beiden Späher Spione sind, die im Auftrag des Hethiter-Königs handeln. Der plant, die Ägypter bei Kadesch aus dem Hinterhalt zu überfallen.

6 Ramses II. im Streitwagen. Detail aus der Darstellung der Kadesch-Schlacht im Ramesseum.

Der Plan gelingt. Ahnungslos überquert Ramses mit nur einer seiner vier Divisionen den Fluß Orontes. Während er im Nordwesten von Kadesch das Lager aufschlagen läßt, greifen die Hethiter eine der anderen Divisionen an und zersprengen sie. Ramses rast daraufhin allein mit seinem Streitwagen aus dem Lager in die Reihen der feindlichen Soldaten. Eindrucksvoll zeigen Reliefs, in denen Ramses später diese Schlacht abbilden läßt, wie der König gottgleich über die Hethiter herfällt, um das Blatt noch zu wenden. Die großen Bildprogramme stellen stets die Aktionen des Helden, seine eigenen, in den Mittelpunkt, denn angeblich hatte ihn sein gesamtes Heer im entscheidenden Moment im Stich gelassen. »Alle Fremdländer – sie sind vereint gegen mich, während ich ganz allein bin und niemand bei mir ist und mich meine vielköpfige Armee verlassen hat. Nicht schaute einer aus meiner Streitwagentruppe nach mir, selbst als ich nach ihnen rief ... Wie feige sind eure Herzen, meine Streitwagentruppe!« Beherrschend in seinem Streitwagen, steht Ramses mit gespanntem Bogen inmitten der Schlacht, furchtlos und ungebeugt, und beschwört durch die Kraft Amuns den Sieg des ägyptischen Heeres.

Die Reliefs zeigen uns jedoch auch die Truppen im erbitterten Kampf gegen die Feinde und relativieren damit den geschriebenen Text etwas. Allerdings ist der sowohl auf den Reliefs als auch in den Inschriften besungene Sieg wohl nicht so eindeutig. Vielmehr entgeht Ramses nur knapp einer Niederlage. In den offiziellen Verlautbarungen läßt er den Hethiter-König um Frieden bitten. So läßt Ramses keinen Zweifel an seinem Sieg aufkommen. Durch die Beschreibung der Kadesch-Schlacht in Bild und Text an allen großen Tempeln im ägyptischen Mutterland macht sich Ramses zum größten Kriegsherrn der Pharaonen. Die Reliefs der Schlacht, die er auch an seinem Totentempel, dem Ramesseum, anbringen läßt, sollen über seinen Tod hinaus von seiner grandiosen militärischen Stärke berichten, seine Macht dokumentieren und alle Feinde für immer abschrecken. Der Pakt in Kadesch führt immerhin dazu, daß 16 Jahre später, im 21. Regierungsjahr Ramses' II., der älteste bekannte Staatsvertrag zweier Großmächte geschlossen wird, der erste Friedensvertrag der Welt. Ramses, Pharao von Ägypten, und Hattuschili, Nachfolger des Muwatalli und König des Hethiter-Reiches, erkennen ihr Herrschaftsgebiet gegenseitig an und schließen Frieden.

Der Herr des Harems

»Das Herz erfreuen, etwas Schönes sehen, Vorträge, Tänze und Gesänge, sich frohen Herzens freuen. Das Verweilen seiner Majestät im Garten des ›Schönen Ausflugs‹ erleben. Myrrhen auflegen, sich mit Öl salben, einen schönen Tag verbringen.«

»Die Eine, Geliebte, ohne ihresgleichen, schöner als alle Welt. Schau, sie ist wie der glänzende Neujahrsstern vor einem schönen Jahr. Die Tugendleuchtende, Strahlenhäutige mit Augen, die klar blicken, mit Lippen, die süß sprechen ..., mit hohem Hals und strahlender Brust ..., ihre Arme übertreffen das Gold, ihre Finger sind wie Lotuskelche ..., mit schmalen Hüften ..., edlen Ganges, wenn sie auf die Erde tritt, raubt sie mein Herz mit ihrem Gruß.« Für Ramses ist diese eine Geliebte seine Hauptgemahlin Nefertari. Doch wenn er auch Nefertari über alle Maßen verehrt und ihre Schönheit in unzähligen Büsten darstellen läßt, gebietet er darüber hinaus über einen auserlesenen Harem. Hier leben nicht nur die schönsten Mädchen Ober- und Unterägyptens, sondern auch dunkelhäutige Nubierinnen, hellhäutige Asiatinnen, kretische Fürstentöchter und hethitische Prinzessinnen. Der berühmte Papyrus Omlin, der im Turiner Museum aufbewahrt wird, zeigt die köstlichsten sexuellen Vergnügungen auf freizügigste Weise. Doch wir suchen diesen Papyrus im Turiner Museum, einem prächtigen Bau des 18. Jahrhunderts, zunächst vergeblich. Schließlich führt uns eine liebenswerte Museumsangestellte an den Ort, wo der Papyrus heute hängt – freilich nur ein Teil desselben mit einer unverfänglichen Tierdarstellung.

Auch die schönste Büste der Nefertari an der Seite von Ramses II. befindet sich bereits seit dem Anfang des letzten Jahrhunderts in der italienischen Barockstadt. Den »ägyptischen Apoll von Belvedere« nannte

Jean-François Champollion, der Entzifferer der Hieroglyphen, diese Statue Ramses' II., als er sie erstmals in Turin bestaunte. Und das Museum beherbergt noch mehr einmalige Stücke. Zu Beginn unseres Jahrhunderts kamen die bisher einzigen Grabbeigaben der Nefertari nach Italien. Ernesto Schiaparelli, der damalige Direktor des Museums, hatte bei Ausgrabungen im Tal der Königinnen auch das Grab der Nefertari entdeckt. Die wenigen Gegenstände, die in dem bereits vor Jahrtausenden ausgeraubten Grab gefunden wurden, kamen so nach Turin.

Doch Nefertari ist nicht die einzige »große königliche Gemahlin« Ramses' des Großen. Neben ihr gibt es vor allem Isetnofret, die Mutter des Merenptah (auch: Merneptah oder Meneptah geschrieben), der seinem Vater nach fast sieben Jahrzehnten auf den Thron folgt. In der Weihe-Inschrift im Tempel von Abydos, den Ramses für seinen Vater Sethos I. fertigstellen läßt, berichtet er auch davon, daß ihm ein Frauenhaus übergeben wurde. »Auch richtete er mir einen Harem ein, einen königlichen Harem, wie er den Schönen des Palastes zukommt.«

Um so mehr verwundert es, daß beide großen königlichen Gemahlinnen nicht aus der königlichen Familie stammen, wie dies allgemein üblich ist. Weder von Nefertari noch von Isetnofret sind die Eltern oder andere Verwandte bekannt. Eine beliebte These besagt, daß Nefertari aus der Familie Echnatons stamme. Das einzige Indiz für diese These ist ein Knopf aus blauer Fayence von einem Möbelstück, den Ernesto Schiaparelli im Grab der Nefertari fand. Dieser Knopf trägt die Kartusche des Pharao Eje, der dem jung verstorbenen Tutanchamun, seinerseits ein Nachfolger Echnatons, auf den Thron folgte. Aus welchem Grund sollte Nefertari ein Möbelstück aus der Zeit Ejes mit ins Grab nehmen? Nostalgische Erinnerungen? Ein Stück aus dem Familienerbe? Wer kann es wissen.

Auch Isetnofret ist bereits vor der Thronbesteigung Ramses' II. mit ihm vermählt. Es scheint, daß sie ihr Leben lang im Schatten Nefertaris stand: Ihr baut Ramses keinen Tempel, keine Statue zeigt sie mit ihrem Gemahl, und keine Legende rankt sich um ihre Herkunft. Einzig durch ihre Kinder gelingt es ihr, die Rivalin zu übertrumpfen. Ihr Sohn Chaemwaset, der vierte der Königssöhne, setzt seiner Mutter in Memphis – seinem Amtsbezirk als Hoherpriester des Ptah – mehrere Denkmäler, und ihr Sohn Merenptah wird schließlich der Nachfolger Ramses' II. – ein Triumph, den Isetnofret sicher nicht mehr erlebte, denn ihr Sohn muß zu diesem Zeitpunkt schon weit über 60 Jahre alt gewesen sein.

7 Die Königin Nefertari wird von der Göttin Isis geführt. Grabmalerei.

Neben diesen beiden Königinnen hat Ramses noch fünf weitere »große königliche Gemahlinnen«, von denen mindestens drei auch seine Töchter sind. Die Ehe zwischen Vater und Tochter wie die zwischen Bruder und Schwester ist bei den Pharaonen nicht ungewöhnlich. Letztere hat sogar theologische Wurzeln, heiratete doch auch der Gott Osiris seine Schwester Isis. Interessanterweise lautet das ägyptische Wort für Ehefrau »senet« – Schwester.

Ramses muß aber auch aus Gründen der Staatsräson heiraten. In seinem 34. Regierungsjahr nimmt der Achtundfünfzigjährige die hethitische Prinzessin Maathorneferura zur Frau und besiegelt damit endgültig den Friedensvertrag mit dem Volk der Hethiter. Die sogenannte Hochzeitsstele am Tempel von Abu Simbel berichtet über dieses Ereignis: »Da veranlaßte er (König Hattuschili), daß seine älteste Tochter – mit ihr herrlichste Gaben an Gold und Silber, sehr viel, grenzenlos – abgesandt wurde mit ihren Ehrengeschenken für den König von Ober- und Unterägypten, Usermaatre-Setepenre, den Sohn des Re, Ramses von Amun geliebt.«

Im Laufe seiner langen Regierungszeit zeugt Ramses mindestens 40 Töchter und 45 Söhne. Bedenkt man die Kindersterblichkeit und die Tatsache, daß es sich hierbei nur um die von ihm legitimierten Kinder handelt, so schreibt sich Ramses auch mit der Zahl seiner Nachkommen in die Geschichte ein. Geschickt setzt er seine Söhne an die höchsten Positionen des Landes. Die älteren dienen ihm als Mittler zwischen sich und der Armee. Die Jüngeren werden Hohepriester in Memphis und Heliopolis.

Doch keinem seiner Söhne übergibt er das Amt des Hohenpriesters des Amun von Karnak, das höchste religiöse Amt im Land und zugleich das mächtigste. Ramses ist ein begnadeter Machtpolitiker. Fest steht, daß es während der gesamten Regierungszeit des Königs keine Thronstreitigkeiten unter seinen Kindern gibt. Er ist das unbestrittene Oberhaupt der Großfamilie.

Der König ist tot, es lebe der König

»Nimm dir eine Frau, solange du jung bist… Sie wird dir einen Sohn gebären, während du rüstig bist. Du wirst Nachkommen haben. Ein Mann, der über Menschen verfügt, wird wegen seiner Kinderschar gerühmt.«

(Lehre des Ani)

Im Jahre 1248 v. Chr. erfüllt fieberhafte Unruhe den Tempel von Abu Simbel. In wenigen Wochen wird die sehnlichst erwartete Nil-Überschwemmung eintreten, und in wenigen Tagen wird Ramses sein erstes Sedfest feiern. Dann wird der Tempel seiner Bestimmung übergeben, denn für dieses, sein 30. Regierungsjahr, hat Ramses ihn erbauen lassen. Der König ist inzwischen 54 Jahre alt, im damaligen Ägypten ein fortgeschrittenes Alter. Es ist Zeit, die königlichen Kräfte zu erneuern.

Nach 30 Jahren Herrschaft, glaubt man, haben sich die Kräfte des Pharao erschöpft. Damit er weiterhin das Land am Nil regieren kann, muß er beweisen, daß er noch über die nötigen körperlichen Fähigkeiten verfügt. In einem magischen Ritual wird am Vorabend der Feier eine Statue des Königs bestattet. Der »alte« König muß rituell getötet werden, um dem »neuen«, dessen Kraft noch unverbraucht ist, Platz zu machen. Dieser neue König erscheint dann, geschmückt mit den Kronen von Ober- und Unterägypten, am nächsten Morgen vor dem jubelnden Volk.

8 Figur der Meritamun, Tochter und Gemahlin von Ramses aus seiner Ehe mit Nefertari.

Für den Pharao ist das eine gefährliche Zeit, denn mindestens zweimal wird das Sedfest dazu mißbraucht, den König tatsächlich umzubringen. Nur Jahrzehnte nach Ramses II. wird Ramses III. wenige Tage vor seinem zweiten Sedfest das Opfer einer Verschwörung. Doch sein großer Vorgänger, Ramses II., übersteht das Fest unversehrt und erneuert seine magische Kraft. Als sichtbares Zeichen dieser Erneuerung bringt kurze Zeit später die Nil-Überschwemmung dem Land neue Fruchtbarkeit. Damit stellt der König unter Beweis, daß er zu Recht die Krone trägt.

Eine neue Residenz

»An eben diesem Tage zog das ganze Heer des Herrn aus Ägyptenland.«
(Ex. 12,41)

Als Ramses die Herrschaft von seinem Vater übernimmt, liegt die Residenz des Reiches wie einst unter den Pyramidenerbauern Cheops, Chephren und Mykerinos in Memphis. Hier befindet sich der große Hafen Per-nefer, von dem aus die Schiffe stromauf und stromab lossegeln, hier auch sind die Streitwagentruppen des Landes stationiert. Und nicht zuletzt sitzen hier die Schmiede, die das Heer mit Waffen versorgen. In der Nähe des königlichen Palastes erheben sich die Villen und Landhäuser der Reichen und Schönen.

Wer Memphis – und sei es auch nur für kurze Zeit – verlassen muß, fühlt sich von der Welt abgeschnitten, wird von Heimweh geplagt. »Sieh, mein Herz ist heimlich davongegangen. Es läuft zu einem Ort, den es kennt. Es zieht südwärts, Memphis zu sehen. Ach wäre ich an seiner Stelle. Ich sitze und warte auf mein Herz, daß es mir sage, wie es in Memphis geht.«

Doch Ramses genügt die ruhmreiche alte Stadt nicht, er will eine eigene, die seinen Namen tragen und für immer mit seiner Person verbunden sein soll. Eine Stadt, die Theben und Memphis an Schönheit und Ruhm noch übertreffen soll. Im östlichen Delta, am pelusischen Nil-Arm, fast an der Nordost-Grenze Ägyptens gelegen, läßt Ramses seine neue Residenz errichten: Piramesse, das »Haus des Ramses«. Im zehnten Jahr der Regierung des Pharao wird Piramesse offizieller Regierungssitz.

Lange Zeit glaubte man, daß Piramesse, die Ramses-Stadt der biblischen Überlieferung, im ägyptischen Tanis zu finden sei. Erst in den vergangenen Jahren hat sich diese Vermutung als falsch erwiesen. Die Denkmäler des Ramses erlitten – Ironie der Geschichte – das gleiche Schicksal wie die Statuen und Reliefs seiner Vorgänger: Sie wurden von den Königen der 21. Dynastie usurpiert und wiederverwendet. Piramesse war für nachfolgende Generationen ein willkommener Steinbruch. Nichts ist geblieben von der faszinierenden Stadt, deren Ruhm weit über die Grenzen des Reiches hinausstrahlte. »Ich fand sie über alle Maßen prächtig, eine herrliche Gegend, die nicht ihresgleichen hat, genau nach dem Grundriß von Theben. Re selbst hat sie gegründet. Eine Residenzstadt, wo man angenehm lebt! Ihre Felder gedeihen mit allen guten Dingen, und sie spenden Speise und Nahrung tagtäglich. Ihre Gewässer sind voller Fische und ihre Seen voller Vögel. Ihre Wiesen grünen von Kräutern und Pflanzen. Die Früchte des Johannisbrotbaumes besitzen den Geschmack des Honigs von feuchten Feldern. Ihre Scheunen sind voll von Gerste und Emmer: Bis zum Himmel reichen sie hinauf! Zwiebeln und Lauch, Lattich an den Hainen, Granatäpfel, Äpfel und Oliven; Feigen in den Obstgärten und dazu der süße Wein von Kankeme, der den Honig übertrifft.« Sic transit gloria mundi – so endet der Ruhm auch der größten der Herrscher. In kürzester Zeit wird zerstört, geschleift, dem Erdboden gleich gemacht, was für die Ewigkeit gedacht war.

Es ist heute gar nicht so einfach, die einst leuchtende Pharaonenstadt im unteren Nil-Delta zu finden. Auch unser Fahrer Amin el-Walili, der schon viele Journalisten und Archäologen gefahren hat, findet den richtigen Weg nicht auf Anhieb. Und es ist kläglich, was von der einstigen Residenz geblieben ist. Nur durch neuere Ausgrabungen sind wir über das einstige Aussehen von Piramesse unterrichtet. Das Zentrum der Stadt bildete die gewaltige Palastanlage des Königs. Östlich davon lagen die Quartiere des Militärs und westlich die herrschaftlichen Anwesen der hohen Würdenträger sowie die Häuser der Prinzen. Handwerker, Händler und kleine Beamten bewohnten jeweils ein eigenes Stadtviertel. Anders als die über Jahrhunderte gewachsenen und immer wieder erweiterten Städte Memphis und Theben wurde Piramesse quasi auf dem Reißbrett entworfen.

Doch für kurze Zeit übertrumpft Piramesse Memphis. Von seinen Häfen laufen die Schiffe aus. Die Reichen lassen sich neue Villen und Landgüter anlegen, das Militär verlegt die Garnison nach Nordosten, die Handwerksbetriebe folgen. Das ehrwürdige Memphis wird Provinz.

9 Nicht viel ist in Tanis erhalten. Kolossalstatue von Ramses aus Piramesse.

An den Bau dieser Stadt knüpft sich auch die Vermutung, daß Ramses der Pharao des Exodus gewesen sein könnte. »Als nun Josef gestorben war ..., wuchsen die Nachkommen Israels und zeugten Kinder und mehrten sich und wurden überaus stark, so daß von ihnen das Land voll ward. Da kam ein neuer König auf in Ägypten ... und sprach zu seinem Volk: Siehe, das Volk Israel ist mehr und stärker als wir. Wohlan, wir wollen sie mit List niederhalten ... Und man setzte Fronvögte über

10 Die »Israel-Stele« im Ägyptischen Museum in Kairo von Merenptah, Sohn und Nachfolger von Ramses II. Auf dieser Stele erklärt Merenptah, daß er das Volk Israel auf einem Feldzug niedergeschlagen hat.

sie, die sie mit Zwangsarbeit bedrücken sollten. Und sie bauten dem Pharao die Städte Pitom und Ramses als Vorratsstädte ... Da zwangen die Ägypter die Israeliten unbarmherzig zum Dienst und machten ihnen ihr Leben sauer mit schwerer Arbeit in Ton und Ziegeln.« (Ex 1,6–14). Ramses braucht tatsächlich Millionen von Ziegelsteinen, um seine neue Residenz zu errichten, die wirklich »Ramses-Stadt« heißt. Doch ist Ramses der Pharao des Exodus? Knechtet er das Volk Israel, um sein gigantisches Bauprogramm durchzuführen?

In Hollywood zumindest stellt dies niemand in Frage. Im Klassiker »Die zehn Gebote« spielt Yul Brynner überzeugend Ramses den Großen, der letztlich gegen Moses-Charlton-Heston den Kürzeren zieht. Die Wissenschaft bezweifelt jedoch schon seit Jahrzehnten, daß Ramses der Pharao des Exodus ist. Ob das je bewiesen werden kann, muß die Zukunft erweisen.

EIN GEWALTIGES BAUPROGRAMM

»Mein Vater Amun ... Habe ich dir nicht überaus viele Denkmäler errichtet und deine Tempel angefüllt? ... Habe ich nicht für dich meinen Totentempel erbaut? ... Ich habe dir hohe Pylone erbaut und dir selber ihre Flaggenmasten aufgestellt, ich habe dir Obelisken aus Elephantine gebracht, wobei ich selber den Steinträger spielte!«

11 Lehmziegelherstellung wie vor Jahrtausenden. War Ramses II. der Pharao, der die Israeliten mit Zwangsarbeit bei der Ziegelherstellung knechtete?

Es gibt keinen Pharao in der fünftausendjährigen Geschichte Ägyptens, der mehr baut als Ramses II. Von keinem anderen findet man noch heute so viele Kolossalskulpturen, Inschriften und Tempel. Um das zu schaffen, erfinden seine Künstler eine neue Art, Reliefs und Inschriften einzumeißeln. Wurden bisher die Wände mit erhabenen Reliefs geschmückt, so geht man nun dazu über, versenkte Reliefs auszuführen. Anstatt den gesamten Hintergrund abtragen zu müssen, werden die Zeichen in die Wandfläche hineingeschlagen, eine weitaus schnellere Methode.

Doch damit nicht genug. Zu jedem Tempel gehören unzählige Statuen. Wie soll Ramses diese in kurzer Zeit beschaffen? Er wählt ein ge-

12 ***Fassade des Amun-Tempels von Luxor mit Kolossalstatuen von Ramses II. Der fehlende rechte (westliche) Obelisk steht heute auf der Place de la Concorde in Paris.***

niales Mittel: Er läßt auf den Denkmälern die Namenskartuschen der früheren Könige aushacken und setzt seinen eigenen Namen an deren Stelle, womit die Statue zu einer Darstellung Ramses' II. wird, denn das geschriebene Wort ist Wahrheit.

Die Tempel, die seine Arbeiter im ganzen Land erbauen, sind ein beredtes Zeugnis ihrer Tüchtigkeit. An keinen Pharao erinnern gigantischere Obelisken. Der harte Granit wird in mühevoller Kleinarbeit aus dem Steinbruch gesprengt und später mit Feuer geglättet. Lange Zeit rätselten Archäologen, wie es den Ägyptern überhaupt gelingen konnte, einen Obelisken von 40 Metern Höhe und teils über 1000 Tonnen Gewicht nicht nur vom Steinbruch bis zum jeweiligen Tempel zu transportieren, sondern ihn dort auch aufzurichten. Zahlreiche Arbeiter zogen den Giganten zunächst auf eine dafür vorbereitete Sandrampe, die

dann vorsichtig unter dem Fuß des Steins abgetragen wurde, so daß er Zentimeter für Zentimeter nach unten rutschte und sich schließlich aufrichtete.

Als Mohammed Ali im Jahre 1831 einen Obelisken aus Luxor nach Paris verschenkte, wurde dieser in einer lebensgefährlichen Aktion auf ein Schiff transportiert und vom Nil über das Meer gebracht. Über 200 000 Schaulustige strömten am Morgen des 25. Oktobers 1832 auf die Place de la Concorde, um Augenzeugen der Aufrichtung des Obelisken zu werden, der einst zum ewigen Ruhme Ramses' II. vor dem Pylon des Luxor-Tempels stand. Doch weit mehr als nur seine Obelisken zeugen vom gewaltigen Bauprogramm Ramses' des Großen.

Nie wurde eine größere Säulenhalle als die des Amun-Tempels von Karnak gebaut. Ein ganzer Wald von 122 Papyrussäulen trug einst die

13 Die Tempelanlagen von Abu Simbel.

Decke des Saales. Die zwölf Mittelsäulen mit einer Höhe von 23 Metern und einem Durchmesser der Kapitelle von 1,5 Metern bilden eine wahre Allee, durch die einst Priester in großen Prozessionen schritten. Im Ramesseum liegt der größte Granitkoloß, der sich in Ägypten erhalten hat. Über 1000 Tonnen wiegt die einst über 17 Meter hohe Sitzstatue. Auch keine größere Residenz wurde je in so kurzer Zeit geschaffen als Piramesse. Und kein Pharao errichtete im fernen Nubien mehr Felsentempel als Ramses II. Der gewaltigste dieser Tempel: Abu Simbel. 280 Kilometer südlich von Assuan, der damaligen Grenze Ägyptens nach Kusch, ließ Ramses einen ganzen Berg aushöhlen.

Bereits früh in seiner Regierungszeit hat er die Anlage in Auftrag gegeben. Im größeren Tempel sollen Amun, Re-Harachte und Ramses selbst verehrt werden, der kleinere der beiden ist für seine Gemahlin

Nefertari. Vier 22 Meter hohe Kolossalstatuen des Königs flankieren den Eingang des großen Tempels. Jede von ihnen hat einen eigenen Namen, jede erfährt göttliche Verehrung.

Zweimal im Jahr hat der Sonnenaufgang in Abu Simbel eine ganz besondere Bedeutung. Am 20. Februar und am 20. Oktober ereignet sich hier das sogenannte Sonnenwunder: Die Achse des großen Tempels ist so ausgerichtet, daß die Strahlen der aufgehenden Sonne durch alle Tempelräume hindurch bis ins 64 Meter tief im Fels gelegene Allerheiligste dringen und dort die in den Fels gemeißelten Kultbilder bescheinen. Zunächst den Gott Amun-Re gemeinsam mit dem Pharao und wenige Augenblicke später die Statue des Re-Harachte. Dieser ist auch direkt über der Eingangspforte des Tempels dargestellt. Durch die Hinzufügung von nur zwei Schriftzeichen, einem schakalköpfigen Stab auf der rechten Seite und einer kleinen Figur der Göttin Maat auf der linken wird die Gestalt des Gottes zur Inkarnation des Königs, denn in der Hieroglyphenschrift geben diese drei Symbole den Thronnamen des Ramses wieder: »User-Maat-Re«. Der Göttertempel ist also zugleich ein Ort der Verehrung für den König.

Ganz ähnlich ist auch der kleine Tempel von Abu Simbel konzipiert. Nefertari erscheint hier als Verkörperung Hathors, der Göttin der Liebe und der Musik. Dieser Tempel erregt in der Priesterschaft Unmut, denn einzig der Pharao ist göttlich. Zudem ist dies eine Provokation für Isetnofret, die ihm mehrere Söhne geboren hat. Doch sein beständiges Streben nach Unsterblichkeit auch für seine Geliebte ist so stark, daß er rigoros mit den Traditionen bricht. Mit den Tempeln von Abu Simbel, die speziell für das 30. Regierungsjahr des Pharao errichtet werden, das Jahr, in dem er erstmals das Sedfest feiert, dokumentiert Ramses die Verjüngung des Königtums. Doch die Erneuerung der Kräfte des Pharao haben offensichtlich keine Wirkung auf die Königin. Nefertari erlebt es wohl gerade noch mit, als die beiden Tempel von Abu Simbel eingeweiht werden. Allerdings kann sie selbst schon nicht mehr an den Feierlichkeiten teilnehmen, liegt schwer krank in Piramesse. Wenig später ist sie tot. Die große königliche Gemahlin, die seit der Thronbesteigung Ramses' immer an seiner Seite stand, wird im für sie vorbereiteten Grab im Tal der Königinnen bestattet.

14 Die Königin Nefertari beim Brettspiel. Darstellung aus dem Grab der Königin.

DAS SCHÖNSTE GRAB FÜR DIE SCHÖNSTE

»Die Eine, Geliebte, ohne ihresgleichen, schöner als alle Welt. Schau, sie ist wie der glänzende Neujahrsstern vor einem schönen Jahr.«

Heute gehört der Besuch dieses Grabes zu den eindrucksvollsten Begegnungen mit der ägyptischen Unterwelt. Das Getty Conservation Institute unter der Leitung des Italieners Paolo Moro restaurierte dieses Grab in sechs Jahren. Heute erhalten, Gott sei Dank, nurmehr 150 Besucher pro Tag Zugang und erleben so ganz unmittelbar die unglaubliche Strahlkraft und Heiterkeit altägyptischer Grabmalerei. Die meisterlichen Reliefs zeigen Nefertari in der jenseitigen Welt, wo sie Osiris, dem Herrscher der Unterwelt, begegnet, vor der Göttin Hathor opfert, als deren Inkarnation sie in ihrem Tempel in Abu Simbel verehrt wird und die der Königin hier im Grab so auffällig ähnlich sieht. Sie tritt vor Ptah, den Herrn der Wahrheit, opfert Thot, dem göttlichen Schreiber. In einer Laube ist sie beim Senet-Brettspiel dargestellt, einem beliebten Zeitvertreib des Volkes am Nil. Im Grab jedoch hat das Spiel eine andere Bedeutung. Es ist eine Reise durch das Jenseits, in deren Verlauf der Spieler verschiedene Stationen der Unterwelt passiert. Am Ende der Partie wird er in die Unterwelt aufgenommen. Nefertari spielt um ihr jenseitiges Leben.

DAS GRÖSSTE GRAB FÜR DIE GROSSEN

»Der Westen ist ein Land des Schlafs, dichter Finsternis, der Wohnort derer, die dort sind, die in ihren Särgen schlafen. Sie erwachen nicht, ihre Geschwister zu sehen. Sie schauen ihre Väter und Mütter nicht. Ihre Herzen vergessen ihre Frauen und Kinder.«

Während Ramses seiner Lieblingsgemahlin das schönste Grab bauen läßt, legt er für seine Söhne das größte im Tal der Könige an. Wir besuchen den amerikanischen Ägyptologen Kent Weeks, der es zu seiner Lebensaufgabe gemacht hat, das Geheimnis um dieses Grab zu lüften. Nach zwei kleineren Eingangsräumen öffnet sich der Durchgang zu einer Halle mit 16 Pfeilern. Dahinter schließt sich ein Korridor mit 16 Kammern an, an dessen Ende eine Statue des Gottes Osiris aus dem Fels herausgearbeitet ist. Links und rechts davon zweigt je ein weiterer Korridor ab, von denen wiederum je 16 Kammern abgehen, so daß es allein hier 48 kleine Kapellen gibt. Zwei weitere Schächte führen vom Eingang des Grabes unter der Straße hindurch ins Tal der Könige. Doch wohin? Ins Grab des Vaters? Kent Weeks hat noch spannende Entdeckungen vor sich.

Bisher hat er nur die Namen von vier Ramses-Söhnen gefunden. Doch wo sind die 40 anderen? Wurden auch sie hier bestattet? Barfuß und fast nackt, kriechend und in Hockstellung schleppen die Mitarbeiter des Archäologen in Körben den Schutt aus dem Labyrinth. Die Seitenräume sind bis zur Decke mit Geröll verfüllt. Jahre werden vergehen, bis die Archäologen das Grab gesäubert haben. Was werden sie finden? Gibt es einen Gang zum Grab des Vaters, dessen Eingang nur wenige Meter von diesem entfernt liegt? Hat Ramses auf diese Weise für die jenseitige Existenz seiner Söhne vorgesorgt?

Jahr um Jahr vergeht. Oft hält der Tod Einzug in den königlichen Palast, Ramses überlebt die meisten seiner Familienangehörigen. Seinen ältesten Sohn, den Thronerben. Seine Lieblingsgemahlin Nefertari, seine zweite Frau Isetnofret, deren Söhne Ramses und Chaemwaset und viele andere mehr. Manchmal hält er sich wohl selbst für unsterblich. Erst in seinem 67. Regierungsjahr hört das Herz des Herrschers auf zu schlagen, und die Vorbereitungen für die Ewigkeit werden getroffen.

FOREVER YOUNG

»Deine Glieder bestehen fort, und du verwest nicht, du verfaulst nicht und löst dich nicht auf, du stinkst nicht und zerfällst nicht, du wirst dich nicht in Würmer verwandeln.«

(Tb 154)

Zunächst gilt es, den Körper für die Ewigkeit zu bewahren. Denn für die Alten Ägypter ist das Wohlergehen der Seele von der körperlichen Unversehrtheit abhängig. Die Seele in Gestalt eines Vogels fliegt täglich mit dem Sonnengott zum Himmel, um gemeinsam mit ihm den Sonnenlauf zu vollziehen, und kehrt allnächtlich zum Grab zurück, um sich dort wieder mit dem Körper zu vereinen. Daher muß der Körper bewahrt werden, um den Kreislauf der täglichen Belebung durch die Seele zu gewährleisten.

Als mythisches Vorbild und theologische Erklärung der Mumifizierung dient das Schicksal des Osiris, der nach ägyptischem Glauben einst als König der Lebenden herrschte, dann aber aus Haß und Neid von seinem Bruder Seth getötet wurde. Die Göttin Isis, Frau und Schwester des Verstorbenen, erweckte ihn jedoch soweit zum Leben, daß er mit ihr einen Sohn zeugen konnte, Horus. Dieser wurde zum Herrscher der Lebenden, Osiris aber zum Herrscher der Toten. So wie Isis den Körper ihres Gatten Osiris für die Ewigkeit bewahrte, sollen fortan alle Leichname konserviert werden.

Im Laufe der Jahrhunderte werden die Ägypter zu Meistern der Mumifizierung. Schon früh haben sie erkannt, daß der Verwesungsprozeß in der Gehirnmasse sowie in den Eingeweiden des Bauchraumes beginnt. Deshalb muß beides als erstes entfernt werden. Auch Ramses wird nach den Riten einbalsamiert, die der Geschichtsschreiber Herodot im 5. Jahrhundert v. Chr. beschreibt: »Nach der Totenklage bringen sie den Toten zur Einbalsamierung ... Die vornehmste Art ist folgende. Zuerst ziehen sie mit einem gekrümmten Eisendraht durch die Nasenlöcher das Gehirn heraus ... Sodann schneiden sie ... den Leib an den Weichteilen entlang auf und holen das ganze Eingeweide heraus. Wenn sie es gereinigt und mit Palmwein ausgespült haben, spülen sie es noch einmal mit zerriebenem Räucherwerk. Sodann füllen sie die Bauchhöhle mit unvermischter zerriebener Myrrhe, Kasia und den übrigen Spezereien ... und nähen sie wieder zu. Wenn sie das gemacht haben, balsamieren sie die Leiche mit Natron ein und verwahren sie siebzig Tage ... Nach Ablauf der siebzig Tage waschen sie die Leiche, umwickeln den ganzen Körper mit Streifen von Leinwand ..., die sie mit Gummi überstreichen. Das ist die Art, wie die Reichsten ihre Leichen behandeln.«

Hunderte von Arbeitern sind überall im Land in sogenannten Lebenshäusern damit beschäftigt, die Verstorbenen zu mumifizieren. Für Ramses wird die Zeremonie im Lebenshaus von Piramesse vollzogen. Sorgfältig wird sein Körper mit dem besten Leinen umwickelt. Unzählige Amulette aus Jaspis, Türkis, Lapislazuli, Fayence und Gold werden zwischen die Mumienbinden gebettet, ein kostbarer Skarabäus wird ihm auf das Herz gelegt. Die Handgelenke des Pharao sind mit ziselierten Armreifen geschmückt, um den Hals trägt er mehrere Kragen. Die Finger und Zehen werden in Goldhülsen gesteckt, und der Kopf wird mit einer goldenen Totenmaske bedeckt.

Ramses ist gerüstet für die Ewigkeit. Ein letztes Mal fährt die Staatsbarke den Pharao durch sein Reich. Auf der zwei bis drei Wochen dauernden Reise von Piramesse nach Theben nimmt das Volk Abschied von seinem Herrscher, der über sechs Jahrzehnte lang die Geschicke Ägyptens lenkte. Heute ist seine Mumie in einem vollklimatisierten Raum des Ägyptischen Museums ausgestellt und täglich den Blicken von Zehntausenden von Touristen aus aller Welt ausgesetzt.

Ein Haus für die Ewigkeit

»Zum Westen! Zum Westen! ... Der große Hirt ist davongegangen. Er zieht an uns vorbei. Ach, daß du auf uns blickest! ... In Frieden! In Frieden! Zum Westen, du Gelobter, zieh in Frieden!«

Theben im Jahre 1213 v. Chr.

In Theben ist das für Ramses vorgesehene Grab im Tal der Könige schon lange bereit. Es soll Heimstatt des verstorbenen Königs sein, aber auch Pfad für die Sonne durch die nächtliche Unterwelt. Denn so wie der Pharao am Ende seines Lebens im Westen bestattet wird, tritt auch der zum Greis gealterte Sonnengott allabendlich durch das westliche Horizonttor in die Unterwelt ein. Das einzige Fahrzeug, mit dem es möglich ist, durch die ägyptische Unterwelt zu reisen, ist die Sonnenbarke. Auf ihr steht der widderköpfige Sonnengott Amun-Re, beschützt von einer Schlange. Auf dieser Barke durchzieht er die nächtliche Unterwelt, um bei Tagesanbruch als jugendliche Morgensonne am Osthimmel emporzusteigen.

Die Wände des Grabes sind mit religiösen Bildern und Texten geschmückt, die die Reise der Sonne durch die zwölf Stunden der Nacht sowie ihre morgendliche Wiedergeburt darstellen. Spezielle »Unterweltsbücher« beschreiben minutiös die Fahrt des Sonnengottes durch die Unterwelt, bei der er die Verstorbenen erweckt. 74 verschiedene Gestalten kann der Sonnengott annehmen, die alle in der sogenannten Sonnenlitanei genannt sind. Das Buch »Amduat« oder die »Schrift der verborgenen Kammer« beschreibt ausführlich, was in den zwölf Nachtstunden in den

15 Die berühmte Mumie von Ramses II.

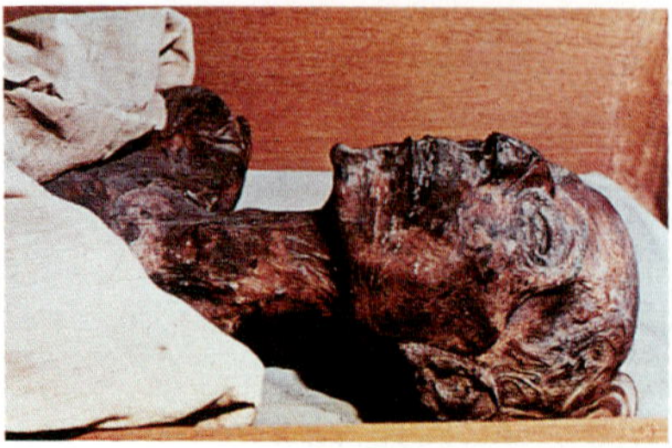

16 Widdersphinx aus der Zeit von Ramses vor dem Tempel des Amun von Karnak. Vor dem Widder steht eine Figur des Königs.

Gefilden der Unterwelt geschieht. Das »Pfortenbuch«, ebenfalls in zwölf Stunden unterteilt, nennt zudem alle Wächter der Tore und Pforten des Jenseits. Die Texte dieser Unterweltsbücher schmücken die Wände im Grab des Ramses. In der Sarkophaghalle schließlich, dem Zentrum des unterirdischen Palastes, kommt es zur Vereinigung des Sonnengottes mit der Mumie des Pharao. Allnächtlich wird Ramses von seinem göttlichen Vater erweckt. Auch für ihn gilt der Spruch, der die Gleichsetzung des Königs mit dem Sonnengott beschreibt: »Ich bin du, und du bist ich, deine Ba-Seele ist meine Ba-Seele, dein Lauf ist mein Lauf durch die Unterwelt! ... Wie du bist, so bin auch ich ..., dein Wandel ist ja mein Wandel, dein Dahineilen ist ja mein Dahineilen ... Meine Fahrt ist deine Fahrt, Re, mein Dahineilen ist dein Dahineilen ... Ich gehe mit dem Gang des ›Horizontischen‹, ich wandle mit dem Wandel des Re.«

Es ist ein großartiger Trauerzug, der dem großen Herrscher die letzte Ehre erweist. Neben der königlichen Familie, die vom neuen, bereits im siebten Lebensjahrzehnt stehenden Horus-Merenptah angeführt wird, haben sich alle Priester der großen Tempel versammelt, um Osiris-Ramses zu bestatten. Nach der Zeremonie im Ramesseum bewegt sich der Zug der Trauernden langsam gen Norden, um schließlich in das einsame Wüstental zu gelangen, das den Königen Ägyptens als letzte Heimstatt dient. Hunderte von Dienern sind nötig, um die Grabausstattung zu tragen. Dazu kommen Priester, die höchsten Beamten des Landes sowie Klageweiber. Den Mittelpunkt des Trauerzuges bildet aber der von einem Ochsengespann gezogene Sarkophag, in dem die königliche Mumie ruht.

Am Grab angelangt, vollzieht Merenptah die letzten Riten für seinen Vater. Während des Mundöffnungsrituals berührt er Nase, Mund, Augen und Ohren der Mumie mit magischen Instrumenten und erweckt ihn zu seinem ewigen Leben in der Unterwelt. Schließlich wird Ramses in der Sarkophaghalle aufgebahrt, und seine Seele kann den ewigen Kreislauf zwischen Himmel und Erde in Begleitung des Sonnengottes aufnehmen. Merenptah, die königliche Familie, die Beamten und Priester sowie die Klagefrauen und Diener aber kehren zum irdischen Leben zurück.

Steinmetze vermauern das Grab, Priester versiegeln es für die Ewigkeit. Keine lebende Seele soll den Eingang je passieren. Ramses ist zu seinen Vorfahren gegangen, endgültig aufgenommen in die Gemeinschaft der Götter.

Der Gott wird gestört

»Wer irgend dieses Grab betritt, um es in Besitz zu nehmen, oder wer irgend ihm etwas Schlechtes antut, der soll gerichtet werden.« *(Urk. I.49–51)*

Langsam sinkt die Abenddämmerung über die Berge von Theben West. Hoch über Deir el-Bahari schmiegen sich einige Männer an die Felsen.

Ein einzelner nähert sich auf dem Pfad, der unterhalb der Bergkuppe ins Tal der Könige führt, ein Wächter, der um diese Zeit hier eigentlich nichts zu suchen hat. Vorsichtig tritt er zu der Gruppe, die ihn erwartet. Eine kurze Diskussion. Ein kleiner Beutel wechselt den Besitzer. Schnell entfernt sich der Wächter auf demselben Weg, den er gekommen ist. Im Schatten des Felsens warten die Männer, bis auch der letzte Widerschein der Sonne erlischt. Es ist finster. Sie haben extra die Nacht des Neumondes abgewartet, um das Risiko der Entdeckung so klein wie möglich zu halten, denn das, was sie vorhaben, ist ein Staatsverbrechen. Bei der Entdeckung haben sie keine Milde zu erwarten, erwartet sie ein qualvoller Tod. Langsam, jedes Geräusch vermeidend, machen sie sich auf den Weg. Vorsichtig folgen sie dem Wächter, dessen Schweigen sie sich teuer erkauft haben. Aber was machen die paar Kupferkite im Vergleich zu den Schätzen, die in dieser Nacht auf sie warten.

Keiner von ihnen ist eigentlich ein Dieb, alle sind ehrbare Handwerker, aber jeder von ihnen braucht dringend Gold. Gerade sind die Eltern des Steinmetzes verstorben, und er muß ihre Mumifizierung zahlen. Natürlich kann er sich nicht die teuerste Art leisten, aber er will Vater und Mutter auch nicht ohne die notwendigen Riten bestatten lassen. Ein anderer hat zu viele Mäuler zu stopfen, um mit der wöchentlichen Getreideration auszukommen, und der älteste braucht das Gold, um sein Grab standesgemäß auszustatten. Getrieben von den Notwendigkeiten des Lebens, haben sie sich aufgemacht, um durch die Arbeit einer einzigen Nacht für den Rest ihres Lebens sorgenfrei zu sein.

Von dieser Vorstellung beschwingt, steigen sie langsam den steinigen Pfad hinab, der sie in das verbotene Tal führt. In der Ferne heult ein Wachhund. Hält der Wächter sein Wort und lenkt seine Kollegen ab? Ihr Leben hängt davon ab. Auf der Talsohle angekommen, versuchen sie sich am Gipfel von el-Qurn, dem das Tal überragenden Berg, zu orientieren. Hier, gleich am Eingang des Tales, muß es liegen. Richtig, da ist der Eingang, mit dem Bild der Sonnenscheibe über dem Portal.

Nach einer knappen Stunde haben die Männer die Tür geöffnet und sind im langen Korridor verschwunden. Vorsichtig tasten sie sich bis zur Grabkammer voran. Erst hier wagen sie es, eine Fackel zu entzünden. Die Schätze, die vor ihren Augen Gestalt annehmen, rauben ihnen den Atem. Von allen Seiten schimmert es. Doch es ist keine Zeit, sich umzusehen. Sie müssen schnell handeln, kleine, handliche Gegenstände finden, die sie ohne Mühe aus dem Grab bringen können. Und sie müssen

sich beeilen, denn bald werden die ersten Strahlen des Re den Horizont erhellen, und bis dahin müssen sie wieder in ihren Hütten sein.

So oder so ähnlich könnte es sich zugetragen haben, als eine Gruppe von Räubern sich aufmachte, um das Grab von Ramses dem Großen zu berauben. Den Räubern ging es in erster Linie um Gold, das sich leicht einschmelzen ließ, intakte Schmuckstücke oder Statuetten waren zu leicht wiederzuerkennen, hätten eine Spur hinterlassen, der die Polizeibeamten hätten folgen können. Einfaches Gold hingegen konnte niemand zurückverfolgen. So gibt ein Steinmetz, den man beim Grabraub ertappt hat, bei seiner Verhandlung zu Protokoll: »Dann fanden wir die erhabene Mumie des Königs. Er trug zahlreiche Amulette und goldene Schmuckstücke am Hals, sein Kopf hatte eine Maske aus Gold; und die Mumie selber war ganz mit Gold belegt ... Wir streiften das Gold ab, das wir an der erhabenen Mumie des Königs fanden, und die Amulette und den Schmuck

17 (Oben) Klageweiber betrauern den Tod von Ramses. Darstellung aus seinem Grab.

18 (Unten) (Spielszene) Ein Grabräuber verkauft Schmuckstücke an Reisende.

und die Hülle, in der sie lag ... Die inneren Särge beförderten wir zusammen mit dem Rest zur Amenophis-Insel, setzten sie in der Nacht in Brand und machten uns mit dem Gold davon, das wir auf ihnen fanden. Auf jeden von uns entfielen vier Kite.« Eineinviertel Unzen Gold für die Arbeit einer einzigen Nacht. Kein schlechter Verdienst, wenn man bedenkt, daß dies in etwa einem Drittel des jährlichen Verdienstes eines Arbeiters in der Nekropole, dem Gräberfeld, entspricht. Kein Wunder, daß sich Übergriffe auf die Gräber mehren.

Immer öfter findet die Nekropolenpolizei die traurigen Spuren der Räuber. Immer mehr Gräber werden geplündert, Mumien geschändet. Man setzt spezielle Kommissionen ein, um die Lage zu überprüfen. Das Ergebnis ist niederschmetternd: »Die Gräber und Grabkammern, in denen seit alters die Gesegneten ruhen, die Bewohner von Theben West. Man fand sie alle von Dieben aufgebrochen. Sie hatten ihre Besitzer aus ihren Särgen gezerrt, so daß sie in der Wüste liegengelassen wurden, und die Grabausstattung gestohlen, die ihnen zusammen mit dem Gold und Silber und Schmuck mitgegeben worden war.« Doch die Kommissionen sprechen von den Gräbern der hohen Beamten und Priester, nicht von den Königsgräbern. Merkwürdigerweise wird in allen Grabräuberprozessen, die sogar 200 Jahre nach Ramses' Bestattung noch geführt werden, nur ein einziges Pharaonengrab genannt. Das Tal der Könige mit den Ruhestätten der Herrscher scheint bis zu diesem Zeitpunkt unangetastet. Offenbar hat die Lage in unzugänglichen Felstälern, die Verbarrikadierung der Eingänge und das Zumauern der Grabkammern etwas genutzt. Gewöhnliche Grabräuber können diese Hindernisse nicht überwinden und unbemerkt die Königsschätze plündern.

Nur eine Kaste kann unbehelligt im Tal der Könige ein und aus gehen, kennt die wahren Verstecke, weiß um die wirklichen Grabbeigaben und ist skrupellos genug, ihr Wissen auch zu gebrauchen: die Priester selbst. Einem Bericht aus der nachramessidischen Zeit entnehmen wir, daß die Goldminen in Nubien erschöpft sind und der Staatshaushalt am Rande des Ruins steht. Briefe des Generals Pianchi an seinen Schreiber Buteheamun bestätigen diese Vermutung: Ramses II. wird wahrscheinlich von den gleichen Priestern, denen er wieder zu Ruhm, Macht und Ansehen verholfen hat, seiner ewigen Ruhe beraubt. Und offensichtlich sind sie es auch, die seine Mumie ebenso wie die mehrerer anderer Könige systematisch ihrer Reichtümer berauben und dann in eine unzu-

19 (Vorhergehende Seite) Die grandiose Architektur im Ramesseum, dem Totentempel des Ramses, symbolisiert Größe und Macht des Königs.

gängliche Felshöhle bei Deir el-Bahari bringen lassen, damit zumindest die Mumien dort ihre ewige Ruhe finden. Dort bleiben sie für fast 3000 Jahre ungestört.

Literaturverzeichnis

Desroches Noblecourt, Christiane: Ramses – Sonne Ägyptens. Die wahre Geschichte. Bergisch Gladbach 1997.
Habachi, Labib: Die unsterblichen Obelisken Ägyptens. Mainz 1982.
Hornung, Erik: Studien zum Sedfest. Genf 1974.
Hornung, Erik: Tal der Könige. Zürich/München 1982.
Jansen-Winkeln, Karl: Die Plünderung der Königsgräber des Neuen Reiches. Zeitschrift für Ägyptische Sprache und Altertumskunde 122, Berlin 1995, S.22–78.
Kitchen, Kenneth: Pharaoh Triumphant. Warminster 1974.
Schlögl, Hermann: Ramses II. Hamburg 1993.
Schmidt, Heike und Willeitner, Joachim: Nefertari. Mainz 1994.
Scholz, Pjotr O.: Abu Simbel. Köln 1994.
Schott, Siegfried: Altägyptische Liebeslieder. Zürich 1950.
von der Way, Thomas: Die Textüberlieferung Ramses' II. zur Qades-Schlacht. HÄB 22, Hildesheim 1984.

MENSCHEN

Ingo Hermann

»Wir leben in schweren Zeiten, in denen es gleich gefährlich ist zu reden oder zu schweigen.«

Der spanische Philosoph Juan Luis Vives Anfang des 16. Jahrhunderts in einem Brief an Erasmus von Rotterdam

Angriff der Vergangenheit

Der kleine Junge ist auf einmal blaß geworden. Er schaut mit großen Augen zu seinen Eltern auf. Dann läuft er schnell aus dem Folterkeller, in dem die Erwachsenen mit flauen Bemerkungen von sich fernhalten, was für den Kleinen unerträglich geworden ist: die Vergegenwärtigung der unsäglichen Qualen, denen unschuldige Menschen vor 400 bis 500 Jahren ausgeliefert wurden.

Im mecklenburgischen Dorf Penzlin steht ein Amtshaus, in dem man Frauen, die man für Hexen hielt, einkerkerte, verhörte und folterte. Heute steigen Besucher die schmale Treppe hinab in den Folterkeller. Im Vorraum sieht man die Hexenkauen, kleine, mit Gitterstabtüren verschlossene Nischen im dicken Gemäuer. Hier wurden auf engstem Raum Frauen zwischen den Verhören aufbewahrt. Im Keller sind die Instrumente des Schreckens aufgestellt: Zangen und Spieße, Daumen- und Beinschrauben, der Folterstuhl, ein mit Stacheln besetzter Armsessel, eine Streckbank, die Feuerstelle, die Hängevorrichtung ...

Eine sachkundige Heimatforscherin führt die Instrumente vor, erklärt ihre Wirkung. Die Erwachsenen grinsen verlegen, machen Witzchen und versuchen, dem Eindruck dieser Grausamkeiten zu entkommen. Nur der kleine Junge verinnerlicht die fürchterlichen Relikte der Vergangenheit und reagiert als einziger wie ein gesunder Mensch: Er erträgt es nicht. Wer kann je ertragen, wovon immer wieder berichtet werden muß, um durch Erinnerung und Erkenntnis heil zu werden?

20 (Vorhergehende Doppelseite) Beheizbarer Stachelstuhl im Folterkeller der Alten Burg von Penzlin (Mecklenburg).

Kindermord in der Höhle von La Guardia

Im Jahre 1490 übernachtet der Wollhändler Benito Garcia in Astorga. Er befindet sich auf einer Geschäftsreise. Die Herberge ist überfüllt, da viele Pilger nach Santiago di Compostela unterwegs sind. Garcia muß sich mit anderen Männern ein Zimmer teilen. Während er schläft, durchsuchen diese seinen Rucksack nach Geld. Sie finden eine Hostie. Nach einer anderen Darstellung wird die Hostie im Rucksack Garcias gefunden, weil von ihr ein helles Licht ausgeht. Sofort fallen die Männer über ihn her und schleifen ihn zum Richter. Der getaufte Jude wird verdächtigt, die Hostie gestohlen zu haben, zu seinem Glauben zurückgekehrt und an üblen Ritualen mit geweihten Hostien beteiligt zu sein. Der Prozeß ist in den Akten der Inquisition fast vollständig dokumentiert, so daß wir nicht nur seinen Verlauf rekonstruieren, sondern auch einen Blick auf die Praktiken der Inquisition im allgemeinen werfen können.

In Spanien gehen schon seit langem Gerüchte über Hostienfrevel und rituelle Kindermorde um. Endlich glaubt man einen dieser Verbrecher aufgegriffen zu haben. Da Garcia seine Unschuld beteuert, wird er ausgepeitscht, ein Tuch wird wie ein Knebel in seinen Mund gestopft, dann mit einem Trichter Wasser in seinen Hals geträufelt. Der Erstickende bricht zusammen und »gesteht« schließlich, zum Judentum zurückgekehrt zu sein. Fünf Jahre zuvor sei er von einem Juden namens Juan de Ocana veranlaßt worden, am Freitag Fleisch zu essen und wieder dem mosaischen Gesetz zu folgen. Weitere Beteiligte seien die Brüder Yucé und Mosé und deren achtzigjähriger Vater Ca Franco. Die unter der Folter Bezichtigten – außer Mosé, der stirbt, bevor die Häscher kommen – werden sofort inhaftiert. Yucé und Ca Franco werden zusammen mit Garcia in das Gefängnis von Segovia gebracht. Dort erkrankt der gerade zwanzigjährige Yucé so schwer, daß er glaubt zu sterben. Er bittet um einen jüdischen Arzt und einen Rabbi. Dies ist die Chance des Ermittlungsrichters: Er erklärt, einem Sterbenden könne man diesen Wunsch nicht abschlagen, und sagt zu, den Arzt und den Rabbi zu schicken. In Wahrheit wird der Arzt jedoch von einem Dominikaner begleitet, der sich als Rabbi ausgibt. Im Fieberwahn behauptet Yucé, er habe Kenntnis von einem Kindermord. Drei Jahre zuvor habe er in La Guardia bei einer Müllersfamilie Weizen gekauft, vier Brüder dieser Familie hätten ihm anvertraut, einen Christenjungen entführt und an einem Karfreitag gekreuzigt zu haben. Der Richter erkennt sofort die Bedeutung dieser

21 (Oben) Die Stadtmauer von Ávila, erbaut von 1090 bis 1099.

22 (Rechte Seite, oben) Der Convento de Santa Cruz in Segovia. In diesem Dominikanerkloster begann Tomás de Torquemada seine geistliche Laufbahn.

23 (Rechte Seite, unten) Torquemada bei Valladolid. Die verfallende Eremita de Cementario im Geburtsort des späteren Großinquisitors.

Aussage und meldet den Fall bei der obersten Inquisitionsbehörde. Der Generalinquisitor Torquemada macht den Vorgang zur Chefsache: Endlich kann er beweisen, daß die Gerüchte wahr sind, endlich kann er seine Forderung untermauern, alle Juden aus Spanien zu vertreiben.

Yucé wird wieder gesund und widerruft seine Geschichte sofort. Daraufhin wird er für über drei Monate im Kerker »abgelegt«, ohne jede Information über den Stand seines Prozesses und ohne daß irgend jemand mit ihm spricht. Als der Gefangene schließlich völlig verstört und mürbe ist, wird das Verhör fortgesetzt. Er wird beschuldigt, selbst an der Kreuzigung des Kindes teilgenommen zu haben. Yucé fordert Verteidiger. Ausnahmsweise werden die gewährt. Sie machen geltend, daß die Vorwürfe viel zu vage seien, um eine Anklage zu begründen. Außerdem sei Yucé Jude, könne deshalb kein Ketzer sein und unterstehe nicht der Inquisition. Der Angeklagte bleibt dennoch inhaftiert. Nach langen Wochen ohne jeden Außenkontakt findet er heraus, daß sein Mitangeklagter Benito Garcia in der Zelle unter ihm sitzt. Durch einen Spalt in der Decke unterhalten sich die beiden. Außerhalb der Zellen aber sitzen Notare und zeichnen jedes Wort auf. Der getaufte

Jude Benito fragt den jüdischen Mitgefangenen, ob er ein Messer oder eine Nadel habe. Er wolle die Spuren seiner Beschneidung beseitigen. Yucé ist entsetzt: Benito werde sterben, wenn er das versuche. Benito erwidert, das sei besser, als bei lebendigem Leib verbrannt zu werden. Die Ankläger verstehen diesen Dialog als Eingeständnis der Schuld. Auch als die beiden von der Hostie reden und austauschen, was sie darüber gehört haben, sehen die Richter darin einen neuen Beweis der Mitwisser- oder gar Mittäterschaft. Das gleiche passiert, als vom Herzen des Christenkindes die Rede ist. Neue Verhöre folgen, immer wieder von langen Pausen unterbrochen. Völlig zermürbt erklärt Yucé schließlich, er werde jetzt alles sagen – unter der Bedingung, daß seinem alten Vater und ihm nichts

angetan werde. Der Inquisitor sagt dies zu. Yucé erzählt, was die Richter hören wollen. Danach haben angeblich die anderen das Kind entführt, gefoltert, mit einer Dornenkrone gekrönt und gekreuzigt. Sie selbst hätten untätig zugeschaut. Die anderen hätten das Herz des Kindes aus seiner Brust geschnitten und zu einem Zauberer nach Zamora gebracht, um daraus ein Gift herzustellen, mit dem man die Hostie getränkt habe, um möglichst viele Christen und auch den Großinquisitor zu töten.

Damit schnappt die Falle zu: Der Ritualmord hat wirklich stattgefunden, auch wenn die Beschuldigten ihre Geständnisse widerrufen. Alle Angeklagten sind des Todes. Die Hinrichtung findet am 16. November 1491 in Ávila statt. Drei getaufte Juden, sogenannte *conversos*, erklären Reue und Rückkehr zur Kirche – und erhalten dafür die Gnade, auf dem Holzstoß erdrosselt zu werden, bevor er in Brand gesetzt wird. Die Juden aber, Yucé und sein alter Vater, sind zu einem langsamen Tod verurteilt: Während sie schon auf dem Scheiterhaufen angebunden sind, werden ihre Arme und Beine mit glühenden Zangen zerfleischt. Das Feuer wird klein gehalten, damit sie langsam rösten und möglichst qualvoll sterben.

Der Großinquisitor hat sein Ziel erreicht: Der Ritualmord ist erwiesen. Die »Erkenntnisse« aus dem Prozeß müssen nur noch bekanntgemacht werden. So wird das Tribunal, anders als sonst, zum Schauprozeß. Die Juden werden insgesamt als Volksschädlinge und gefährliche Bedrohung dargestellt, mit der Konsequenz, daß sie ausgerottet oder vertrieben werden müssen. 1492 ergehen die entsprechenden königlichen Befehle. Mit dieser Säuberung kann die Endlösung beginnen.

Die Geschichtsschreiber werden eine Legende erfinden: von einem vierjährigen Knaben, der von den Feinden des Christentums entführt wurde, als Heiliger die Qualen der Folterung ertrug und erst aufschrie, als die Zahl der ihm verabreichten Peitschenhiebe die Zahl der Hiebe überschritt, mit denen Jesus vor seiner Kreuzigung gequält wurde, dem sodann eine Dornenkrone aufgesetzt wurde und der – als ihm mit einem Messer das Herz aus der Brust geschnitten wurde, die Täter das Herz aber nicht sofort fanden – mit ruhiger Stimme erklärte, wie man es machen müsse. Nach seinem Tod wurde der kleine Märtyrer sofort in den Himmel aufgenommen, weshalb man auch nie eine Leiche fand ...

BRUDER TOMÁS

Torquemada, ein Dorf bei Valladolid. Hier soll 1420 der Mann geboren sein, dessen Name bis heute für die spanische Inquisition steht: Tomás de Torquemada.

In der glühenden Mittagssonne wirken die Straßen, als wäre alles Leben erloschen. Rund um die zerfallene Kirche lastet Friedhofsruhe. Eine ältere Frau mit rot gefärbten Haaren eilt durch die Grabreihen. »Kennen Sie den Großinquisitor Torquemada?« – »Ja, natürlich.« – »Ist er hier im Ort geboren?« – »Ja.« – »In welchem Haus?« – »Man weiß es nicht mehr. Aber da drüben ist das Haus, in dem Don José Zorilla y Moral gewohnt hat.« – »Wer ist Zorilla y Moral?« – »Auch ein berühmter Mann aus unserem Dorf. Ein Dichter.« – »War Tomás de Torquemada gut oder böse?« – »Er war gut. Er war ein Heiliger.«

Wer war Torquemada wirklich? Was weiß man von ihm? Welche Vorgeschichte hat »seine« Inquisition? War er ein eifernder Fanatiker? Ein frommer Verbrecher? Ein eiskalter Schreibtischtäter? Ein Monster? Ein Gefangener seiner Ideologie? Oder ein Wohltäter an Kirche und Staat, der dem spanischen Reich im 16. Jahrhundert die Religionskriege erspart, die Mitteleuropa verwüsten?

Der Generalinquisitor Tomás de Torquemada, Symbolgestalt der spanischen Inquisition, gibt sich bescheiden. Sein Titel läßt die Schrecken kaum ahnen, die von seiner Institution, einer der rätselhaftesten Einrichtungen in der Geschichte des Abendlandes, ausgehen: »Tomás de Torquemada, Mönch des Ordens der Predigerbrüder, Prior des Klosters des Heiligen Kreuzes in Segovia, Beichtvater des Königs und der Königin, unserer Herrscher, und Generalinquisitor in all ihren Königreichen und Besitzungen gegen die häretische Verderbtheit, ernannt und bevollmächtigt durch den Heiligen Apostolischen Stuhl.«

Hinter diesem Titel steht eine rätselhafte Persönlichkeit. Bruder Tomás entstammt einer von König Alfons XI. geadelten Familie. Sein Onkel, Kardinal Juan de Torquemada, vertritt bereits die These der päpstlichen Unfehlbarkeit. Der Großvater, Alvar Fernandez de Torquemada, soll – so einige Historiker – eine Jüdin geheiratet haben. Viele Forscher sehen darin einen Schlüssel zum fanatischen Judenhaß, mit dem der Inquisitor die »Verunreinigung« des Christentums bekämpft. Tomás zeigt schon in seiner frühen Kindheit eine besondere Begabung zum Studium, so daß sein Weg ganz natürlich zum geistlichen Stand

WESTEUROPA
400 km
London
Atlantik
FRANKREIC
Bordeaux
Santiago de Compostela
Astorga
Torquemada
Zamora
La Guardia
Valladolid
ALTKASTILIEN
Toulouse
Carcassonne
Segovia
Ávila
PORTUGAL
ARAGÓN
Madrid
Lissabon
Toledo
Barcelona
SPANIEN
Villanueva de los Infantes
Granada
Mittelmeer

Hamburg
Rostock
Falkenhagen
Berlin
Hannover
Rinteln
Hildesheim
Kaiserswerth
Bielefeld
Paderborn
Düsseldorf
Langenfeld
Köln
DEUTSCHLAND
POLEN
Mainz
Würzburg
Trier
Worms
Speyer
Bamberg
Nürnberg
Straßburg
Schlettstadt
Colmar
München
Wien
SCHWEIZ
ITALIEN
Marseille
Adria
Rom

führt. Er ist eifrig und genau, bescheiden und auf dogmatische Gläubigkeit bedacht, streng und ohne Interesse an Geld oder persönlichem Wohlleben. Er ist das Idealbild des enthaltsamen Mönchs, aber ohne emotionalen Zugang zu den Schwächen des Menschen. Und seine scharfe Intelligenz überdeckt seine Unfähigkeit zum Mitgefühl. Auch gegen sich selbst ist er hart. Er fastet, ißt kein Fleisch, erträgt Hunger und Kälte und trägt die Mönchskutte auf der bloßen Haut. Er lehnt es ab, Erzbischof von Sevilla zu werden, und nutzt die Einnahmen aus den Inquisitionsprozessen und Vertreibungen nicht für sich persönlich, sondern verwendet sie für die Finanzierung seiner Klostergründung in Ávila. Er ist realistisch und abergläubisch zugleich: Er umgibt sich mit einer Leibgarde von 250 Bewaffneten und 50 Reitern, trägt aber stets einen Talisman gegen Giftmord mit sich, das Horn des Einhorns. Obgleich er sich ganz und gar der Kirche verpflichtet fühlt, denkt er auch in politischen und organisatorischen Strukturen.

Als Beichtvater der Königin und des Königs ist er mit den Problemen der Krone befaßt und setzt die eigenen theokratischen Ideale in politische Strategien um. Unbestechlich und kompromißlos waltet er seines Amtes und scheut sich nicht, selbst Bischöfe vor das Inquisitionsgericht zu ziehen. Der Papst, Innozenz VIII., besteht jedoch auf der römischen Rechtsprechung. Daraufhin schickt Torquemada die Akten über zwei Bischöfe jüdischer Abstammung, die der Ketzerei beschuldigt werden, versiegelt nach Rom. Die 28 »Instruktionen« für Inquisitoren, mit denen Torquemada die Prozeßverfahren reglementiert, sind Zeugnis gnadenlosen Eifers: Die Inquisition wird zum geheimen Gericht erklärt und zugleich als erste und letzte Instanz etabliert. Gegen ihren Spruch gibt es keine Berufung. Sie erhält die Vollmacht, Angeklagte auf unbeschränkte Zeit und ohne Angabe von Gründen zu inhaftieren und mittels Folter Geständnisse zu erzwingen. Sie kann nicht nur die Übergabe an die weltliche Macht zur Verbrennung auf dem Scheiterhaufen verfügen, sondern gar die Exkommunikation aussprechen. Wenn in der neueren Forschung auch die einfache Gleichsetzung Torquemadas mit der Inquisition abgelehnt wird, bleibt der erste Generalinquisitor doch die Schlüsselfigur zum Verständnis der Geschehnisse im Spanien des ausgehenden 15. Jahrhunderts.

Ihre Wurzeln hat die Inquisition im mittelalterlichen Weltbild zwischen Glauben und Dämonenfurcht, Heilserwartung und Höllenangst, Jenseitssehnsucht und weltlichem Machtstreben. Die Verfolgung Andersdenkender beginnt bereits im 4. Jahrhundert, als das Christentum sich mit der staatlichen Macht verbindet. Es dauert nicht lange, bis der Gehorsam gegenüber der Kirche dem Gehorsam gegenüber der staatlichen Autorität gleichgesetzt wird. Das bedeutet, daß Abweichungen von politischen oder religiösen Maximen gleichermaßen geahndet werden. Im Mittelalter – anders als in der Neuzeit – ist eine Trennung von Staat und Kirche undenkbar. Und damit ist ein Feind der Kirche zugleich auch ein Feind des Staates.

Durch den Ausbau der kirchlichen Dogmatik und der staatlichen Gesetzgebung im Mittelalter sind abweichende Meinungen leichter erkennbar als je zuvor. Die Organisation der Institutionen wird perfektioniert, so daß Staat und Kirche auf Bedrohungen von außen und innen schneller und wirksamer reagieren können. Als im 12. und 13. Jahrhundert in Südfrankreich, der wirtschaftlich und kulturell wohl reichsten Region Europas, die Katharer und Albigenser die römische Zentralmacht bedrohen, wendet der Papst die Kreuzzüge, die sich bis dahin mit äußeren Feinden beschäftigt hatten, nach innen. 1179 ruft das dritte Laterankonzil den Kreuzzug gegen die Ketzer aus. Wer zu den Waffen greift, erhält zwei Jahre Ablaß. Wer im Kampf zu Tode kommt, dem wird die ewige Seligkeit versprochen.

Anfänglich hatte man versucht, die Irrgläubigen und Reformer nur mit dem Mittel des Wortes zurückzugewinnen. Als die Katharer jedoch 1167 in Toulouse in einem Konzil Bischöfe wählen und eine eigene Kirchenorganisation schaffen, greift man zur Gewalt. Doch die Ausrottung der Ketzer in Südfrankreich ist nur der Beginn großangelegter gewalttätiger Aktionen im Namen des Glaubens. Als wenn ein Bann gebrochen wäre, gerät die mittelalterliche Kirche in eine Spirale von Ketzerverfolgung und Hexenjagd, Folter und Scheiterhaufen. Bezeichnend die aggressive Metaphorik der Sprache: Schädlinge und Ungeziefer müssen ausgerottet, Unkraut vertilgt werden. In der Kirche etablieren sich Einschüchterung und Gesinnungsterror.

Der Geist der Zeit

Einer der Männer, die vom Papst nach Südfrankreich geschickt werden, um gegen die Ketzerei vorzugehen, ist Domingo de Guzmán, der 1234 heiliggesprochene Dominikus. Er gründet 1216 den Orden der Dominikaner und gehört zu den Vätern der Inquisition. Sein Orden soll sich

25 Ávila. Blick von der historischen Stadtmauer auf die Kathedrale.

ausdrücklich und vor allem dem Aufspüren und Bekehren von Irrgläubigen, der Verteidigung der päpstlichen Autorität und der Verbreitung des Christentums widmen.

Im Kloster Santo Tomás in Ávila, der Gründung des Tomás de Torquemada, hängt über dem Hauptaltar ein Gemälde des Malers Pedro Berruguete, das Szenen aus dem Leben des Thomas von Aquin, des Patrons der Klosterkirche, zeigt. Wie Dominikus, zählt auch der Kirchenlehrer Thomas von Aquin zu den Vätern der Inquisition, Dominikus gewissermaßen als Praktiker bei der Bekämpfung von Irrgläubigen, Thomas als Theoretiker. Sein Argument: Die Häresie ist eine schwere Sünde, schwerer als die Falschmünzerei. Wenn aber schon Falschmünzer der Todesstrafe verfallen sind, um wieviel mehr verdient ein Ketzer den Tod.

Man muß versuchen, das letztlich Unbegreifbare der Verfolgung Andersdenkender wenigstens aus dem Geist der Zeit zu verstehen, auch wenn Intoleranz und Gewalt zu den Kennzeichen aller Epochen gehören. Das Mittelalter war bestimmt von der Vorstellung eines Gottesstaates, in dem staatliche Behörden ebenso wie kirchliche Institutionen dem Schutz der Religion verpflichtet waren. In diesem System obliegt es Staat und Kirche, für die physische Ausrottung aller Ketzer zu sorgen, da das Wohl der Menschen im Gottesstaat zwangsläufig die Vertilgung von dessen Feinden nach sich zieht. Der Kampf gegen die Ketzerei wird als Kampf gegen die Bedrohung der menschlichen Gemeinschaft gesehen. Deshalb handeln viele Ketzerjäger und Inquisitoren ebenso guten Gewissens wie in unserem Jahrhundert die Verbrecher der Völkermorde und des Terrorismus. Die Einführung der Inquisition unter Papst Gregor

24 (Linke Seite) Der Maler Pedro Berruguete schildert (um 1500) den Heiligen Dominikus als Vorsitzenden eines Inquisitionstribunals.

IX. (1231/32) ist daher die Konsequenz des herrschenden Weltbilds. Die neue Organisation ist eine neben Kirche und Staat selbständig agierende Autorität, die ihre Interessen um so wirksamer vertreten kann. Nicht mehr Bischöfe oder örtliche Gerichte, sondern die von Papst und König eingesetzten Inquisitoren sind de facto die obersten Richter, vor deren Zugriff wiederum selbst Könige, Kaiser und Päpste nicht sicher sind. Als der Erzbischof von Toledo, Bartolomé de Carranza, wegen einer Veröffentlichung in die Fänge der Inquisition gerät, meldet der päpstliche Legat 1565 nach Rom: »Niemand wagt, aus Furcht vor der Inquisition, zugunsten Carranzas zu reden. Kein Spanier würde wagen, den Erzbischof freizusprechen, selbst dann nicht, wenn er ihn für ganz schuldlos hielte, denn das würde Widerstand gegen die Inquisition bedeuten. Letztere würde bei ihrer Autorität nie zugeben, daß sie Carranza zu Unrecht eingekerkert habe. Die glühendsten Verfechter der Gerechtigkeit hier finden, daß es besser sei, einen schuldlosen Menschen zum Untergang zu verurteilen, als auf die Inquisition einen Schandfleck fallen zu lassen.«

Die Dämonenfurcht des mittelalterlichen Denkens zeigt sich selbst in der offiziellen Verlautbarung eines Papstes, in der ein Teufelssabbat geschildert wird, wie man ihn später im Volksglauben als Hexensabbat wiederfindet. In der Ketzerbulle Gregors IX. heißt es: »Wenn ein Neuling (in die Ketzersekte) aufgenommen wird ..., erscheint ihm eine Art Frosch, den einige auch Kröte nennen. Manche geben ihm einen schmachwürdigen Kuß auf den Hintern und ziehen die Zunge und den Speichel des Tieres in ihren Mund. Das Tier erscheint zuweilen in gehöriger Größe, manchmal so groß wie eine Gans oder eine Ente, manchmal so groß wie ein Backofen. Wenn der Novize weitergeht, begegnet ihm ein Mann von wunderlicher Blässe, mit schwarzen Augen, so abgezehrt und mager, daß alles Fleisch geschwunden und nur noch die Haut um die Knochen zu hängen scheint. Diesen küßt der Novize und fühlt, daß er kalt wie Eis ist. Nach dem Kusse verschwindet jede Erinnerung an den katholischen Glauben bis auf die letzte Spur in seinem Herzen. Hierauf setzt man sich zum Mahl. Wenn man sich danach wieder erhebt, so steigt ... ein schwarzer Kater von der Größe eines mittleren Hundes rückwärts und mit zurückgezogenem Schwanz herab. Diesen Kater küßt zuerst der Novize auf den Hintern, dann der Meister und dann alle übrigen der Reihe nach ... Nach den Verhandlungen werden die Lichter ausgelöscht, und man schreitet zu abscheulicher Unzucht, ohne Rücksicht auf die Verwandtschaft. Findet sich, daß mehr Männer als Weiber zugegen sind, so befriedigen auch Männer mit Männern ihre schändliche Lust. Ebenso verwandeln Weiber miteinander den natürlichen Geschlechtsverkehr in einen unnatürlichen. Wenn diese Ruchlosigkeit vollbracht ist, werden die Lichter wieder angezündet ... Ein Mann tritt aus einem dunklen Winkel hervor, oberhalb der Hüften glänzender und strahlender als die Sonne, unterhalb aber rauh wie ein Kater.«

Dieser irrationale Dämonenglaube wird bald in systematische und organisatorische Bahnen gelenkt. Innozenz IV. macht am 15. Mai 1252 in seiner Bulle »Ad exstirpanda« die Ketzerverfolgung zur Aufgabe des Staats: Den Herrschern wird befohlen, Ketzer und Zauberer gleichzustellen und öffentlich zu ächten. Jeder, der einen Ketzer auffindet, darf dessen Besitz vereinnahmen. Der Inquisitor braucht dem Territorialherren nur seine Bestallungsurkunde zu zeigen und kann dann alle Anweisungen geben, die zur Ergreifung eines Ketzers führen. Ein Bild über das Vorgehen eines Inquisitors vermittelt dessen Ansprache nach der Ankunft im Ort: »Kraft apostolischer Autorität, mit der ich für diesen Bezirk durch den apostolischen Stuhl bekleidet worden bin, kraft des heiligen Gehorsams, den man mir schuldig ist, richte ich zum ersten, zweiten und dritten Mal an Gerichte und Laien, wes Standes sie auch seien, die Ermahnung, daß sie mir binnen sechs Tagen jede Person anzeigen, von der sie wissen oder gehört haben, daß sie entweder ketzerisch oder der Ketzerei anrüchig oder verdächtig sei und eine vom gewöhnlichen Menschenschlage abweichende Lebensweise führe ... Teils vom Hörensagen, teils aus eigener Erfahrung weiß ich, daß es einige von dem ketzerischen Gift der alten Schlange angesteckte, pestilenzische Personen gibt, die der Kirche, ja dem Glauben feindlich gesonnen sind und wie die Füchse mit verschlungenen Schwänzen im Weinberg des Herrn herumschleichen und mit ihren nichtswürdigen Zungen den Gott der Götter lästern. Es drehen sich mir die Eingeweide im Leibe um, wenn ich daran denke, daß dieses Gift schon die Herzen vieler angesteckt hat.«

Seit Adam und Eva

Als die Verfolgung Andersgläubiger und Ketzer in Spanien einen ersten Höhepunkt erreicht, sind die Grundstrukturen der Inquisition voll entwickelt. Ein Grundsatz, auf den man später immer wieder trifft, ist bereits formuliert: »Es ist besser, daß hundert Unschuldige sterben, als daß ein Schuldiger entkomme.« Die Denunziation ist eine der Säulen der Prozeßordnung: Es wird erwartet, daß der Nachbar den Nachbarn, Kinder ihre Eltern, Eheleute sich gegenseitig der Ketzerei anzeigen. Die »peinliche Befragung«, so die Bezeichnung der Folter, ist anerkanntes und legales Mittel, um Verdächtigungen zu bestätigen oder Denunziationen, Aussagen und Geständnisse zu erpressen. Ja, selbst nach seinem Tod kann man noch als Ketzer verurteilt werden. Der Leichnam wird dann aus dem Grab geholt und verbrannt – mit der Wirkung, daß die Erben das Vermögen an die Inquisition verlieren und der Armut preisgegeben werden.

Es wäre aber falsch anzunehmen, die Inquisition sei eine spanische Erfindung. Die Spanier haben vielmehr lange gezögert, sie einzuführen. Und als sie in Aragón schon arbeitet, vergeht noch fast ein ganzes Jahrhundert, bis sie auch in Kastilien eine Rolle spielt. Daß die spanische Inquisition schließlich ihre legendär scharfen und grausamen Formen annimmt, hat seinen Grund wohl in der Verknüpfung der Rückeroberung der Iberischen Halbinsel, der *reconquista*, mit der fatalen Idee, das vereinigte Königreich als fundamentalistischen Gottesstaat zu etablieren und Mauren und Juden zu eliminieren.

26 Toledo, Museo Sefardi. Gerätschaften der Inquisitoren mit dem Wappen der Inquisition.

Durch die konsequente Methodik bei dieser Säuberung haben sich die Spanier viele Feinde gemacht. Vor allem in der Zeit der Aufklärung hat sich eine »Schwarze Legende« entwickelt, die sich im Detail aber vielfach von der tatsächlichen Geschichte entfernt. Juan Antonio Llorente in seiner »Kritischen Geschichte der Spanischen Inquisition« (1812), Friedrich Schiller mit »Don Carlos« (1787), Fjodor Dostojewskij in »Der Großinquisitor« (1880), Victor Hugo in »Torquemada« (1882) und Giuseppe Verdi mit der Oper »Don Carlos« (1867) sind dieser Legende aufgesessen und haben sie zugleich verbreitet. Auch die satirischen Graphiken von Francisco Goya stützen sich darauf, ohne dadurch – was die Leiden der Opfer angeht – unwahr zu werden.

Es hat auch Versuche gegeben, das finstere Kapitel der spanischen Geschichte mit Berufung auf den »Geist der Zeit« zu beschönigen (»Es waren nicht 100 000 Opfer, sondern viel weniger.«) oder zu leugnen (»Die Inquisition hat nicht gefoltert.«). Man dürfe die spanische Inquisition nicht mit heutigen Maßstäben verdammen, sondern müsse sie

27 Der Maler El Greco zeigt in seinem »Bildnis des Großinquisitors Kardinal Fernando Niño de Guevara« (um 1600) den Typus des strengen Ermittlungsrichters, ausgestattet mit den Insignien der geistlichen Macht.

erklären. Aber die Substanz der Inquisition, ihr ausgeklügeltes System von Denunziation und Erpressung kann niemand verleugnen. Man darf jedoch nicht zu vergessen, daß Kontrolle und Verfolgung Andersdenkender keine Erfindung des Christentums oder der römischen Kirche sind, sondern daß nahezu zu allen Zeiten und in allen Gesellschaften »die anderen« ausgegrenzt und mehr oder weniger grausam kaltgestellt wurden. Wir heutigen machen da keine Ausnahme, so daß wir beim Blick in den fernen Spiegel der Inquisition auch unser eigenes Gesicht wiederfinden.

Es gibt also eine Inquisition vor der Inquisition, eine allgemeine kirchliche vor der speziellen spanischen. Die Inquisitoren reisen mit ihren Gehilfen von Ort zu Ort, um Ketzer aufzuspüren, die von den Pfarrern oder den Ortsbehörden nicht erkannt oder geschützt werden. Nach der Ankunft wird das Volk durch Ausrufer aufgefordert, sich in der Kirche zu versammeln, um eine Predigt anzuhören. Wer nicht erscheint, macht sich verdächtig. In der Predigt wird die Inquisition unmittelbar auf Gott zurückgeführt, der selbst bei Adam und Eva gewissermaßen als Inquisitor tätig geworden sei, da er sie ohne Zeugenvernehmung und ohne Verteidiger verurteilt, verbannt und mit einem Schandkleid aus Tierfellen ausgestattet habe. Auch andere Stellen der Heiligen Schrift werden herangezogen, um die Autorität der Inquisition zu begründen, etwa das »Weide meine Schafe« aus dem Johannes-Evangelium (21,15). Am Schluß der Predigt wird jeder aufgefordert, in den nächsten Tagen zu berichten, was er über Ketzer im Ort weiß. Wer einen Namen nennt, erhält Ablaß. Anzuzeigen sind alle, »die ketzerische, verdächtige, irrige, vermessene, ungehörige, anstößige oder lästerliche Ansichten geäußert haben über Gott, unseren Herrn, und über den heiligen katholischen Glauben«. Vor allem gilt das Augenmerk aber jenen, »die noch dem mosaischen Glauben oder der Sekte Mohammeds oder Luthers anhängen oder zu deren Gunsten gesprochen haben, ebenso wie all jene, die Bücher von ketzerischen oder anderen Autoren, die auf dem Index der vom Heiligen Offizium verbotenen Bücher stehen, besitzen oder gelesen haben«. Binnen einer »Gnadenfrist« von 15 bis 30 Tagen könne sich jeder Irrgläubige selbst melden und abschwören – er könne dann auf Gnade rechnen, vor allem, wenn er andere Ketzer anzeige.

Das Verfahren führt schnell zur tiefen Demoralisierung der Bevölkerung. Jeder kann jeden anzeigen und sich damit seiner Gegner oder Gläubiger entledigen. Darüber hinaus werden alle Beteiligten, auch die

Verurteilten, zu strengster Geheimhaltung genötigt. Niemand darf etwas über das Verfahren erzählen und kann so von den Handlangern des Inquisitors zu Zahlungen und Sachleistungen erpreßt werden. Ist aufgrund einer Denunziation der Prozeß erst einmal eröffnet, gibt es kaum ein Entrinnen. Die Dauer der Haft liegt völlig im Belieben der Richter. Ja, der Beschuldigte erfährt nicht einmal die Anklagepunkte. Die Verhörtechnik wird immer weiter ausgebaut. Ein Handbuch für Inquisitionsrichter aus dem Jahr 1234 schlägt folgende Fragen vor: »›Wenn ein Weib empfängt – glaubst du, daß dies durch Gott geschieht oder durch den Menschen?‹ Lautet die Antwort ›Durch den Menschen‹, so sagst du: ›Also bist du ein Ketzer, denn Gott erschafft den Menschen.‹ Heißt die Antwort aber: ›Durch Gott geschieht die Empfängnis‹, so kannst du sagen: ›Du glaubst, daß Gott mit einem Weib geschlechtlich verkehrt... Also bist du ein Ketzer.‹«

Der Inquisitor und die Königin

Die Verfolgung Andersgläubiger und innerkirchlicher Abweichler erreicht in Spanien ihren Höhepunkt, als es den Katholischen Königen Isabella und Ferdinand gelingt, die *reconquista* zu vollenden und das Land von der fast achthundertjährigen Herrschaft der Mauren zu befreien. Nach der Eroberung von Granada im Jahre 1492 will vor allem Isabella die Einheit und Reinheit des Reiches durchsetzen. Ihre Säuberung hat die *limpieza*, die Reinheit des Blutes und der religiösen Riten, zum Ziel. »Ein Volk, ein Reich, ein Herrscher« heißt die Leitvorstellung.

Mit dieser Forderung ruft Isabella jedoch auch Widerspruch hervor: Männer wie Kardinal Mendoza, Bischof Hernando Talavera oder später Ignatius von Loyola, der Moraltheologe Alejo Venegas und der Dominikaner Domingo de Valtanás kritisieren die radikale Vertreibung und Verfolgung. Allerdings sind sie eine kleine mutige Minderheit, die sich für ihre Überzeugung sogar in Gefahr bringt, da jeder Gegner leicht vor das Tribunal gezogen werden kann – eine einzige Denunziation genügt. Die Mehrheit des Volkes unterstützt die Politik der *limpieza*, zumal mit der Vertreibung oder Verhaftung meist die Konfiskation der Güter verbunden ist: Kirche, Staat und Einzelpersonen teilen sich die oft üppige »Beute«, denn die spanischen Juden sind überwiegend wohlhabend. Die Motive der Judenverfolgung sind also eine Mischung aus religiöser und rassistischer Ideologie sowie kruder Habgier.

Torquemada allerdings wird nicht von finanziellen Überlegungen geleitet. Er verwehrt Kindern und Enkeln von Verurteilten und Juden aus religiösen und rassischen Gründen den Zugang zu öffentlichen Ämtern. Den Juden, sollen auch die Berufe von Juristen, Ärzten, Steuerbeamten und Wiegemeistern versperrt bleiben.

Die junge Königin – Isabella ist 23 Jahre alt, als sie den Thron besteigt – setzt sich selbst unter beträchtlichen Druck, um die Mauren, die Juden- und die Ketzerfrage möglichst rasch zu lösen. Gründe dafür sind der andauernde Krieg mit Portugal, die Aufsässigkeit des Adels, die Eroberung Amerikas und der ständige Zwang, Geld für diese Unternehmungen zu beschaffen.

Isabella wird am 22. April 1451 in Madrigal de las Altas Torres in der Provinz Ávila geboren. Zwar ist sie die Tochter König Johanns I. von Kastilien, doch sie wächst keineswegs als Thronfolgerin auf. Als ihr Vater stirbt – sie ist gerade drei Jahre alt – stehen sowohl ihre älteren Brüder Heinrich und Alfons als auch ein nichtehelich geborener, aber als Sohn anerkannter Halbbruder zwischen ihr und der Herrschaft. Heinrich ist ein schwacher Herrscher, ein Spielball in der Hand der kastilischen Granden, die ihn schließlich absetzen. Alfons kommt unter ungeklärten Umständen ums Leben. Er soll vergiftet worden sein, und Gegner Isabellas verdächtigen sie, selbst hinter dem Mord zu stehen.

Isabella ist eine energische Person. Ihre Entschlossenheit ist sicher auch ein Reflex auf die Schwäche ihrer Vorgänger, die die Autorität der Krone verspielt hatten, indem sie Schritt für Schritt vor den Ansprüchen des kastilischen Adels zurückgewichen waren. Genau hier setzt Isabella an und gewinnt nach ihrer Thronbesteigung 1474 die Domänen der Rechtsprechung, Steuereintreibung und Kriegführung für die Zentralgewalt zurück.

Durch die Heirat mit Ferdinand von Aragón vereinigt sie Kastilien und Aragón und stellt die öffentliche Ordnung mit starker Hand wieder her. Das ist auch bitter nötig. In den 100 Jahren vor ihrer Thronbesteigung hat sich der Adel in Spanien zu einer Art Raubrittertum entwickelt. Man führt einfach die Steuern nicht mehr an den König ab, der durch die Geldknappheit die Kontrolle über den Adel verliert. Die Bauern sind der Willkür ihrer Herren ausgeliefert. Sie werden für jedwede Händel und Kriege rekrutiert, ihre Ernten geplündert. Wegelagerer verhindern geordneten Handel und Verkehr. Verrat und Ausbeutung sind an die Stelle von Ehre und Treue getreten. Heinrich IV.,

28 (Linke Seite, oben links) Isabella I., Königin von Kastilien und León (1474-1504). Papst Alexander VI. verlieh ihr den Ehrentitel »Die Katholische«.

29 (Linke Seite, oben rechts) Ferdinand »der Katholische«, Ehemann der Isabella. Durch die Vereinigung seines Königreichs Aragón mit dem Königreich Kastilien entstand die wirtschaftliche und militärische Grundlage für die endgültige Rückeroberung Spaniens von den Mauren.

30 (Linke Seite, unten) Innenhof des Klosters Santo Tomás in Ávila, das den »Katholischen Königen« zeitweilig als Sommersitz diente. Die Wappen der Könige zeigen das Joch von Kastilien und das Rutenbündel von Aragón.

der Ohnmächtige, muß sogar das Münzrecht an die Regionalherren abtreten, so daß bald über 150 Münzstätten das Land mit minderwertigem Geld überschwemmen. Das Volk verarmt.

Isabella und Ferdinand haben die Kraft und die Motivation, diese Zustände zu ändern. Vor allem Isabella bringt ihre Vision eines sauberen Staatswesens und eines in jeder Hinsicht geeinten Spanien, ihre Intelligenz und Frömmigkeit sowie ihre Härte und Geschicklichkeit ein. Sie zögert nicht, Entscheidungen zu treffen und die Verantwortung dafür zu übernehmen.

Eine wohl nicht endgültig zu klärende Frage ist die, ob Isabella in ihrer Politik der *limpieza* von Torquemada gesteuert wird. Vieles spricht dafür: Torquemada ist bereits ihr Beichtvater, ehe sie den Thron besteigt. Er soll ihr als Prior des Dominikanerkonvents Santa Cruz in Segovia das Gelübde abverlangt haben, als Königin jeglichen Irr- und Unglauben im Reich auszurotten und nicht eher zu ruhen, als bis jeder ihrer Untertanen ein folgsames Glied der Kirche ist. Doch auch das Umgekehrte ist denkbar: daß eine starke Persönlichkeit wie Isabella den Großinquisitor für die Durchsetzung ihrer Ziele benutzt. Auch dafür spricht vieles. Im Unterschied zu anderen Ländern hat die spanische Krone den Eingriffen der römischen Kirche widerstanden. Das kanonische Recht hat in Spanien nie Fuß gefaßt, ja, die Einführung der Inquisition wird so lange verweigert, bis sie auch im Interesse der weltlichen Macht liegt. Der amerikanische Historiker Henry Charles Lea schreibt in seiner »Geschichte der Spanischen Inquisition«: »Es herrschte keine Achtung vor dem Papsttum – die Balladen vom Cid zeugen davon –, und strenger als selbst in England war das Verbot, für den Papst Geld aus dem Land zu tragen, und, wie in England, wurde in ganz Spanien der Anspruch der Kurie abgelehnt, die kirchlichen Ämter zu besetzen.« Diese Tradition und die besondere Interessenlage Spaniens führen zu einer ganz eigenen Erscheinungsform der Inquisition: die enge Verbindung von Thron und Altar und die Verquickung der Ketzer-, Juden- und Maurenverfolgung mit der Rückeroberung der spanischen Halbinsel.

Isabella wird zum Symbol für die Größe des Reiches im 15. Jahrhundert. Bis in die Gegenwart jedoch müht man sich, die Greueltaten, die zu ihrer Herrschaft gehören, zu entschuldigen. In einer 1954 erschienenen Biographie schreibt der angesehene spanische Historiker César Silió Cortés: »Die Judenmassaker waren ein Werk des Volkszorns, das

Werk einer Nation, die hatte zusehen müssen, wie sich eine durchtriebene und fleißige Rasse in ihrem Lande einnistete, eine zähe Rasse, die sich, obwohl sie eine grausame Ausbeutung und in Einzelfällen selbst den Tod erdulden mußte, vor den Stürmen beugte, um sich danach wie ein schlimmes Unkraut wieder aufzurichten und alle Reichtümer an sich zu bringen, aus dem Wucher Kapital zu schlagen und überhaupt alles an sich zu reißen.«

DIE GESEGNETEN FLAMMEN DER SCHEITERHAUFEN

Torquemada müht sich, das Tribunal vor der um sich greifenden Korruption zu bewahren. So sehr er sich jedoch um die Reputation der Inquisition bemüht, so deutlich überschreitet auch er die Grenzen, wenn es darum geht, die Interessen seiner Säuberungspolitik mit erbarmungsloser Strenge zu verfolgen. Erscheint ihm etwa das Urteil eines Inquisitionsgerichtes zu lasch, gibt er die Akten zurück mit dem Auftrag, erneut zu suchen, ob nicht doch Elemente der Ketzerei gefunden werden. Erneute Untersuchung bedeutet auch erneute Folter, was nach den Gesetzen der Inquisition eigentlich verboten ist. Bei einem Prozeß in Medina ruht Torquemada nicht eher, als bis alle Angeklagten verbrannt sind. Mit ähnlicher Verbissenheit geht er auch vor, wenn er sich von einem Verfahren Signalwirkung verspricht – wie etwa im erwähnten Prozeß bei La Guardia. Im Gegensatz zu sonst werden Prozeß und Urteil bekanntgemacht, um auf die Gefährlichkeit der *conversos* hinzuweisen. Die angeblich vergiftete Hostie wird übrigens noch heute im Kloster Santo Tomás in Ávila wie eine Reliquie behandelt.

Trotz aller Bemühungen, korrekt und unter Aufgebot von Zeugen und Gutachtern vorzugehen, werden die Menschenrechte im Namen Gottes und der Kirche jedoch mit Füßen getreten. In Toledo wird eine Frau gefoltert, da sie kein Schweinefleisch ißt und an Samstagen frische Wäsche anzieht. Damit ist sie verdächtig, dem Judentum anzuhängen. Eine andere Frau wird angeklagt, sie habe als Kind das jüdische Fasten eingehalten, keinen Speck gegessen und einem jüdischen Bettler Geld gegeben. Sie wird gefoltert und sieben Jahre eingekerkert, schließlich verbrannt. Sechs Jahre später wird auch ihr Mann verbrannt, weil er durch die Trauer über den Tod seiner Frau »rückfällig« geworden sei.

Diejenigen, die die Inquisition entschuldigen wollen, weisen darauf hin, daß die kirchliche Prozeßordnung und die Praxis des Strafvollzugs

31 *Im Bild des Malers Hans Baldung, genannt Grien, nehmen die Wahnvorstellungen von nächtlichen Hexenorgien Gestalt an.*

viel humaner gewesen sei als die weltliche Justiz jener Zeit. Dieser Hinweis ist insofern interessant, als er das menschenrechtliche Vakuum markiert, das zum mittelalterlichen Europa gehört. Will man aber einfach nur beschreiben, was war, dann ist es ziemlich unwichtig, ob da einer humaner war als der andere. Und ebenso unwichtig ist, ob 10 000 oder 6000 Menschen dem Scheiterhaufen, der Folter und dem Ehrverlust überantwortet wurden. Um so peinlicher sind dann Versuche, dieses finstere Kapitel in der Geschichte Spaniens und der Kirche in falsch verstandener Loyalität in sein Gegenteil zu verkehren und etwa – wie die Zeitschrift »Analecta ecclesiastica« vom Januar 1895 – zu schreiben: »O ihr gesegneten Flammen der Scheiterhaufen! Durch euch wurden nach der Vertilgung einiger ganz und gar verderbter Menschen Tausende von Seelen vom Irrtum und von der ewigen Verdammnis gerettet. O erlauchtes und ehrwürdiges Andenken an Tomás de Torquemada.«

Autodafé – »Akt des Glaubens«

Eine Besonderheit der spanischen Inquisition ist das Autodafé, spanisch: *auto de fé*. Dieser sogenannte »Akt des Glaubens« ist eine festliche Zeremonie, die anläßlich der Geburt eines Prinzen, einer Hochzeit in der königlichen Familie oder eines kirchlichen Festes veranstaltet wird. Die Verkündung von Inquisitionsurteilen und die Vollstreckung der verschiedenen Strafen ist der Höhepunkt des oft einen ganzen Tag andauernden Rituals. Für diesen Höhepunkt werden möglichst viele Delinquenten aufgespart. Das Volk strömt aus der Umgebung herbei und zeigt offen Ärger, wenn einmal nicht genügend Todeskandidaten zur Verfügung stehen.

Die Vorbereitung beginnt mit dem Bau der diversen Tribünen: für den König, den Adel, die Honoratioren, die Mönche und – an höchster Stelle – den Inquisitor. Und natürlich für die Opfer. Der Festtag beginnt mit einer Prozession. Als erste kommen die Kohlenhändler, die für das Brennmaterial der Scheiterhaufen sorgen. Ihnen folgen die Dominikaner, denen ein weißes Kreuz vorangetragen wird. Dann kommt der Bannerträger der Inquisition, meist ein Adliger, dahinter ihr Symbol, ein schwarz verhängtes grünes Kreuz. Ihm folgen die Granden und die Prominenten, die als *familiares* die Einsatztruppe der Inquisition stellen; dann Wächter in schwarzweißen Gewändern und Männer, die lebensgroße Pappfiguren tragen – Symbole für die Verurteilten, die flohen, bei der Folter starben oder erst nach ihrem Tod überführt wurden. Die Figuren sind, wie auch die Zeichnungen von den in Abwesenheit Verurteilten, zur Verbrennung *in effigie* bestimmt, das heißt zur symbolischen Vernichtung »im Bild«. Jetzt folgen die Opfer, die zum Teil noch nicht wissen, zu welcher Strafe sie verurteilt sind: Männer und Frauen mit Stricken um den Hals, Fackeln in den Händen und hohen Pappmützen auf dem Kopf, auf denen in Bild und Lettern ihre Vergehen aufgemalt sind. Andere Opfer tragen den Sanbenito, den ärmellosen gelben Kittel, der ebenfalls bemalt ist, mit einem roten Andreaskreuz: die Angeklagten, die bereut haben und denen später, sofern sie zum Tode verurteilt sind, die Gnade zuteil wird, vor dem Verbrennen erwürgt zu werden. Die Sanbenitos werden hernach in der Kirche aufgehängt als bleibende Schande für die ganze Familie.

Nach dieser Prozession beginnt die feierliche Messe mit Gebeten, Gesängen und Musik. Etwa gegen Mittag werden die Urteile verlesen, was bis zum Abend dauern kann. Dann wird noch einmal eine Messe gelesen, und die zum Tode Verurteilten werden dem weltlichen Gericht zur Exekution überantwortet – die Inquisition selbst will saubere Hände behalten. Die Todeskandidaten werden rückwärts auf Esel oder auf einen Karren gesetzt und zum Richtplatz geführt.

Diese Inszenierung wird allen Ernstes als Gottesdienst verstanden, der vor allem der Rettung der Seelen vor der ewigen Verdammnis und der Festigung des Glaubens dienen soll. Die Einbindung der Ketzerverfolgung in das gesellschaftliche Leben mag uns heute als Anmaßung und Heuchelei erscheinen, aber sie gehört zur Geschichte des Christentums und des Abendlandes.

Natürlich brennen, wo immer Menschen verbrannt werden, auch die Bücher. Vor der Erfindung des Buchdrucks hatten Bücherverbrennungen die Chance, ein geistiges Werk physisch zu vernichten. Seither hat sie im Grunde nur noch symbolischen Charakter, da immer ein Teil der Auflage oder ein Manuskript nicht erfaßt wird. Trotzdem spielt – da Politik stets von Symbolik geprägt ist – die Zensur, die Indizierung und die Verbrennung von Büchern eine wichtige Rolle, wenn es um die Unterdrückung von Menschen geht. Die spanische Inquisition führt die regelmäßige Zensur im Jahre 1526 ein. Aufschlußreich ist dabei, welche Bücher indiziert werden: solche, in denen Juden oder Mauren gelobt werden, Bibelübersetzungen und Gebetbücher in lebenden Sprachen, Bücher über Magie, die Werke der Humanisten und alle Bilder, die gegenüber der Religion »nicht ehrerbietig« sind. So landen die Werke von Las Casas, Rabelais, Ockham, Savonarola, Dante, Abaelard, Morus, Grotius, Bacon und Kepler auf dem Index. Für das Lesen, die Aufbewahrung oder Verbreitung dieser Schriften droht die Todesstrafe.

VON KETZERN ZU ZAUBERERN UND HEXEN

Schon im Laufe des 14. Jahrhunderts weitet sich das Augenmerk der kirchlichen Inquisitionsgerichte, zunächst in Südfrankreich, auf immer mehr Lebensbereiche aus. Nicht nur Abweichungen von dogmatischen Lehren und kirchlichen Riten werden geahndet, sondern auch alle Praktiken, die als Zauberei angesehen werden. Schon Papst Alexander IV. hat 1258 die Zauberei zur Häresie erklärt, weshalb die Inquisition sich nicht nur um die Häretiker im theologischen Sinn, sondern auch um die Zauberer kümmert: Diese, so glaubt man, hätten einen Pakt mit dem Teufel geschlossen und gehörten zu einer geheimen, verbrecherischen Armee, der »Synagoge des Satans«, die die Menschheit bedroht und sich auf ihren orgiastischen Hexensabbaten organisiert. Deshalb spielt die Frage, ob jemand an einem Hexensabbat teilgenommen habe, eine so große Rolle: Immer wieder wird in den peinlichen Verhören danach gefragt, und immer wieder wird berichtet, daß der Inquisitor die Preisgabe von Namen anderer Teilnehmer erpreßt, um dann auch gegen diese vorgehen zu können.

Die spanische Inquisition im 15. und 16. Jahrhundert verfolgt vor allem Ketzer. In Mitteleuropa sind es eher der einfache Hirte, der den Schafen seines Herrn Krankheiten angehext haben soll, oder die Frau, die als Wahrsagerin oder Hebamme durch Zauberei allerlei Unheil wie Unwetter, Hagel und Regen erzeugt oder Kinder tötet. Den Angeklagten wird fast immer vorgeworfen, an diesem berüchtigten Sabbat teilgenommen zu haben: dem magischen Nachtritual, in dem ein Hirte unbekleidet die Messe gelesen habe, der Satan in Gestalt eines riesigen Ziegenbockes erschienen sei und diejenigen, die ihn anbeteten und seinen Hintern küßten, samt den Männern und Frauen, die sich ihm hingaben, seine teuflischen Künste lehrt – wie man Tiere und Menschen krank macht oder tötet oder wie man mit Kräutern, Giften, Wachsbildern und Leichenteilen Schadenzauber ausübt. So werden zwischen 1320 und 1350 in Carcassonne 400, in Toulouse 600 Personen wegen Zauberei verfolgt, von denen insgesamt 600, also mehr als die Hälfte, verbrannt werden.

Die christliche Dämonologie hat immer wieder die Allgegenwart des Teufels beschrieben. Ihm, den man seit Augustinus als »Affen Gottes« versteht, traut man alles zu. Er ist der Nachahmer Gottes und zugleich sein Gegenteil, darin aber der große Magier, Wundertäter und Zauberer, der heilen und zerstören, menschliche Gestalt annehmen, sich unbegrenzt bewegen, anwesend sein und verschwinden kann. Wer ihm seine Seele verkauft, kann an alledem teilhaben, Schönheit, Macht und Reichtum gewinnen, schaden oder nutzen. Er handelt wie ein Zauberer, ist ein Zauberer. Und damit stellt er die himmlische Ordnung auf den Kopf wie ein Häretiker.

Diese Lehre vom Teufel und den Dämonen wird den Menschen immer wieder, nahezu in jeder Predigt, eingeflößt. Dadurch wird der dumpfe Volksaberglaube bestätigt und verschärft, gewissermaßen mit den theologischen Weihen versehen. Kein Wunder, daß die Phantasie der Gebildeten und des einfachen Volkes von Dämonenfurcht und Höllenangst geprägt ist und die Angst sich zu einem Massenwahn steigert, der mehr als drei Jahrhunderte auf dem christlichen Abendland lastet.

Die Bibel der Menschenjäger

Im Jahr 1489 erscheint eine Schrift, die sich durch die Buchdrucktechnik sehr schnell verbreitet, mit 29 Auflagen sofort ein Bestseller wird und fast 300 Jahre lang von kirchlichen und weltlichen Gerichten als Handbuch der Hexenverfolgung benutzt wird. Mit dem Buch wird meist der Text der sogenannten Hexenbulle Papst Innozenz' VIII. und ein gefälschtes Gutachten verbreitet, in dem die Theologische Fakultät der Universität Köln die Veröffentlichung als bedeutendes Werk zur Verteidigung des katholischen Glaubens würdigt und empfiehlt. Das Buch heißt »Malleus Maleficarum«, was bald mit »Hexenhammer« übersetzt wird. Die Verfasser sind zwei Dominikaner, Johannes Institoris und Jakob Sprenger. Ihnen ist jedes Mittel recht, um die Bedrohung der Menschen durch die Hexen abzuwenden, auch das der Fälschung. Heinrich Institoris hatte die Dinge vorher schon nicht so genau genommen. 1482 hatte Papst Sixtus IV. einen Haftbefehl gegen ihn erlassen, weil ihm die Unterschlagung von Ablaßgeldern zur Last gelegt wurde. Es war ihm jedoch gelungen, der Verhaftung zu entgehen. Man kann annehmen, daß dabei so etwas wie eine »Elsaß-Connection« eine Rolle spielt: Der Prior des Dominikanerklosters von Schlettstadt unterhält gute Verbindungen zu Burchardus, dem Zeremonienmeister des Vatikan unter mehreren Päpsten, der ebenfalls aus dem Elsaß stammt und der Institoris und Sprenger in seinem römischen Haus beherbergt, wenn sie sich in Rom aufhalten.

32 Der Holzschnitt aus einer Ausgabe des berüchtigten »Hexenhammers« (Malleus maleficarum) von 1511 beschwört die Höllenstrafe für Hexen und Zauberer.

Was immer die Verfasser des »Hexenhammers« bewegt hat, das Buch ist ein fatales Kompendium des Hexenwahns und der grausamen Verfolgung unschuldiger Menschen im Namen Gottes und der Kirche. Es wird als Handbuch zur Aufspürung, Verfolgung und Vernichtung von der Hexerei angeklagten Männern, Frauen und Kindern benutzt. Die weltlichen Gerichte werden in die Pflicht genommen mit der Begründung, Hexerei sei ein *crimen mixtum*, ein gemischtes Verbrechen – im Unterschied etwa zur Ketzerei, einem rein geistlichen Verbrechen, das zu verfolgen allein Sache der Kirche sei. Da sich der »Hexenhammer« vor allem auf den Schadenzauber *(maleficium)* konzentriert, die Schädigung von Tieren und Menschen, die nach alter Tradition von Staats wegen verfolgt werden muß, verfehlt das Buch auch seine juristische und politische Wirkung nicht. Es fällt auf, daß der »Hexenhammer« bei seiner Auflistung von Verbrechen besonderen Wert auf die angebliche Beschädigung der männlichen Sexualität legt. Das Weghexen der Potenz und die Erforschung der Einzelheiten und Umstände spielt eine immer wiederkehrende Rolle in den Hexenprozessen. Auch die Erkennung der Hexen an Hexenmalen und die Rasur der Hexen vor Beginn der Folter trägt unverkennbar sexistische Merkmale.

Die Verfasser des »Hexenhammers« sind besessen von der Vorstellung, die Menschheit vor den Hexen retten zu müssen. Alle Mittel sind ihnen dafür recht: Denunziation gilt als Schuldbeweis, nur Belastungszeugen werden gehört, Entlastungszeugen oder gar ein Rechtsbeistand sind ausgeschlossen, die Folter ist ein Mittel der Wahrheitsfindung und ein Instrument, um die Namen von »Komplizen« zu erpressen.

Zum Teil stimmen diese Praktiken mit denen der Justiz überein – die Verteidiger der kirchlichen Rechtspolitik können gar darauf verweisen, daß die kirchliche Vollzugspraxis in vielen Fällen »humaner« war als die weltliche. Aber die Verquickung der Furcht vor dem Schadenzauber mit der kirchlichen Dämonenlehre führt ohne Zweifel zu einer besonderen Form der seelischen Grausamkeit. Der Glaube an böse Geister, Dämonen, Hexen und Zauberer wird im ausgehenden Mittelalter vom Klerus geschürt und zu einem allgegenwärtigen Bestandteil des Lebens gemacht. Dieser Wahn verbindet sich überdies mit einer allgemeinen »Verdrängungskultur« (Grabner-Haider), in der Leibfeindlichkeit und Sexualabwertung zu Aggressivität und Destruktivität führen.

Die meisten Argumente und Anweisungen des »Hexenhammers« sind nicht originell. Die Verfasser stellen im Grunde nur zusammen, was auch an anderer Stelle nachzulesen ist. In einer Frage jedoch kann das Buch eine gewisse Originalität für sich beanspruchen: in der Zuspitzung allen Übels auf das weibliche Geschlecht. Schon der Titel mit der weiblichen Form *maleficarum*, »Übeltäterinnen«, zeigt, daß die Verfasser sich darauf verständigt haben, daß alles Übel weiblichen Geschlechts sei. Zwar gibt es frauenfeindliche Tendenzen seit dem Beginn der christlichen Mischkultur aus semitischen, hellenistischen und römischen Traditionen – mancher Kirchenvater hat von einer Welt ohne Frauen geträumt. Jetzt jedoch sind die Hexen auf einmal Frauen, die einen Pakt mit dem Teufel geschlossen haben, die mit dem Teufel Unzucht treiben und dadurch erst den Dämonen Zugang zum Menschen verschaffen. Wie in der Paradiesgeschichte die Sünde durch die Frau auf den Mann kam, so kommen die Dämonen nur auf dem Weg über die Frau in die Welt. Die Frau steht dem Teufel näher als der Mann. Durch den Geschlechtsverkehr zwischen Dämon und Frau wird das Böse wie eine Krankheit auch auf den Mann übertragen: das Böse als Geschlechtskrankheit, die durch den angehexten »Liebeswahnsinn« oder »Liebesbrand« um sich greift.

Ein Jesuit kämpft gegen den Hexenwahn

»Es ist kaum zu glauben, was es bei den Deutschen und besonders (es ist beschämend auszusprechen) bei den Katholiken unter dem Volke für Aberglauben, Mißgunst, Verleumdung, Ehrabschneiderei, heimliches Gerede und dergleichen gibt. Die Obrigkeit bestraft diese Dinge nicht, und die Prediger rügen sie nicht. Sie sind es, die zuallererst den Verdacht der Hexerei in die Welt setzen. Alle göttlichen Strafen, die Gott in der Heiligen Schrift angedroht hat, stammen (angeblich) von den Hexen her. Gott und die Natur tun jetzt gar nichts mehr, sondern alles machen die Hexen.« Dies bekennt voller Sarkasmus und Ironie ein deutscher Adliger, dessen historisches Verdienst es ist, durch seine scharfsinnige und leidenschaftliche Streitschrift »Cautio Criminalis« den europäischen Hexenwahn ad absurdum geführt zu haben: Friedrich Spee von Langenfeld, Jesuit und Theologe. Geboren am 25. Februar 1591 in Kaiserswerth, geht Friedrich als Zwölfjähriger an das Jesuitengymnasium nach Köln. Mit 19 Jahren tritt er in den Jesuitenorden ein. In einem Brief an den Ordensgeneral begründet er diesen Schritt mit seinem Wunsch, als Missionar in die überseeischen Länder zu gehen. Seine weitere Ausbildung führt ihn nach Trier, als Philosophiestudent nach Würzburg, als Grammatiklehrer nach Speyer, als Lehrer der Poesie nach Worms, als Theologiestudent und Rhetoriklehrer an das Gymnasium nach Mainz. 1622 wird er zum Priester geweiht und wirkt anschließend als Professor der Theologie in Köln und Hildesheim. 1629 wird er von einem Unbekannten überfallen und schwer verletzt. Er verbringt seine

Genesungszeit im Kloster Korvey und dem nahen Falkenhagen. Hier dichtet er die Lieder der »Trutz-Nachtigal«, die erst 14 Jahre nach seinem Tod veröffentlicht werden und die ihn als bedeutenden Lyriker des Barock ausweisen: »Bey stiller Nacht/Zur ersten Wacht/Ein Stimm begann zu klagen ...«

Wieder in Paderborn, schreibt er seine »Cautio Criminalis«, seine »Rechtlichen Bedenken wegen der Hexenprozesse«. Grundlage und Anlaß sind wahrscheinlich seine Erfahrungen als Seelsorger der Prozeßopfer, die er in Würzburg im Auftrag seines Ordens zum Scheiterhaufen begleiten muß. 1631 erscheint die erste gedruckte Ausgabe. Die Umstände der Veröffentlichung sind nicht ganz klar. Das Buch erscheint nicht unter seinem Namen. Als Verfasser wird »Ein ungenannter römischer Theologe« genannt. Der Herausgeber der ersten, in Rinteln erschienenen Ausgabe kommentiert: »Da der Verfasser dieses Buches nicht zu bewegen war, es drucken zu lassen, habe ich um des allgemeinen Wohles willen geglaubt, einen frommen Diebstahl begehen zu dürfen. Ich habe es demgemäß entwendet und schleunigst zum Drucken an die Weser geschickt.« Zu Recht vertraut der Herausgeber auf die aufrüttelnden Argumente und die brillante Darstellungsweise des Werkes. Trotzdem wird es noch über 150 Jahre dauern, bis in Deutschland die letzten Scheiterhaufen verlöschen.

33 Der Jesuit Friedrich Spee von Langenfeld, Verfasser der »Cautio Criminalis« (1631) und der Liedersammlung »Trutz Nachtigall«, bekämpft als einer der ersten die Praxis der Hexenprozesse.

Friedrich Spee bekennt sich schließlich zu seiner Verfasserschaft. Er findet Beschützer unter den Bischöfen, vor allem bei Johann Philipp von Schönborn, dem Erzbischof von Köln. Auch der Jesuitenorden schützt ihn trotz interner Anfeindungen.

Spee gerät in die grausamen Wirren des Dreißigjährigen Krieges, als er in Trier Moraltheologie lehrt. Kaiserliche und Franzosen kämpfen um die Stadt. Spee kümmert sich sofort um die Verwundeten und Gefangenen. In der Sommerhitze des Jahres 1635 bricht die Pest aus. Spee widmet sich der Pflege der Erkrankten. Bald wird er selbst ein Opfer der Seuche und stirbt am 7. August 1635 im Alter von 44 Jahren.

Im historischen Rückblick ist Friedrich Spee der wohl geschickteste Gegner des Hexenwahns. Sein geschulter Intellekt deckt im Detail den Widersinn der Prozeßpraxis auf, seine warmherzige Achtung vor der Würde des Menschen überzeugt immer mehr Menschen, seine poetische Kraft und persönliche Selbstlosigkeit bereiten den Boden für das Heranwachsen einer theologischen und juristischen Aufklärung, vor der im Lauf der folgenden Jahrzehnte Wahn und Grausamkeit nicht bestehen können.

Bevor jedoch das Werk seine Wirkung entfalten kann, breiten sich die Scheiterhaufen der Inquisition wie ein Flächenbrand über Europa aus. Zwischen Torquemada und dem »Hexenhammer« auf der einen und der »Cautio Criminalis« auf der anderen Seite liegen mehr als 150 Jahre. Die Zahl der Opfer des Hexenwahns in Mitteleuropa übersteigt sogar die der Inquisition in Spanien.

Und nirgendwo werden mehr Hexen und Hexer verbrannt als in Deutschland. Im Stammland der Reformation sieht sich die römische Kirche bedroht wie nirgends sonst, zumal hier noch immer Reste der keltisch-germanischen Naturreligion lebendig sind. Der Kampf der Kirche gegen Hexen und Zauberer ist ja zugleich der Kampf gegen die Magie, die Kultrituale der Naturreligionen und die Heilpraktiken des Volksglaubens. Die Inquisition wird zur vermeintlich wirksamen Wunderwaffe im Selbsterhaltungskampf der römischen Kirche. Aber

34 Die Alte Burg von Penzlin (Mecklenburg)

***35** Das Flugblatt aus dem Fürstentum Jülich (1591) zeigt die Massenhinrichtung von sogenannten Hexen.*

auch die reformatorischen Gemeinschaften glauben, auf die Verfolgung von Zauberern und Hexen nicht verzichten zu können. In allen christlichen Glaubensgemeinschaften geht die Angst vor den Naturgöttern, den Schamanen, Mantikern, Heilern und Sehern um. Deshalb müssen deren Schutzgötter und Riten dämonisiert werden. Die Götter und Geister der alten Kulturen werden zu Zauberern und Hexen. Die Schamanin, die einen Baum besteigt oder in ekstatischem Tanz ihren Körper verläßt und »fliegt«, wird zur Hexe, die auf dem Besenstiel zum Hexensabbat reitet. Der Schamane, der die Heilkräfte der Pflanzen und Gifte kennt, wird zum Zauberer, der Krankheit und Gesundheit herbeizaubern oder das Wetter beeinflussen kann. Die Hebamme wird zur Hexe, die mit dem Teufel im Bunde steht und Neugeborene tötet, um sie den Dämonen als Opfer darzubringen – ein Aberglaube, der bei der hohen Säuglingssterblichkeit reiche Nahrung findet. Die Fruchtbarkeitsbräuche mit ihren sexuellen Vereinigungsritualen werden zu den nächtlichen Orgien, in denen die Dämonen mit den Hexen Unzucht treiben.

Im Hexenkeller der Alten Burg zu Penzlin gibt es noch eine Rezeptur aus dem 16. Jahrhundert, um eine Flugsalbe herzustellen. Wer sich damit einreibt, kann zum Hexenflug ansetzen: »Man nehme Mandragora, Tollkirsche, Bilsenkraut, Bittersüß und Stechapfel, darf auch Schilling, Giftlattich, blauer Eisenhut und Mohn dabei sein; vermenge mit Katzenfett, Hundsfett, Wolfsfett, Eselsfett, Fledermausblut und Kinderfett, um sie zu einer salbenartigen Konsistenz zu bringen.«

Die gesamte christliche Welt glaubt überdies, zugleich mit den Ketzern, Hexen und Zauberern auch die Freigeister der Neuzeit vernichten zu können. Der Amoklauf gegen die Moderne äußert sich besonders deutlich in der Unterdrückung der Wissenschaften. Die Verbrennung des Philosophen Giordano Bruno, der Prozeß gegen den Physiker Galileo Galilei und die Unterdrückung des Astronomen Johannes Kepler sind nur einige herausragende Beispiele aus dem Kampf um die Erhaltung der mittelalterlichen Ordnung.

Die alltägliche Praxis

Die Handbücher der Hexenjagd befassen sich ausführlich mit den alltäglichen Problemen der Menschenjagd im Namen Gottes: dem Auffinden der Hexen, den verschiedenen Arten des Verhörens, Bestrafens, Folterns und Tötens – stets mit dem Hinweis darauf, alles geschehe zum Seelenheil der Opfer. Was immer getan wird, es geschieht mit gutem Gewissen. Die Hexenrichter schalten und walten, wie sie es für richtig halten. Die Hexenjäger in Deutschland gehören der »Scharfrichtergesellschaft« an. Sie entscheiden nach Haar- oder Augenfarbe, Gesichts- oder Körpermerkmalen, wer eine Hexe ist und wer nicht. Das Urteil kann ja immer durch die Folter erhärtet werden.

In Deutschland grassiert der Hexenwahn in vielen Städten und Regionen. Man richtet spezielle Hexenhäuser als Gefängnisse ein. In Bamberg zum Beispiel wird ein »Malefizhaus« erbaut »zur Abstrafung und Bekehrung … boshafter Menschen«, die der »verdammten Zauberei« angeklagt sind. Einer Zeichnung kann man entnehmen, daß das Haus nach außen ein adrett geschmücktes Wohnhaus ist. Innen ist es mit 27 Gefängniszellen und einem Folterkeller ausgestattet. Eine

36 **Auf einer solchen Folterbank wurde das gefesselte Opfer durch einen Seilzug »gestreckt«, bis die Sehnen rissen.**

Inschrift in Latein und Deutsch erklärt seinen Zweck und benennt zugleich einen der Hintergründe für die Verfolgung der Hexen: »Das Haus wird ein Exempel werden, daß Alle, die vorüber gehen, sich entsetzen. Warum hat der Herr diesem Land, diesem Haus also gethan? So wird man antworten: Darum, daß sie den Herrn, ihren Gott verlassen und andere Götter angenommen haben. Darum hat der Herr all dieses Übel über sie gebracht.«

Die Angeklagten müssen im Gefängnis selbst für ihre Nahrung sorgen. Ihr konfiszierter Besitz wird unter anderem dafür verwendet. Selbst die Kosten für Prozeß, Folterung und Hinrichtung werden den Opfern und deren Angehörigen aufgebürdet.

Bamberg ist eine Hochburg des Hexenwahns. Im dortigen Staatsarchiv befinden sich auch die Originalakten des Prozesses gegen den Hochstiftskanzler Dr. Georg Haan und seine Familie. Kopien des Prozesses befinden sich in einem Archiv besonderer Art: angelegt von SS-Führer Heinrich Himmler. Was die SS mit ihrem »Hexenkommando« und diesem Archiv bezweckte, ist nicht geklärt. Suchte sie nach Belastungsmaterial gegen die Kirchen, um die eigenen Greueltaten als normal erscheinen zu lassen? Oder wollte sie von den Terrormethoden der Vergangenheit lernen?

Die Methoden der fürstbischöflichen Gerichtsbarkeit in Bamberg sind in der Tat dazu angetan, in totalitären Ideologien Schule zu machen. Am Anfang steht die Begehrlichkeit von zwei Beamten auf den Posten des Hochstiftkanzlers. Georg Haan hatte diesen einträglichen Posten 1611 durch die Gunst des Fürstbischofs Johann Philipp von Gebsattel bekommen. Haan kümmert sich seither um Reformen, auch um eine Reform der Hexenprozeßordnung. Dies mißfällt dem Hexenkommissar Ernst Vasold. Wenn es gelänge, den Amtsinhaber loszuwer-

den, könnte Vasold selbst Kanzler werden und die Reformen abblocken. Scharf auf den Posten ist auch der Sohn des früheren Kanzlers, Johann Georg Harsee. Beide Herren nutzen ihre Chance, indem sie die Frau des Kanzlers, Katharina, der Hexerei beschuldigen (deren Mutter war schon als Hexe verbrannt worden) und auch gleich die Tochter, Katharina Röhm, in die Beschuldigung mit einbeziehen. Als der Plan bekannt wird, reist der Kanzler sofort nach Speyer, um am Reichskammergericht einen Schutzbrief für Frau und Tochter zu erwirken. Als Haan nach Bamberg zurückkommt, hat man seine Frau und seine Tochter bereits hingerichtet. Bald darauf wird auch er der Zauberei angeklagt. Wie schon im Prozeß gegen Frau und Tochter treten falsche Zeugen auf, die behaupten, der Kanzler habe an Hexenversammlungen teilgenommen. Außerdem habe er bei seiner »Flucht« nach Speyer ein Mandat gegen den Fürstbischof und seine Bediensteten besorgen wollen, um gegen sie vorgehen zu können. Auch die üblichen Standardvorwürfe werden erhoben, etwa, der Kanzler habe eine Hostie vergraben und darauf ge-

37** **Der Bischofssitz Bamberg war eine Hochburg der Hexenverfolgung. Hier fanden auch die Prozesse gegen Dr. Georg Haan, den Kanzler des Hochstifts, und seine Familie statt.

tanzt. Was dann geschieht, bleibt dem heutigen Leser der Prozeßakten unverständlich: In den Verhören »gesteht« der Kanzler unter der Folter alles, was ihm vorgeworfen wird, und schmückt die Geschichten von Teufelsbuhlschaft, Schadenzauber, Hexensabbat und Hostienschändung noch mit abstrusen Details aus. Danach widerruft er seine Aussagen, dann widerruft er den Widerruf. Am Ende steht das Todesurteil. Am 14. Juli 1628 wird Georg Haan morgens gegen 4.30 Uhr vor 80 Personen enthauptet, nachdem ihm erlaubt worden war, zu beichten und die Kommunion zu empfangen. Am Tag danach wird seine Leiche verbrannt. Wenige Monate später werden auch Haans Sohn und die jüngere Tochter unter ähnlichen Umständen getötet.

Der Prozeß gegen die Familie Haan zeigt, wie der Hexenwahn benutzt wird, um mißliebige Personen oder Konkurrenten zu beseitigen. Und er beweist, daß selbst hochrangige Personen und ihre Familien nicht verschont bleiben. Schließlich offenbart der Bamberger Prozeß, wie tief der Wahn noch im Bewußtsein der Menschen des 17. Jahrhunderts verankert ist.

Zum Urteil gegen Katharina Haan, Katharina Röhm und fünf andere Angeklagte vom 22. Januar 1628 gibt es einen aufschlußreichen »Gnadenzettel«, der die heute zynisch anmutende Grausamkeit der Justiz offenbart: »Obwohl gegenwertig vor Gericht gebrachte Persohnen dem itzt verlesenen Urtheil auf Ihrem schwehren Verbrechen und verdienst nach billich mit dem feuer vim leben zum Tode zu straffen, so läßt jedoch der hochwürdige unser allerseits gnädige Fürst und Herr von Bamberg auß sonderbahren bewegenden Ursachen Ihnen diese hohe fürstl. Gnade erzeigen und erweißen, daß sie nemblich erstlich mit dem Schwerd vom leben zum todt hingerichtet, alßdann mit Feuer zu Pulfer und Asche verbrent werden sollen. Neben diesem aber solle Anna Eberl wegen Ihrer undt viel begangenen Missethaten erstlich Ein griff mit glühender Zange gegeben, hernacher ihre rechte Hand, mit welcher sie erschröckhlich und unchristlich gesündigt sambt dero haubt zugleich abgeschlagen undt ihr Cörper gleich anderen durch das feuer verzehrt werden.« Bei Hexen steht am Ende also immer das Feuer. Die Richter und Ideologen sehen darin die totale Vernichtung, aber auch, vor allem bei der Verbrennung bei lebendigem Leib, ein Mittel, den Dämonen zuvorzukommen, die sich der Seele der Verurteilten zu bemächtigen suchen. Und die ganze Prozedur dient ja – so der Wahn der Verantwortlichen – der Rettung der Seelen, auch der Seelen der Verurteilten.

Um den Wahnwitz der alltäglichen Verhörpraxis zu begreifen, muß man sich den Kanon der Fragen, wie ihn die »Lehrbücher« vorschreiben, etwa das Landrecht für die Markgrafschaft Baden vom 2. Januar 1588, wenigstens in Ausschnitten vergegenwärtigen: »Hat sie (die Hexe) nicht Kühe ihrer Milch beraubt? Hat sie nicht Raupen, Nebel oder dergleichen gemacht? Bei wem hat sie solches gelernt? Seit wann und wie lange treibt sie das und welche Mittel verwendet sie dazu? Wie steht es hinsichtlich eines Bundes mit dem bösen Feind? Hat sie Gott verleugnet und mit welchen Worten? Wer war dabei anwesend, von welchen Zeremonien war der Schwur begleitet, an welchem Ort und zu welcher Zeit fand er statt, wurde eine Unterschrift gegeben oder nicht? Hat der Teufel eine schriftliche Verpflichtung erhalten? Wurde diese mit Blut geschrieben und wenn ja, mit welchem? ... Wann ist der Böse ihr erschienen? Wünschte er die Ehe mit ihr oder nur einfach den Geschlechtsverkehr? Hat sie ihre Jungfernschaft schon zuvor oder durch ihn verloren? Wie ist sein männlich Glied gewesen ...? Wie ist sein Samen gewesen? Hat sie Lust gehabt ...? Hat sie kraft ihres Schwures Schaden zugefügt und wem? Wieviel Männer und Frauen hat sie zu Tode gebracht? Wieviel Kinder? Wieviel schwangere Frauen? Wieviel Vieh? Kann sie auch durch die Luft fliegen, und worauf ist sie geflogen? Wie bewerkstelligte sie das? Wie oft fliegt sie? Wohin ist sie wann geflogen? ... Wie lange ist es her, daß sie ihre Hochzeit gefeiert hat mit ihrem Buhlen? Wie wurde die Hochzeit ausgerichtet? Was gab es zu essen? Insbesondere welche Fleischgerichte gab es, woher stammte das Fleisch, wer brachte es, war es sauer oder süß? ... Wie viele kleine Kinder wurden von ihr mit verzehrt? Woher hatte man die Kinder? Von wem wurden sie genommen, oder wurden sie auf dem Friedhof ausgegraben? Wie hat man sie zubereitet, gebraten oder gesotten? Wozu wurde der Kopf, wurden die Beinchen und die Händchen benutzt? Wurde von solchen Kindern auch Schmalz gewonnen, und wozu brauchte sie dieses? ... Wie viele Wöchnerinnen hat sie töten helfen? Hat sie mitgeholfen, verstorbene Wöchnerinnen auf dem Friedhof auszugraben? Hat sie nicht auch Frühgeburten ausgegraben, waren es Mädchen oder Jungen, und was hat sie mit ihnen gemacht? Wenn sie durch die Luft gefahren, womit ist sie gefahren? Wie wurde die Salbe zubereitet, welche Farbe hatte sie? Wie oft hat sie Menschenschmalz benötigt und dementsprechend Morde begangen? Was hat sie mit dem ausgekochten oder ausgebratenen Menschenfleisch gemacht? Wieviel Wetter, Reif, Nebel hat sie

***38** Die Ruine des Hauses in Solingen, wo am 29. Mai 1993 zwei türkische Frauen und drei Kinder durch Brandstiftung verbrannten: Symbol für die bleibende Neigung des Menschen, Fremdes und Unverstandenes auszugrenzen und zu vernichten.*

machen helfen? ... Wer war dabei? Hat sie auch geweihte Hostien an sich gebracht? Item, wie sie die Männer unfähig gemacht hat für das eheliche Beilager? Mit welchen Mitteln? ... Ist sie zum Abendmahl erschienen und hat sie dieses ... empfangen?« Es ist nicht verwunderlich, daß die Menschen, die derartigen Verhören und den fürchterlichen Folterungen ausgesetzt werden, am Ende alles »gestehen«, was die Täter von ihnen hören wollen – ja, daß sie am Ende selbst glauben, Ketzer, Hexen oder Zauberer zu sein. Die Praxis der Einkerkerung, der

Verhöre, der Folterungen, die dem Scheiterhaufen vorangehen, ist nicht nur wegen der Entwürdigung, der Schmerzen und der seelischen Qual auf seiten der Opfer verurteilenswert, sondern auch wegen der kalten und zugleich religiös aufwendigen Systematik, mit der die Täter vorgehen.

Die alltägliche Angst

Drei Jahrhunderte europäischer Geschichte kann man nicht verdrängen oder verschweigen. Erst öffentliches Erinnern setzt die Kraft frei, die Ursachen zu überwinden und eine Wiederholung in anderen Erscheinungsformen zu verhindern. Bei dem historisch offenkundigen und dem verborgenen Hexenwahn verhält es sich nicht anders als beim Rassenwahn des 20. Jahrhunderts. Sicher gibt es viele Elemente des Ketzer- und Hexenwahns, bei denen wir uns heute eine Wiederholung kaum vorstellen können – so etwa bei dem wuchernden Aberglauben und der allgegenwärtigen Dämonenangst. Andere Elemente jedoch sind so verankert in der Natur der menschlichen Seele und den Strukturen der religiösen und politischen Gemeinschaften, daß wir auch heute noch mit ihnen rechnen müssen. Die Neigung zum Beispiel, Minderheiten zu Sündenböcken zu machen und gnadenlos zu verfolgen, ist heute ebenso ungebrochen wie die Bereitschaft zu Denunziation und Gewalt. Die zwanghafte Sucht des selbstgerechten »Volksempfindens«, Unverstandenes als böse auszugrenzen, lauert immer noch hinter der Unfähigkeit, Andersartigkeit zu respektieren. Und der Anspruch, mit dem auch heute Staaten und Parteien, Kirchen und Sekten, Individuen und Gruppen glauben, im Besitz der Wahrheit zu sein, mutet an wie das unselige Erbe der Inquisition. Und nicht zuletzt: Die Angst der Männer vor dem Wissen und der Kraft der Frauen ist mit dem Erlöschen der Scheiterhaufen nicht zu Ende. Das Mißtrauen gegen heilkundige Frauen etwa ist lebendig geblieben – wie die bis heute gängige Unterdrückung der Hebammen als Berufsstand zeigt. Es gehört zum Erbe des mittelalterlichen Christentums, in der Hebamme eine Verbindung zum Matriarchat der frühen Naturreligionen und eine Feindin des Christentums zu sehen. Der »Hexenhammer« versteigt sich sogar zu der Behauptung, niemand schade dem katholischen Glauben mehr als sie. In Wahrheit drückt diese Meinung die Furcht vor einer eingebildeten Bedrohung aus: Hebammen verfügen über geheimnisvolles

Wissen zu Sexualität, Geburtenkontrolle und Selbstbestimmung der Frau. Die patriarchalische Religion der christlichen Kirche aber setzt dem entgegen, daß den Hebammen verboten wird, Beistand bei Empfängnisverhütung und Schwangerschaft zu leisten und die Schmerzen der Geburtswehen zu lindern. Man beruft sich auf die Bibel, wonach Eva »unter Schmerzen gebären« müsse, ist empört, als im 19. Jahrhundert Chloroform und Äther eingeführt werden, um die Geburtsschmerzen zu lindern. Man erklärt, dies sei eine sündhafte Verleugnung der Absichten Gottes. Durchaus konsequent war es deshalb, daß zum Beispiel der US-Senat gegen Ende des 19. Jahrhunderts auf Betreiben der American Medical Association die Hebammen von der Geburtshilfe ausschloß und männliche Geburtshelfer einsetzte.

Die Qual der Erinnerung

Penzlin 1997. Die Besucher der Folterkammer schauen noch immer gebannt und verlegen auf die Instrumente, mit denen ein pervertiertes menschliches Denken anderen Menschen unsägliche Qualen zufügte. Die Eltern des Achtjährigen bemerken, daß der Kleine nicht mehr da ist. Die Mutter eilt die Treppen hinauf, um den Jungen zu suchen. Ob sie im Gespräch mit ihm begreift, wie gesund das Kind auf die Vergegenwärtigung des Grauens reagiert hat? Ob sie ihm vermitteln kann, daß nur aus der Erinnerung die Kraft wächst, in der Zukunft jede Wiederholung derartiger Ereignisse und Gedankenwelten zu verhindern?

Wie anders soll das christliche Abendland umgehen lernen mit seiner Schuld, die Teil seiner Geschichte geworden ist und Teil einer Identität, aus der alles hervorging: Judenhaß, Ketzerverfolgung, Inquisition und Völkermord. Die Geschichte schreiben die Sieger, sagt man. Aber das Urteil über das, was geschrieben wird, ist den Opfern vorbehalten.

Literaturverzeichnis

Behringer, Wolfgang: Mit dem Feuer vom Leben zum Tod. Hexengesetzgebung in Bayern. München 1988.

Grabner-Haider, Anton: Fanatismus und Massenwahn. Quellen der Verfolgung von Ketzern, Hexen, Juden und Außenseitern. Graz 1987.

Grigulevic, J. R.: Ketzer – Hexen – Inquisitoren. Berlin 1980.

Hortzitz, Nicoline (Hrsg.): Hexenwahn. Quellenschriften des 15. bis 18. Jahrhunderts. Stuttgart 1990.

Lea, Henry Charles: Geschichte der Spanischen Inquisition. 3 Bände. Neudruck Aalen 1980.

Lemm, Robert: Die Spanische Inquisition. München 1996.

Lopez Alvarez, Ana (u. a., Hrsg.): Inquisicion y Conversos. Toledo 1994.

Lucka, Emil: Torquemada. Berlin/Wien 1926.

Plaidy, Jean: The Rise of the Spanish Inquisition. London 1959/1975.

Renczes, Andrea: Wie löscht man eine Familie aus? Eine Analyse Bamberger Hexenprozesse. Pfaffenweiler, 2. Aufl. 1992.

Spee, Friedrich von: Cautio Criminalis. Deutsch. Weimar, 2. Aufl. 1967.

Sprenger, Jakob und Institoris Heinrich: Der Hexenhammer. München, 11. Aufl. 1993.

Wolf, Hans-Jürgen: Hexenwahn. Bindlach 1994.

»Tötet die Hure!« – der Fall

Maria Stuart

Ulrich Lenze
und Nina
Steinhauser

DIE KAPITULATION

Sie hat gerade zum dritten Mal geheiratet, drei Monate nach dem mysteriösen Tod ihres zweiten Gemahls. Der neue Mann heißt James Hepburn, Earl of Bothwell, ist ihr Untertan und, so die Gerüchte, längst ihr Geliebter. Maria Stuart, Königin von Schottland, hat sich in eine verhängnisvolle Lage hineinmanövriert.

Das Eheglück ist nicht von Dauer – der Adel droht der Regentin, das junge Paar verläßt Edinburgh. Es kommt zu einer bewaffneten Konfrontation mit einem spektakulären Showdown. Acht Meilen vor der schottischen Hauptstadt, auf dem Hügel von Carberry Hill, stehen sich am 15. Juni 1567 die Kontrahenten gegenüber. Auf seiten Bothwells weht die Standarte mit dem roten Löwen Schottlands – ein sichtbares Zeichen, daß auch die schöne Königin am Schauplatz ist. Seltsam ist das Banner, das ihre Gegner vor sich her tragen: Auf weißem Grund, unter einem grünen Baum, liegt der Leichnam Henry Darnleys, des ermordeten Mannes der Maria Stuart. Neben ihm kniet der Sohn und Thronfolger Jakob. Darunter steht: »Richte und räche meine Sache, o Gott.« Eindeutiger geht es kaum. Die schottischen Feudalherren waren nie für ihre Galanterie berühmt.

Die Zeit verstreicht, niemand will das Gefecht beginnen. Der französische Gesandte eilt herbei, um zu vermitteln. Wenn Maria Stuart auf Bothwell verzichte, wolle man ihr vorbehaltlos huldigen, lassen die Lords ihre Königin wissen. Aber Maria steht zu ihrem Mann. Schließlich hätten, so ihre Antwort, einige unter den jetzigen Gegnern doch selbst die Vermählung befürwortet. Endlose Diskussionen folgen. In der glühenden Mittagshitze kommt Bothwells Männern allmählich ihr Eifer abhanden, sie entfernen sich vom Schauplatz, zunächst in kleineren, dann in größeren Gruppen, suchen den Schatten und ein kühles Bier. Am Ende kapituliert die Königin. Unter der Bedingung, daß Bothwell fliehen darf, begibt sie sich in die Hand ihrer Gegner und läßt sich nach Edinburgh geleiten. »Verbrennt die Hure, verbrennt die Gattenmörderin!« schreit das Volk, als sie durch die Straßen der Hauptstadt reitet: »Tötet

39 (Vorhergehende Doppelseite) Maria Stuart, Königin von Schottland

sie, ertränkt sie.« Nicht in ihren eigenen Palast führt man sie, sondern ins Haus des Profosen. Eingeschlossen in ein kleines Zimmer, unter strenger Bewachung, kommt sie nicht zur Ruhe. Keiner der Lords will mit ihr sprechen. Völlig aufgelöst zeigt sie sich am Morgen am Fenster und ruft laut um Hilfe. Die Haare stehen ihr zu Berge, ihre Kleidung ist verschwitzt, dreckig und zerrissen. Die Schaulustigen sind entsetzt. Maria, Königin der Schotten, 24 Jahre alt, scheint am Tiefpunkt ihres Lebens angekommen.

Plötzlich stehen die Lords in ihrem Zimmer, zerren Maria vom Fenster weg. Am Abend wird sie in den königlichen Palast, Schloß Holyrood, überführt, wo sie sich erfrischt, umzieht und im Beisein ihrer Hofdamen diniert. Doch das Souper wird vorzeitig abgebrochen. »Die Pferde stehen bereit!« Keine weiteren Erklärungen. Im Schutze der Nacht wird Maria fortgebracht. An einem See wartet ein Boot, auf dem die Gefangene zu einer kleinen Insel gerudert wird, Sitz einer Burg mitten im Loch Leven. Ein Ort ohne Entkommen. Die Landesherrin ist Gefangene ihrer eigenen Lords.

Von diesem Moment an scheiden sich die Geister endgültig an der attraktiven Königin der Schotten. Ihre Ankläger werfen ihr vor, sie habe ihren Mann Henry Darnley umbringen lassen, um ihren Geliebten James Bothwell zu heiraten, und habe damit Schottland verraten. Ihre Anhänger aber sehen in ihr eine Märtyrerin, die dafür büße, daß sie sich in ihrem protestantischen Land noch immer zum katholischen Glauben bekennt. Das ist nur der Anfang. Maria flieht aus der Gefangenschaft von Loch Leven, aber ein viel schlimmeres Schicksal erwartet sie. Am Ende bezahlt sie ihren Lebenshunger mit dem Tod.

Maria Stuart war eine rätselhafte und widersprüchliche Frau. War sie das Opfer intriganter Machtpolitiker? Oder führte sie ihre Umgebung mit aufgesetzter Naivität hinters Licht und tat in Wahrheit, was sie wollte? War sie Spielball in den Händen Dritter oder unbeirrte Verfechterin eigener Interessen? Erst spät gerieten Reflexionen über ihr Leben und ihre Regierungszeit sachlich. Marias Schicksal verleitet zu emotionalen Reaktionen, zu erbitterten Polemiken und zu extremen Urteilen. „Sie war ein liederliches Frauenzimmer im Gewand einer Märtyrerin ..., eine Leopardin, gefährlich wie eine Bestie ..., so sinnlich und dämonisch, daß es fast unnatürlich schien« (1), urteilt der englische Historiker James Anthony Froude. Friedrich von Schiller hingegen zeichnet von ihr das Bild einer unglücklichen, leidenschaftlichen Frau, die ihre Freiheit

50 km
SCHOTTLAND
Aberdeen
Perth
Loch Leven
St. Andrews
Inchmahome
Stirling
Glasgow
Linlithgow
Edinburgh
Leith
Dunbar
Schlacht von Langside
Schlacht von Carberry Hill
Jedburgh
Hermitage
Dundrennan
Carlisle
Bucht von Solway

40 Lochleven Castle auf einer Insel im Loch Leven – hier ist die schottische Königin Gefangene ihrer eigenen Lords.

einklagt, die zwar ehebricht und mordet, der aber kraft ihrer Reue vergeben wird. Seine Dramatisierung der Geschichte ist ein erster Höhepunkt des Maria-Stuart-Mythos. Fast 150 Jahre später entdeckt Stefan Zweig für sich und Millionen Leser seines biographischen Romans eine Maria Stuart, die der Schillerschen nicht unähnlich ist. Auch Zweig prägt, allerdings aufgrund teils zweifelhafter historischer Details, entscheidend das Bild, das sich die Welt von der erotischen Schottenkönigin macht: Inbegriff einer zwischen Sittlichkeit und Trieben hin und her gerissenen und schließlich von ihren Leidenschaften zugrunde gerichteten Frau.

»In meinem Ende liegt mein Anfang«, hatte Maria Stuart auf einen Baldachin über ihrem Bett gestickt. Im Rückblick ein Lebensmotto mit erschreckend prognostischer Kraft.

Die junge Königin

Der Anfang ist ein kalter Tag: der 8. Dezember 1542. Durch Wände und Türen von Burg Linlithgow weht ein eisiger Wind. Als der Vater, König James V., von der Geburt seiner Tochter Maria hört, ist er entsetzt. Düster prophezeit er den Stuarts: »Mit einem Mädchen hat es begonnen, mit einem Mädchen wird es enden.« Fünf Tage später ist James tot, die Neugeborene wird Königin von Schottland.

Maria Stuart wird in eine Zeit des Umbruchs hinein geboren. Die Welt des Mittelalters ist ins Wanken geraten. Entdeckungsreisen und neue Forschungen erweitern den Horizont, und die allein selig machende katholische Kirche verliert ihre Macht. Im Deutschen Reich hat Martin Luther Kritik am Anspruch und Zustand der katholischen Kirche formuliert und mit seinen Thesen schnell Anhänger gefunden, darunter auch Fürsten, die die reformierte Kirche in ihren Ländern etablieren. Auf die restriktive Politik des deutschen Kaisers gegenüber dieser Erneuerung antworten sie mit einem Protest, dem sie auf dem Reichstag im Jahre 1529 vehement Ausdruck verleihen. Damit hat die reformierte Lehre einen Namen – Protestantismus – und tritt, über die deutschen Grenzen hinaus, ihren Siegeszug an.

England allerdings öffnet sich der neuen Lehre mehr durch eine Laune Heinrichs VIII. Der Monarch ist ein Verfechter des Katholizismus, der sich mehrfach gegen Luther zu Wort meldet. Aber er hat auch ein kleines Problem. Weil ihm seine Frau, Katharina von Aragón, keinen Sohn geschenkt hat, will er sich von ihr scheiden lassen und eine zweite Ehe eingehen – mit seiner Herzensdame Anna Boleyn. Als der Papst die Trennung verbietet, reagiert Heinrich prompt. Er löst sich von Rom, setzt die alte englische Idee einer Nationalkirche in die Tat um und sich selbst als Kirchenoberhaupt ein. Die neue Kirche, die protestantische und katholische Elemente enthält, nennt sich bis heute »anglikanisch«.

Als Maria das Licht der Welt erblickt, steht Schottland wieder einmal im Konflikt mit England, in einem der zahllosen Kriege, die geprägt sind vom Bestreben Englands, den nördlichen Nachbarn unter seine Herr-

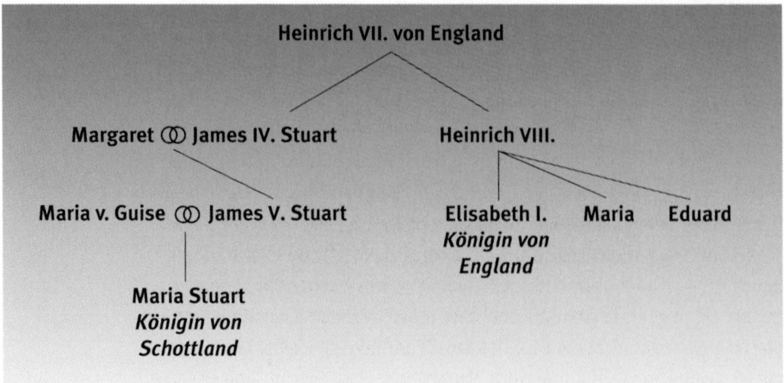

schaft zu zwingen. König Robert I. Bruce (seit 1371 herrscht das Haus Stuart) hatte in der Schlacht von Bannockburn erst im Jahre 1314 die Souveränität Schottlands erkämpft, die seither immer wieder verteidigt werden muß. Militärische und wirtschaftliche Hilfe bezieht das kleine Land aus seinem Bündnis mit Frankreich. Zu Beginn des 16. Jahrhunderts aber fällt Schottland durch die Heirat des schottischen Königs mit der englischen Königstochter Margarete Tudor, einer Schwester Heinrichs VIII., unter englisches Protektorat – diese Eheschließung begründet den Erbanspruch der Stuarts auf den englischen Thron! Schon der Nachfolger auf dem schottischen Thron, James V., fährt einen anderen Kurs, belebt das Bündnis mit Frankreich und heiratet eine Französin, Maria von Guise aus dem Hause Lothringen.

Im Kriegsfall stehen sich so auf schottischem Boden zwei Großmächte gegenüber, Frankreich und England, denen je ein Teil des schottischen Adels anhängt. Das Land ist gespalten in eine französische und eine englische Fraktion, die sich heftig befehden, erst recht, als der Protestantismus Einzug in Schottland hält.

Auch James V. ist keine friedvolle Herrschaft vergönnt. Scharmützel an der gemeinsamen Grenze dienen England als Vorwand, den Schotten wieder einmal den Krieg zu erklären, der für diese im November 1542 mit einer demütigenden Niederlage endet. James V., im Kampf schwer verwundet, zieht sich auf seine kleine Burg Falkland zurück, lebt von der Hoffnung auf einen Thronfolger. Die Geburt Marias besiegelt für ihn das Schicksal der Stuarts. Hatte es doch auch mit einer Frau angefangen: Ein Stuart hatte im 14. Jahrhundert eine erbberechtigte Tochter des schottischen Königs Bruce geheiratet und damit die Königswürde in die Familie gebracht.

Nach James' frühem Tod kommt es zu zahlreichen Intrigen um die Bestallung eines Vormunds für die kleine Maria, der das Land regiert. Die Träger dieser Funktion wechseln in schneller Folge. In dieser Lage wäre es für England ein Leichtes, den Schotten den endgültigen Schlag zu versetzen, denn seit der verheerenden Schlacht von 1542 herrscht zwischen den Parteien allenfalls ein Waffenstillstand. Warum Heinrich VIII. zögert, den Angriffsbefehl zu geben, darüber läßt sich nur spekulieren. Vielleicht scheut er davor zurück, als derjenige in die Geschichte einzugehen, der gegen ein Baby, noch dazu eine Halbwaise, ins Feld zog. Statt dessen setzt er auf politisches Kalkül und schickt einen Gesandten mit Glückwünschen zur Geburt Marias und mit einem Antrag an

41 (Rechts) Linlithgow Palace, Maria Stuarts Geburtsort

42 (Unten) James Stewart V. und Maria von Guise, die Eltern Maria Stuarts

den schottischen Hof: Heinrich hält für seinen einjährigen Sohn Eduard um die Hand Marias an! Diese Vermählung würde beide Länder auf Dauer vereinen. Das eilig zusammengerufene schottische Parlament stimmt der Verlobung zu, lehnt aber Heinrichs Forderung ab, Maria in England erziehen zu lassen. Auch daß Schottland an England fallen soll, wenn die Ehe kinderlos bliebe, findet keine Billigung. Der König ist verärgert, unterschreibt aber nach mehrwöchigen Verhandlungen im Juli 1543 ohne englische Klauseln den Friedensvertrag, der zugleich der Ehevertrag zwischen Eduard und Maria ist.

43 Noch heute gibt es das Loch, das für Maria Stuart in die Brüstung von Stirling Castle geschlagen wurde, damit sie als Kind in ihr Land hinausschauen konnte.

Vertrag hin, Vertrag her, die schottische Königinmutter Maria von Guise, die Witwe von James, mißtraut den Engländern. Noch im selben Monat verschanzt sie sich mit Maria auf Stirling Castle, einer als unbezwingbar geltenden Burg im Landesinneren. Im Alter von neun Monaten wird die kleine Königin in der dortigen Franziskanerkirche nach katholischer Liturgie gekrönt. Ihre ersten Lebensjahre verbringt Maria auf der Festung unter der Obhut des Grafen von Mar. Heute wundert sich der Besucher von Stirling Castle über ein kleines Loch in der Brüstung, das für einen Abfluß zu hoch, für einen Ausguck zu tief und als Schießscharte für ein Kanonenrohr zu schmal ist: Das Loch wurde in die dicke Mauer geschlagen, damit die kleine Königin auf ihr Land blicken konnte. Es sind unbeschwerte Jahre, die Maria hier verlebt. Was draußen im Lande geschieht, weiß sie nicht, kann sie nicht wissen, trotz des Ausgucks.

Draußen flammt der Krieg erneut auf, da das Parlament in Edinburgh den englisch-schottischen Vertrag wieder annulliert hat – kein halbes Jahr nach seiner Ratifizierung. Die proenglische Partei steht im Abseits und mit ihr der Protestantismus. Scheiterhaufen werden errichtet, und der schottische Erzbischof läßt als Höhepunkt der erbarmungslosen Verfolgung den bekanntesten Repräsentanten der neuen Religion, George Wishard (einer seiner Anhänger ist ein junger Mann namens John Knox), vor dem erzbischöflichen Palais in St. Andrews bei lebendigem Leibe verbrennen. Zwei Monate später schlagen die Rebellen zurück, ermorden den Bischof und hängen ihn für alle sichtbar aus dem Fenster.

Als Heinrich VIII. in Schottland einfällt, um Ruhe zu erzwingen und die Braut zu holen, eilt Frankreich dem Bündnispartner zu Hilfe, ohne England besänftigen zu können. Im März 1547 stirbt Heinrich VIII., und der Vormund seines noch unmündigen Thronerben verschärft den Kampf gegen Schottland. Stirling Castle, das mitten im Kriegsgebiet liegt, erscheint Maria von Guise nicht mehr sicher genug. Angsterfüllt flieht sie mit ihrer Tochter in das entlegene Kloster Inchmahome, wo sie eine Weile in Sicherheit sind. Im August 1548 aber – Maria ist noch nicht ganz sechs Jahre alt – muß sie von ihrer Heimat Abschied nehmen und segelt mit ihrer Mutter nach Frankreich. Dort soll sie erzogen werden, und dort wartet ihr neuer Verlobter, der fünfjährige französische Thronfolger Franz. So hat es das schottische Parlament im Februar dieses Jahres beschlossen. Maria von Guise ist die Entscheidung genehm.

Die schottische Mademoiselle

Eine Woche später legt die kleine königliche Flotte an der französischen Küste an. Marias Großmutter, Antoinette von Bourbon, eilt ihr entgegen und begrüßt entzückt die Enkelin und ihr Gefolge. Zusammen begeben sie sich auf eine mehrtägige Reise ins Tal der Loire. Hier, auf Schloß Saint Germain, hält sich der französische Hof auf. Aus dem rauhen Norden mit seinen kargen Festungen kommend, muß ein so lieblicher Ort der kleinen Maria märchenhaft erscheinen. Das Staunen nimmt kein Ende, denn der Hof verlegt seine Unterkunft regelmäßig von einem Schloß ins andere. Nicht nervöse Unruhe, sondern hygienische Überlegungen zwingen zu dieser Mobilität, denn die Schlösser verfügen weder über fließendes Wasser noch über eine Kanalisation. Von Zeit zu Zeit müssen sie gesäubert und durchlüftet werden.

Was der Aufenthalt der Hofgesellschaft in einem Schloß bedeutet, läßt sich ermessen, wenn man erfährt, daß der Hof neben der königlichen Familie und den adligen Gesellschaftern ein Personal von 300 bis 500 Personen umfaßt. Der Bedarf an Lebensmitteln ist gigantisch: Bei einem einfachen Mahl verbraucht man 276 Brote, 18 Ochsen, 8 Schafe, 20 Kapaune, 120 Hühnchen und Tauben, 3 Rehe, 6 Gänse, 4 Junghasen und mehr. Kein Wunder, daß die schottischen Gäste mit der Zeit finanziell zur Last fallen und nach und nach zurück in ihre Heimat geschickt werden. Auch Marias Mutter tritt ein Jahr nach der Ankunft die Rückreise an (2).

Bei Maria Stuart verblaßt allmählich die Erinnerung an die schottische Heimat. Sie beherrscht die französische Sprache, in der sie auch ihre Korrespondenz verfaßt, wächst zusammen mit den Kindern des französischen Herrscherpaares auf, deren Erziehung Königin Katharina von Medici überwacht, und sie nimmt problemlos die elegante Lebensart ihrer neuen Umgebung an. Maria reift zu einer schönen, von allen hofierten Dame heran – einen Meter achtzig groß, schlank, kastanienbraunes Haar, heller Teint, braune Augen. »Sie war eines der wunderbarsten Geschöpfe, die ich jemals gesehen habe« (3), schwärmt einer ihrer vielen Bewunderer, »und erweckte schon in diesem Alter, bei einem solchen wundersamen und löblichen Anfang so große Erwartungen, daß man sich von keiner Prinzessin auf der Welt mehr erhoffen konnte.«

Sie ist gerade 16 Jahre alt, da läuten ihr die Hochzeitsglocken. Am 24. April 1558 heiratet sie den französischen Dauphin in der Kathedrale von Notre Dame. Bei der Hochzeit, einem pompösen Schauspiel, raunt man sich zu: »Die Braut trägt Weiß!« – in Frankreich Farbe der Trauer. Maria liebt Weiß, das ihr blasses Antlitz und ihr braunes Haar betont. Bei dieser Gelegenheit unterschreibt sie ihrem Schwiegervater Heinrich II., König von Frankreich, drei streng geheime Urkunden als Anlage zum Ehevertrag, darunter eine Bestimmung, deren Tragweite die junge Frau wohl kaum ermessen kann: Wenn Maria kinderlos sterben sollte, fällt Schottland an Frankreich. Dieser Paragraph steht in krassem Gegensatz zum offiziellen Vertrag, der Schottlands Unabhängigkeit garantiert. Wenn sie aber begreift, was sie tut, dann hat sie zweierlei über Politik gelernt. Erstens: Man kann sein Wort brechen und eingegangene Verpflichtungen mittels eines Geheimvertrags wieder aufheben. Zweitens: Ein souveräner Herrscher kann nach Gutdünken über sein Reich verfügen, es vererben, verschenken oder teilen, ohne seine Untertanen zu fragen. Natürlich bleibt die Absprache nicht geheim, die Kunde dringt auch nach Schottland. Maria eilt fortan ein zwiespältiger Ruf voraus.

Im folgenden Jahr wird Heinrich II. bei einem Turnier anläßlich der Hochzeit seiner beiden Töchter tödlich verletzt. Marias Gatte Franz wird in einer bescheidenen, dem Trauerfall angemessenen Zeremonie in der Kathedrale von Reims zum neuen König gekrönt, womit Maria auch Herrscherin über Frankreich wird. In Schottland ist sie das nur noch nominell, denn im Jahre 1554 hat sie ihrer Mutter die Regentschaft über-

SHETLAND-INSELN
Aberdeen
SCHOTTLAND
Glasgow
Edinburgh
Jedburgh
Carlisle
York
Bolton
Buxton
Sheffield
Tutbury
Fotheringhay
ENGLAND
Themse
London
Calais
Reims
Seine
Paris
FRANKREICH
Orléans
Loire
250 km

44 Der calvinistische Prediger John Knox – unter seinem Einfluß wurde Schottland protestantisch.

tragen und damit auch die aktuellen politischen Probleme: Immer mehr schottische Adlige entscheiden sich für den Protestantismus und vereinigen sich 1557 offiziell zur »Congregation«. Zu ihnen gehören die reichsten Grundherren des Landes. Die Folgen des Zwiespalts sind fatal. Von nun an werden die Katholiken verfolgt. Der Prediger John Knox kehrt, von der Lehre Calvins beeinflußt, aus dem Exil zurück und hält von der Kanzel der größten katholischen Kirche in Perth eine flammende Rede gegen den Katholizismus. Insbesondere aber attackiert er den französischen Einfluß am schottischen Hofe. Als der katholische Priester in seiner Kirche erscheint, kommt es zum Tumult. Die Versammelten demolieren und plündern die Kathedrale. Es ist das Startsignal für eine Revolte im ganzen Land. Die Regentin Maria von Guise zieht ihre Soldaten zusammen, während die Lords der Congregation England um Hilfe bitten.

Dort regiert seit kurzem Elisabeth I., Tochter Heinrichs VIII. Sie betreibt gegenüber Schottland ein Doppelspiel: Offiziell verkündet sie Neutralität, nächtens aber schickt sie Soldaten und Geld. Im Frühjahr 1560 ergreift sie offen Partei, nachdem ihr Philipp II. von Spanien, der Mann ihrer verstorbenen Schwester, eingeflüstert hat, die schottische Königin und ihr französischer Gemahl seien darauf aus, sie abzusetzen. Das war eine glatte Lüge, doch immerhin hat Maria Stuart in dem geheimen Dokument – und bei Hofe sind Geheimnisse dazu da, ausgeplaudert zu werden – Anspruch auf den englischen Thron erhoben. Elisabeth I. jedenfalls glaubt dem Spanier und unterschreibt einen Vertrag, der den Lords die militärische und wirtschaftliche Hilfe Englands im Kampf gegen die Katholiken und – zur »Wahrung der schottischen Unabhängigkeit« – gegen den französischen Verbündeten garantiert. Der Bürgerkrieg endet mit einer Niederlage Maria Stuarts, die über den Kampf in ihrem Lande nur aus Gesandtschaftsberichten erfährt. Die französischen Bevollmächtigten unterschreiben in ihrem Namen am 6. Juli 1560 einen Friedensvertrag mit England, in dem sie und Franz II. auf die englische Krone verzichten. Einen Monat später unterwirft sich das schottische Parlament einer Bedingung aus dem Friedensvertrag und beschließt ein Gesetz, das die Loslösung vom Papst verordnet und das Lesen katholischer Messen verbietet. Schottland ist endgültig protestantisch.

Maria, Katholikin, Königin von Frankreich und Schottland, wird im selben Jahr Witwe. Der kränkelnde Franz II. stirbt im Alter von 17 Jahren. Was soll Maria jetzt noch in Frankreich, in dem die starke Schwiegermutter, Katharina von Medici, das Sagen hat? Als Witwe zählt sie hier wenig. Da auch ihre Mutter wenige Monate zuvor gestorben ist, ist die Entscheidung klar: Maria muß zurück, der Thron ist vakant! Aber sie zögert die Reise hinaus. Schottland ist ihr fremd geworden, und für die Mentalität ihrer Untertanen hat sie, längst mehr Französin als Schottin, kein Verständnis. Ein Jahr lang wird die Rückkehr vorbereitet, während ihr Stiefbruder James – ein Sohn James' V. aus seiner Liaison mit Margaret Erskine – für seine Schwester die Regentschaft übernimmt.

Lassen sich die politisch-religiösen Gräben im Land unter der Herrschaft Marias noch einmal zuschütten? Einen Übertritt zum Protestantismus, den Teile der Lordschaft fordern, lehnt Maria kategorisch ab. Der Katholizismus ist für sie persönlich unantastbar. Zu einem Kompromiß aber ist sie bereit. Sie akzeptiert den Protestantismus als offizielle

Staatsreligion, wie es der Parlamentsbeschluß aus dem Jahre 1560 bestimmt. Eine formelle Ratifikation des Gesetzes jedoch umgeht sie, womit sie sich vorbehält, einmal anders über die religiöse Frage zu entscheiden. Sie selbst nimmt sich die Freiheit, in ihrer Hauskapelle katholische Messen zu feiern, was im ganzen Lande verboten ist. Das Volk hat Grund, Marias Ankunft mit Skepsis zu erwarten.

Welche Wende hätte die Geschichte genommen, wenn Maria zum Protestantismus konvertiert wäre? Politischer Pragmatismus und taktische Vernunft hätten einen solchen Schritt, zu dem ihre engsten Vertrauten sie drängen, nahegelegt. Doch sie ist unbeirrbar. »Nichts, das schön ist, hält sich lange, Rosen und Lilien blüh'n einen Frühling nur: So ist es auch mit Eurer Schönheit, die in Frankreich Fünfzehn Jahr' nur strahlte und ganz plötzlich ging« (4), klagt der Dichter Ronsard. Am 15. August 1561 legt ihr Schiff bei stürmischen Winden in Calais ab. Nach 13 Jahren in der heimatlichen Fremde kehrt die Emigrantin zurück ins eigene Land.

AUF DEM SCHOTTISCHEN THRON

Wie so häufig liegen Nebelschwaden über der schottischen Küste, als die Heimkehrerin in den frühen Morgenstunden des 20. August 1561 im Hafen von Leith Anker werfen läßt. Niemand hat so früh mit ihr gerechnet, keiner ist da, um Maria zu begrüßen. Als die Kunde von ihrer Ankunft Edinburgh erreicht, unkt man, der Nebel sei ein böses Omen. Ebenfalls vom Zeitpunkt ihrer Landung überrascht, macht sich James auf den Weg, um die Stiefschwester abzuholen. Er führt sie nach Edinburgh, in den Holyrood-Palast an der Stadtmauer. Dort wird ihr als erstes eine Proklamation zur Unterschrift vorgelegt, in der sie verspricht, alle schottischen Gesetze unangetastet zu lassen. Sie unterschreibt ohne Zögern, weiß, daß Verträge und Erklärungen oft nicht das Papier wert sind, auf dem sie geschrieben stehen.

Eine Woche später, am 2. September, wird Marias Ankunft offiziell gefeiert. In einem Festzug reitet die Königin die abschüssige Straße von der Festung zur Altstadt hinab. Jubelnd säumt die Bevölkerung ihren Weg, bewundert die Frau, der sie von jetzt an huldigen soll. Was geht in der jungen, schönen, selbstbewußten schottischen Königin vor, als sie, hoch zu Roß, auf ihr Volk blickt? Denkt sie an die unbeschwerten Zeiten in Frankreich? Im Tal der Loire und in Paris aufgewachsen, muß Marias

erster Eindruck von ihrer alten, neuen Heimat trostlos sein. Das Land ist, ausgenommen das beeindruckende Hochland an der Westküste, geprägt von eintönigem Weideland, flach, mit nur wenig Baumbestand. Über die weiten Ebenen weht fast immer ein kräftiger Wind, anders als in Frankreich ist es kalt und feucht. Die Dörfer und Häuser sind schmucklos und arm. Städte gibt es nur wenige, und auch die bestehen meist nur aus wenigen Häusern, die sich schüchtern um eine Festung herum gruppieren. Die Straßen sind schlecht und kaum befahrbar. Aber Kutschen sind hier ohnehin erst seit diesem Jahr 1561 in Gebrauch und das auch nur für Marias Hofgesellschaft. Luxuriöse Schlösser wie an der Loire gibt es nicht, die Burgen sind kalte, abweisende Festungen. Schottlands Gesellschaft ist geprägt von den Clans, die auf ihren eigenen Ländereien souverän herrschen, einig nur dann, wenn es gilt, den König in seine Schranken zu weisen. Gehorsam und Treue sind nicht ihre Stärke. So stehen sie seit alters zwischen König und Volk. Die Oberhäupter der Clans sind keine charmanten Gentlemen, sondern von Wind und Whisky geformte Rauhbeine ohne Manieren. Viele von ihnen haben keinerlei Bildung, sind Analphabeten. Und alle sind sie untereinander verfeindet, jeder kämpft in häufig wechselnden Allianzen gegen jeden. »Geld und Vorteil«, schreibt indigniert der französische Gesandte, »sind die einzigen Sirenen, denen die schottischen Lords lauschen. Ihnen Pflicht gegen ihre Fürsten, Ehre, Gerechtigkeit, Tugend, edle Handlungen predigen zu wollen, hieße sie zum Lachen reizen.«(5)

45 (Oben) Holyrood Palace in Edinburgh, im zweiten Stock befanden sich die Privatgemächer der schottischen Königin.

46 (Rechte Seite, oben) Kathedrale St. Gilges in Edinburgh, hier predigte John Knox, Marias kirchlicher Hauptgegner.

47 (Rechte Seite, unten) Schottische Landschaft, die Heimat Maria Stuarts

In den letzten Jahrzehnten streiten sie mehr und mehr um den wahren Glauben. Ob sie das wirklich oder nur aus taktischen Gründen interessiert, ist häufig unklar, jedenfalls geht ein Bruch quer durch den Adel. Und unvermeidlich wird Maria Stuart in diesen Konflikt verstrickt, denn sie bezieht Stellung und bekennt sich zu ihrem Glauben. Dennoch bemüht sie sich um einen Ausgleich mit den Protestanten, teils aus

Überzeugung, teils, um sich Ruhe zu verschaffen. Ihr größter Widersacher jedoch kommt nicht aus den Reihen der Lords, sondern aus dem Klerus: Ihr Hauptfeind ist der Prediger John Knox.

Dieser hat Maria schon nach ihrer Ankunft in einer fanatischen Rede von der Kanzel der Kathedrale St. Gilges herab beschimpft: Eine Frau auf dem Thron sei schon übel an sich, aber erst recht, wenn es sich dabei um eine Katholikin handle. Eine Französin sei die Königin, eine Götzendienerin, ein Weib, das nicht berufen sei, über Männer zu herrschen. John Knox hat viele Zuhörer, die sich von seinen Worten fanatisieren lassen. Schon am ersten Sonntag nach ihrer Heimkehr versuchen sie, Marias Gottesdienst in der Kapelle des Holyrood-Palastes zu stürmen. Am 4. September empfängt sie den Kirchenmann zu einer Audienz. Knox, von Zeitgenossen als

rechthaberischer, unbarmherziger Fanatiker beschrieben, hat sich in einen solchen Haß gegen den Katholizismus verstiegen, daß er, der Dogmatiker par excellence, längst vergessen hat, weshalb er sich einst als Protestant gegen klerikale Dogmen aufgemacht hat. Er sei in eine »Schlacht« gezogen, schreibt er später über das Treffen mit der Königin. Um Verständigung bemüht, läßt diese sich von Knox sagen, daß Untertanen das Recht hätten, sich gegen einen Herrscher zu erheben, wenn der sich Gottes Geboten widersetze. Als Maria widerspricht, weist Knox sie zurecht: »Ich fürchte, Ihr entbehrt der rechten Kenntnis.« Maria wahrt ihre Contenance, bricht aber später in ihrem Privatgemach in Tränen aus.

Der Königin liegt an einem Kompromiß für beide Religionen. Sie will dem Volk ihren Glauben nicht aufzwingen, umgekehrt dürfen die Katholiken aber auch nicht weiter verfolgt werden. Marias Kirchenpolitik führt schon bald zu verheerenden taktischen Fehlern. Anlaß ist eine Handgreiflichkeit des jungen John Gordon Earl of Huntly an Marias Haushofmeister. Zur Strafe ächtet die Königin den jungen Mann, der sich daraufhin bei seinem Vater versteckt. Maria befiehlt, den Sohn auszuliefern, doch der alte Earl verweigert der Königin den Gehorsam. An der Spitze ihrer protestantischen Armee zieht die Katholikin daraufhin gegen den vehement katholischen Huntly-Clan in den Krieg! Der alte Earl erliegt einem Herzinfarkt, der junge wird gefangen und hingerichtet, die Familiengüter werden konfisziert. Die größte Besitzung der Huntlys schenkt Maria ihrem Stiefbruder James, jetzt Lord Moray. Die Katholiken sind entsetzt.

Als nächstes konzentriert sich Maria Stuart auf das Verhältnis zu England und schickt ihren Ratgeber William Maitland nach London, um Elisabeth I. zu einem Treffen einzuladen. Maria hat sich zum Ziel gesetzt, die problematische Beziehung zu ihrer englischen Cousine zu klären. Gründe für den schwelenden Konflikt gibt es über den schottisch-englischen Gegensatz hinaus genug. Elisabeth I. regiert seit 1558 – illegitim, wie viele behaupten, nicht zuletzt Marias Familie: Als Tochter Heinrichs VIII. aus seiner zweiten Ehe mit Anna Boleyn ist Elisabeth in den Augen der Katholiken ein Bastard, denn der Scheidung von seiner ersten Frau hatte der Papst nicht zugestimmt. Obwohl Heinrich selbst Elisabeth von der Erbfolge ausgeschlossen hatte, wurde sie nach dem Tod ihrer Schwester Maria und dem ihres Bruders Eduard, fünf Jahre zuvor, im Jahr 1558 Königin von England, und das, obwohl die katholische

Partei in England und viele Herrscherhäuser Europas das für Rechtsbruch halten. Deren Forderung lautet: Maria Stuart habe einen legitimen Anspruch auf den englischen Thron, denn der Vater Heinrichs VIII. sei Marias Urgroßvater, wodurch sie 1558 die einzig rechtmäßige Erbin geworden sei. Andererseits hatte Heinrich VIII. in seinem Testament verfügt, die englische Krone dürfe nie an jemanden aus einem fremden Lande fallen, was auch Maria Stuart von der Thronfolge ausschließt. Dennoch drängt sie ihr machtverliebter Schwiegervater, Heinrich II. von Frankreich, in diesem Jahr ihren Anspruch auf den englischen Thron sichtbar zu dokumentieren, indem sie das englische Hoheitszeichen in ihr Wappen integriert. Dieser Zug legt die Saat für einen nicht enden wollenden Streit.

Im Anschluß an ihre Rückkehr nach Schottland macht Maria Elisabeth einen Vorschlag zur Güte: Sie selbst wolle gar nicht auf den englischen Thron, doch sie halte den Anspruch für ihre Kinder aufrecht, die sie zu jener Zeit noch gar nicht hat. Elisabeth ist empört. Aus den Königinnen werden unversöhnliche Rivalinnen mit persönlichen Motiven, die über die politischen und religiösen Differenzen hinausgehen.

Maria und Elisabeth sind grundverschiedene Charaktere: Die Schottin ist leidenschaftlich, aufbrausend und neigt, seit frühester Kindheit umschwärmt, zur Selbstüberschätzung. Die Engländerin dagegen, bis zu ihrer Thronbesteigung als Bastard geschmäht, ist zurückhaltend, besonnen und in Selbstbeherrschung geübt. Sie ist beim eigenen Volk beliebt – nie zuvor haben Untertanen ihren Herrscher so überschwenglich gefeiert wie bei Elisabeths Inthronisierung –, und dennoch wirkt sie angespannt, spröde, herablassend. Eifersüchtig blickt sie nach Norden, wo man von den Reizen der schottischen Königin schwärmt. James Melville, Marias Gesandter in London, muß Elisabeths Fragen über Maria Stuart diplomatisch begegnen. »Ich sagte ihr«, erinnert er sich, »daß man mit ihr in England nichts vergleichen könnte, und nicht mit der Königin Maria in Schottland. Da sie diese Antwort nicht befriedigte, mußte ich ihr sagen, daß sie eine hellere Haut habe als die Königin von Schottland.« Selbst daß Maria größer ist als sie, stört Elisabeth. »Dann ist sie zu groß«, erwidert sie Melville, »denn meine Größe ist schon richtig.« (6)

Maria Stuart kennt ihre Wirkung auf die Männer. Sie zeigt sich gern in der Öffentlichkeit, ist sportlich, reitet verwegen über Felder und Wiesen und zieht nicht selten unbeschwert mit ihrem Gefolge durch die

48 Holyrood Palace in Edinburgh, Sitz der schottischen Könige, heute offizielle Residenz des britischen Herrscherhauses.

Gassen Edinburghs. Sie liebt Musik und Tanz und versucht, an die Eleganz und den Komfort des französischen Hofes gewohnt, auch am schottischen Hofe ein gewisses Savoir-vivre zu etablieren. Sehr zum Ärger von John Knox, der in all dem die Tücke des Teufels wittert. Die ausgelassene Fröhlichkeit der jungen Königin wechselt aber immer wieder mit Phasen der Melancholie und Depression, die sie für politische Dinge unzugänglich machen.

Der administrativen Seite des Regierens kann sie in den ersten Jahren ihrer Regentschaft nichts abgewinnen, und so überläßt sie die Geschäfte lieber ihrem Stiefbruder James, inzwischen einer der reichsten Grundbesitzer, und ihren Beratern, die oft eher eigene Interessen verfolgen als die des Landes. Wenn Maria an den Sitzungen ihres Rates teilnimmt, stickt sie häufig nur.

Maria braucht einen Mann

Fünf Jahre ist Maria Stuart nun schon Witwe. Zum Alleinsein ist sie zu jung, und das Land braucht schließlich einen Thronfolger. Aber die Entscheidung ist schwer. Einen schottischen Lord zu wählen heißt, alle anderen Clans zu brüskieren. Don Carlos, Infant von Spanien, den der

Hofrat bevorzugt, verfällt dem Wahnsinn. Erzherzog Karl von Österreich ist zu arm. Der junge Graf von Arran, der sich selbst ins Gespräch bringt, wird über seine Liebe verrückt und in Gewahrsam genommen. Und der Hofdichter Pierre de Châtelard, der sich unter dem Bett Marias versteckt, um sie von seinen Absichten zu überzeugen, wird entdeckt und bezahlt sein Verlangen mit dem Leben. Oder ist etwas an dem Gerücht, daß er ein Verhältnis mit der Königin hatte und diese, nur scheinbar empört, ihn auf dem Wege der öffentlichen Entdeckung wieder loswerden will? Elisabeth von England mischt sich ebenfalls ein, empfiehlt mit Nachdruck Lord Robert Dudley, den späteren Earl of Leicester. Dabei lockt sie mit der Erklärung, sie werde, falls Maria einen englischen Edelmann erwähle, deren Ansprüche auf die englische Krone wohlwollend prüfen. Doch Leicester ist, wie jeder weiß, der Favorit Elisabeths, und den will Maria verständlicherweise nicht.

49 James Hepburn, 4th Earl of Bothwell, ist Maria treu ergeben.

Die schottische Königin trifft schließlich ihre eigene Wahl. Zur Verblüffung aller entflammt sie für einen drei Jahre jüngeren Mann aus der nahen Verwandtschaft, der mit gefälligen Manieren und als guter Tänzer zu blenden weiß. Aber er ist ein Lebemann, weichlich, schwach: Henry Lord Darnley. Marias Entscheidung ist kaum verständlich: Sie braucht einen Mann, der sie vor den Intrigen und Fehden schützt und ihr den Rücken stärkt. Gewählt aber hat sie einen, der feige und opportunistisch ist. Henry Darnley ist vielleicht Maria Stuarts größter Fehler.

Am frühen Morgen des 29. Juli 1565 wird in der katholischen Kapelle des Holyrood-Palastes die Hochzeit gefeiert. Wieder trägt Maria, Braut und Witwe zugleich, Weiß. Während der kirchlichen Zeremonie ist Maria übrigens allein. Henry, katholisch wie die Königin, bleibt der Trauung aus Angst vor der Reaktion der protestantischen Lords fern. Die Ehe steht von Anfang an unter einem schlechten Stern. Doch Maria scheint vor Liebe blind. »Niemand vermag ihr zu gefallen, der nicht zuvor seinen Beifall gefunden hat, und was noch mehr ist, sie hat ihren Willen dem seinen völlig untergeordnet, um sich von ihm leiten zu lassen, wie es ihm gefällt« (7), schreibt der englische Gesandte nach London.

Marias Stiefbruder, Lord Moray, ist gegen die Wahl, da er um seinen Einfluß am Hofe fürchtet. So schlägt er sich auf die Seite Elisabeths und sucht – im Ränkeschmieden ein Meister – der Schwester zu schaden. Maria muß handeln. Sie sammelt ihre Soldaten und unternimmt eine Strafexpedition. Da sich der Kampf bis in den Oktober hinzieht, fällt die Truppe nach und nach von Moray ab. Der Stiefbruder läßt sich dennoch auf kein Versöhnungsangebot ein und flieht angesichts der drohenden Niederlage nach England. Den Lords, die dem Kampf interessiert zugeschaut haben, imponiert die Stärke ihrer Königin, das Blatt wendet sich zu ihren Gunsten. Doch Maria nutzt ihre Chance nicht, sondern verliert sich in Eheproblemen.

Tatsächlich hat sie von ihrem haltlosen und eitlen Henry schon genug. In den Straßen Edinburghs ist er plötzlich nicht mehr König, sondern lediglich Königingemahl. Und: Maria läßt ihn nicht mehr in ihr Bett. So blühen die Spekulationen, als im November bekanntgegeben wird, daß die Königin schwanger ist. Da gerät ein Mann ins Rampenlicht, der am Hofe Marias eine bewußt unauffällige Rolle spielte. David Riccio, Sekretär der Königin und ihr engster Vertrauter. Keiner kommt an ihm vorbei, und so ist er den Lords ein Dorn im Auge. Klein und häßlich soll er sein, bucklig, mit einer Vorliebe für bunte Kleider und Schmuck. Ist er es, der das Bett Marias wärmt? Je intensiver Riccio ins Gerede kommt, desto mehr beginnt er mit seiner Position bei Hofe zu prahlen. Ein Fehler, der sein Verhängnis beschleunigt.

Riccio hat einen kometenhaften Aufstieg hinter sich. 1561 im Gefolge des Gesandten von Savoyen an den schottischen Hof gekommen, verdingte er sich als Musiker, wird Marias Kammerdiener und schließlich ihr Sekretär. Die Königin richte sich in allem nach seinen Ratschlägen, behauptet er. Maria unterläßt es, ihm solche Reden zu verbieten, ein schlimmes Versäumnis, wie sie bald erfahren muß. Denn die Lords planen eine Verschwörung. Darnley läßt sich gewinnen, aus Opportunismus – oder aus Eifersucht.

Am Abend des 9. März 1566 kommt es im Holyrood-Palast zur Bluttat. Maria hat engste Freunde zum Souper geladen, darunter ihren

Sekretär. Nach dem Mahl sitzt man noch eine Weile beisammen. Plötzlich öffnet sich die kleine Tür, die zu einer schmalen Wendeltreppe in die Gemächer Darnleys führt. Dieser betritt das Zimmer, als wolle er mit seiner Frau sprechen. Hinter ihm stürmen bewaffnete Adlige herein. Alles geschehe auf Anordnung des Königs, ruft ihr Anführer, und David Riccio habe sich schon zu lange in den Privatgemächern Ihrer Majestät aufgehalten. Riccio versteckt sich hinter dem Kanapee Marias, auf das die Häscher zustürmen. Wollen sie auch die Königin töten? Maria äußert später wiederholt diese Überzeugung. Doch die Männer schleifen den Italiener, der sich verzweifelt an den Rock der Königin klammert, in den Vorraum und stechen zu, sechsundfünfzigmal. Grausiges Ende eines fleißigen Sekretärs vor den Augen seiner im sechsten Monat schwangeren Königin.

Maria steht ab sofort unter Bewachung. Am nächsten Morgen, als der erste Schock gewichen ist, sammelt sie sich und beginnt Pläne für die Flucht zu schmieden. Dazu braucht sie ihren schwachen Mann, den sie geschickt zu umgarnen weiß. Am Abend des 11. März flieht das Paar. Darnley fürchtet sich viel mehr als seine Frau und reitet schnell voraus. Ihre Bitte, wegen des Kindes in ihrem Leib langsamer zu reiten, überhört er. Erst auf der Festung Dunbar findet Maria Ruhe. Sie schreibt einen Brief mit einer ausführlichen Beschreibung der Ermordung ihres Sekretärs an Königin Elisabeth und sammelt ihre Anhänger um sich. Neun Tage nach dem blutigen Komplott kehrt sie an der Spitze von 8000 Mann zurück nach Edinburgh.

Maria hat durch die dramatischen Ereignisse erfahren, wer ihr wirklich treu ergeben ist: James Hepburn, Earl of Bothwell. Erst im September 1565 hatte sie ihn aus dem Exil zurückbeordert. Er hatte vor Jahren fliehen müssen, als er sich, selbst Protestant, im Kampf gegen die Congregation auf die Seite der katholischen Maria von Guise gestellt hatte. Maria Stuart hatte ihm das Kommando über die königlichen Truppen übertragen, und als weiteres Zeichen ihrer Wertschätzung darf er jetzt bei der offiziellen Parlamentseröffnung Anfang März das königliche Zepter tragen.

Auch Bothwell ist in der Mordnacht des 9. März im Holyrood-Palast. Mit ziemlicher Sicherheit hat der Anschlag der Verschwörer auch ihm als engem Vertrauten Marias gegolten. Vom Lärm in den königlichen Privatgemächern aufgeschreckt, gelingt es ihm aber zu fliehen, um Hilfe für die Königin zu organisieren. Er stellt später die Pferde bereit, reitet der

50 Edinburgh Castle

flüchtenden Königin entgegen und begleitet sie auf die Festung Dunbar. In Bothwells Gegenwart fühlt sich Maria Stuart fortan sicher.

In den Tagen nach der Mordnacht taucht auch Marias Stiefbruder Moray wieder auf. Er war an dem Attentat nicht direkt beteiligt, da er sich am 9. März nachweislich außerhalb Edinburghs aufhielt, aber doch eingeweiht. Maria, die davon nichts ahnt und völlig von ihrem Plan beherrscht ist, den Tod ihres Sekretärs zu rächen, vergibt Moray seinen früheren Verrat und nimmt ihn wieder in Gnaden auf.

Drei Monate später, am 19. Juni, gebiert sie auf der Festung von Edinburgh einen Sohn, den Thronfolger James. Der heutige Besucher ist erstaunt über die Enge des königlichen Zimmers, doch der Grund ist einfach: Je kleiner der Raum, desto wärmer läßt er sich halten. »Die Königin von Schottland hat soeben einem Sohn das Leben geschenkt, ich aber bin nur ein verdorrter Ast« (8), jammert Elisabeth, als sie die Nachricht aus Edinburgh erhält. Dennoch übernimmt sie die Patenschaft. Statt aber persönlich zur Taufe zu kommen, schickt sie ein goldenes Taufbecken und neue Vorschläge für eine gütliche Übereinkunft zwischen England und Schottland. Elisabeth fordert Maria auf, den Vertrag von 1560 zu ratifizieren und damit den Protestantismus offiziell als

51 Hermitage Castle, das Jagdschloß von James Hepburn Graf Bothwell. Im Oktober 1566 eilte Maria Stuart hier an sein Krankenlager. War er da schon ihr Geliebter?

Staatsreligion in Schottland zu akzeptieren sowie formell auf ihren Anspruch auf den englischen Thron zu Lebzeiten Elisabeths zu verzichten. Nach ihrem Tod aber könnten Marias Erben die englische Thronfolge antreten. Dieses Kompromißangebot entspricht mehreren früheren Erklärungen Marias, doch sie bleibt seltsamerweise stur. Auch den Protestantismus könnte sie offiziell anerkennen, da sie ihn ohne Repressalien gegen die Gläubigen duldet und nie versucht, den Katholizismus wieder einzuführen. Vielleicht ist einfach der Zeitpunkt des englischen Angebotes schlecht gewählt, wiewohl Elisabeth das nicht ahnen kann. Maria ist nach der Geburt ihres Sohnes nicht ansprechbar und vernünftigen Gründen unzugänglich – Wochenbettdepressionen würde man das heute nennen. Erst im Oktober schöpft sie wieder Kraft.

Vielleicht liegt das an dem Mann, der in ihrem Leben eine immer größere Rolle spielt: James Bothwell, ein richtiger Kerl. Sie hat ihn als Befehlshaber ihrer Truppen ins englisch-schottische Grenzgebiet geschickt. Bei einem der vielen Scharmützel, die dort immer wieder aufflammen, wird er verletzt. Am 8. Oktober erreicht Maria, die sich während einer Besuchsreise durch ihr Land gerade in Jedburg aufhält, die Nachricht, Bothwell habe sich zur Pflege der Wunden auf seine Burg

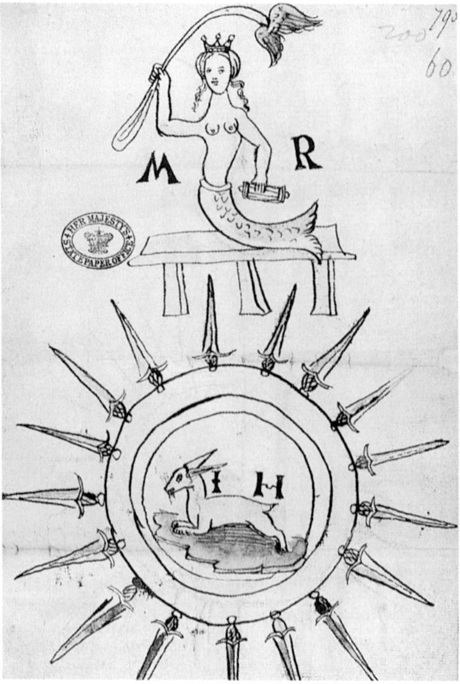

52 Eine zeitgenössische Karikatur: Maria als Nixe, das damals gebräuchliche Bild für eine Hure. Der Hase ist Bestandteil des Wappens von Bothwell.

Hermitage Castle zurückgezogen. Die Königin überlegt nicht lange, schwingt sich auf ihr Pferd und reitet an das 40 Kilometer entfernte Krankenlager. Ein verwegener Ritt. Ostentativer Patriotismus? Oder aufgeregte Sorge? Stimmen die Gerüchte, die Königin habe ein Verhältnis mit ihrem Admiral? Das wäre doppelter Ehebruch, da auch Bothwell verheiratet ist.

Hermitage Castle beeindruckt heute als dunkle, abweisende Ruine, die steil in den Himmel aufragt. Kaum ein Licht dringt ins Innere, das Gemäuer, imposant, aber ohne Komfort, ist auch damals kein Ort für ein romantisches Schäferstündchen. Zudem ist Maria in Begleitung ihres Stiefbruders und Beraters Lord Moray. Der Besuch soll ihre Anerkennung der Verdienste des Admirals demonstrieren. Noch am selben Tag reitet Maria die 40 Kilometer zurück nach Jedburg. Am nächsten Morgen ist sie krank, hat sich offensichtlich überanstrengt. Die Erschöpfung ist Auslöser für einen Kollaps, der Maria an den Rand des Todes bringt. Erst einen Monat später sieht man sie in der Hauptstadt wieder. Doch vor allem hält sie sich nun auf ihrem Landsitz, Schloß Craigmillar vor den Toren Edinburghs, auf. Hier trifft sie, noch immer unter ärztlicher Obhut, Ende November mit ihren engsten Vertrauten zusammen – darunter auch einige protestantische Lords, was die undogmatische Haltung Maria Stuarts in der Kirchenfrage unterstreicht. Bei einem offenen Gespräch bringt die Königin die Wahrheit über ihre Ehe frei zum Ausdruck: Sie will endgültig weg von ihrem Mann, von dem sie sich abgestoßen und bedroht fühlt. Stimmen die Adelsherren einer Scheidung zu? Und wie wird sich Rom zu diesem Schritt verhalten? »Euer Gnaden«, soll William Maitland beruhigend auf sie eingeredet haben, »seid versichert, daß wir, die wichtigsten Männer in Eurem Adel und Eurem Rat, Mittel finden werden, Euch von ihm zu befreien.« (9) Die Getreuen werden Wort halten.

Henry Darnley weilt zu dieser Zeit bei seinen Eltern in Glasgow, als er schwer erkrankt. Die offizielle Diagnose lautet auf Pocken, tatsächlich ist es Syphilis, wie spätere Untersuchungen am Schädel Darnleys, der sich noch heute im Royal College of Surgeons in London befindet, zweifelsfrei beweisen. Zum allgemeinen Erstaunen begibt sich die Königin im Januar 1567 an sein Krankenbett, um ihn wie eine treusorgende Ehefrau zu pflegen. Sie überzeugt ihn davon, heimzukehren, und begleitet ihn in einer Sänfte in die Hauptstadt. Sind in Maria trotz aller Vorbehalte Mitleid oder gar Liebe erwacht? Wohl kaum. Nach allem Übel, das Darnley zu verantworten hat, weiß Maria ihn lieber in ihrer Nähe, um ihn zu kontrollieren. Darnley scheint von der Fürsorge seiner Frau geschmeichelt und glaubt sich ihrer Liebe so sicher, daß er ihr ohne Vorbehalte nach Edinburgh folgt. In den Palast aber, darüber sind sich beide einig, kann er vorerst nicht kommen, zu groß ist die Ansteckungsgefahr für den kleinen Thronfolger. Er wird in einem Haus nahe der Stadtmauer untergebracht, Kirk O'Field genannt. Auch dort ist Maria häufiger Gast. Auch am Abend des 9. Februar sitzt sie mit ihm bei einem leichten Dinner, ehe sie zu einem Maskenball anläßlich der Hochzeit einer Zofe in den Palast zurückkehrt. An diesem Abend aber gehen im Erdgeschoß von Kirk O'Field merkwürdige Dinge vor. Männer schleppen schwere Kisten, und tief in der Nacht soll, so sagt später eine auf der Stadtmauer postierte Wache aus, auch Bothwell in schwarzer Kleidung am Schauplatz aufgetaucht sein. In den frühen Morgenstunden des 10. Februar wird Edinburgh von einer gewaltigen Explosion geweckt. Kirk O'Field ist zerstört. Im Garten liegt eine Leiche im Nachthemd, neben ihr ein Stuhl und ein Seil. Es ist Henry Darnley – Maria ist wieder Witwe.

Der Leichnam weist keinerlei durch die Explosion verursachte Verletzungen auf. Später rekonstruiert man, daß Darnley durch Geräusche geweckt wurde. Da der Hauseingang versperrt war, ließ er an einem Seil durch das Fenster einen Stuhl in den Garten hinab, über den er hinaussteigen konnte. Doch seine Flucht wurde bemerkt. Lautlos schnappten ihn die Häscher und erwürgten ihn. Das weiß Maria Stuart noch nicht, als sie aufgeregt an Kardinal Beaton, ihren Gesandten in Paris, einen Brief schreibt, in dem sie vermutet, der Anschlag habe ihr selbst gegolten. Jedermann habe doch gewußt, daß sie ihren Mann besuche, und nur

53 ***Eine Original-Goldmünze mit dem Konterfei Maria Stuarts und ihres zweiten Ehemannes Henry Darnley.***

durch Zufall sei sie gerade an dem Abend nicht länger zugegen gewesen. In Edinburghs Straßen aber glaubt man die Täter zu kennen. Bothwell sei der Mörder, heißt es, und die Königin sei eingeweiht gewesen. An den Wänden kleben Flugblätter und Karikaturen, die die Königin als Hure denunzieren und den mutmaßlichen Mörder ihres Mannes beim Namen nennen. Auf Drängen der Familie des Opfers wird der Admiral vor ein Gericht gestellt, in einem kurzen Prozeß aber für unschuldig erklärt. Und Maria? Hat sie von dem Anschlag gewußt? Daran scheiden sich seit dieser Nacht die Geister. War sie eine Mitverschwörerin, oder hat sie den Mord wissentlich in Kauf genommen? Es muß rückblickend auch gefragt werden, ob das – alle Moral beiseite lassend – nicht vielleicht Marias klügste Entscheidung war. Denn Henry Darnley, der gewissenlose Intrigant, stand ihr von Anfang an im Weg.

Die falsche Entscheidung?

Maria ist wieder zu haben, und Bothwell ist ehrgeizig genug, die Königin und damit die Krone gewinnen zu wollen. Als sich im April 1567 die Lords zur Parlamentssitzung in Edinburgh einfinden, lädt er am Abend des 19. April einige von ihnen zu einem Umtrunk in eine Schenke ein und macht sie mit seinem Vorhaben vertraut. Schriftlich läßt er sich versichern, daß sie sein Werben um Maria unterstützen »für den Fall, daß Ihre Majestät, die Königin, die zur Zeit ohne Gatten ist, die Neigung verspüren sollte, sich wieder zu verheiraten, und bereit sein sollte, sich so weit zu erniedrigen, daß sie einen ihrer Untertanen, welcher in Schottland geboren ist, in Anbetracht der treuen und ergebenen Dienste, die er ihr stets geleistet hat, und seiner anderen guten Eigenschaften und Verdienste zum Manne nehmen wollte« (10). Nach dem Namen der Schenke, Ainslies Tavern, heißt die Vereinbarung Ainslies-Bond, das Dokument wird heute im Staatlichen Schottischen Archiv verwahrt. Maria Stuart vermutet später in dem Bond eine Verschwörung ihrer Feinde, die sie ins Verderben stürzen wollen.

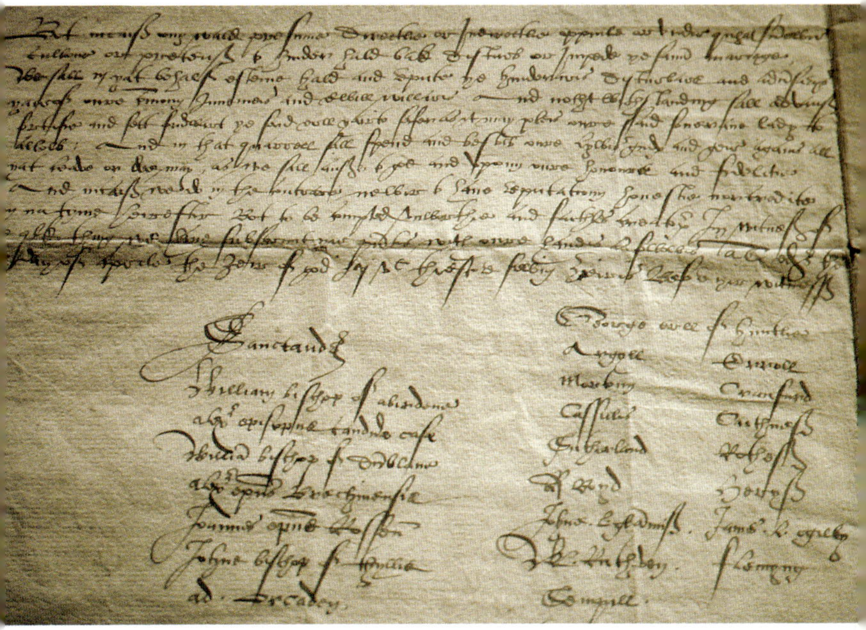

54 Der Ainslies-Bond – die schottischen Lords garantieren James Graf Bothwell, sein Werben um Maria Stuart zu unterstützen.

Die Ereignisse der folgenden Tage sind bühnenreif: Am 23. April kehrt die Königin von einem Besuch ihres Sohnes auf Stirling Castle zurück. Es ist das letzte Mal, daß Maria Stuart James sieht. Ein paar Meilen vor Edinburgh, wo die Bridge of Almond einen Fluß überquert, wird Marias Reisegesellschaft von Bothwell angehalten. Er nimmt die Zügel ihres Pferdes und fordert die Königin auf, mit ihm fortzureiten, denn in Edinburgh lauere Gefahr. Maria fügt sich. Bothwell bringt sie auf seine Festung Dunbar. Von hier gibt es kein Entkommen, auch versucht niemand, die Königin zu befreien. Schon in der ersten Nacht spielt Bothwell seine Macht gegenüber der Königin aus, heißt es. Erst neun Tage später geleitet der treue Gefolgsmann ihre Majestät nach Edinburgh, und kurz darauf feiern sie Hochzeit, mit Gästen ohne wirklichen Rang, und wieder trägt die Braut das französische Witwenweiß. Die englische Königin ist ein weiteres Mal hell empört.

Und was sagt Maria Stuart? »Dies ist alles in der Tat sehr seltsam und befremdend, und Wir wissen auch, daß Sie es nicht erwartet hätten. Doch da es nun einmal geschehen ist, müssen Wir das Beste daraus machen« (11), kommentiert sie ihren Schritt in einem Brief an Beaton. Ahnt sie, daß die Heirat, nur drei Monate nach dem gewaltsamen Tod Darnleys, ein Fehler war? Oder deutet sie an, keine andere Wahl gehabt zu haben? Diese dritte Ehe ist politisch eine Bankrotterklärung: Marias neuer Gatte ist Protestant, frisch geschieden und ihr Untertan. Es gibt mehrere Erklärungsversuche dafür: Die erste lautet, Bothwell sei längst Marias Geliebter gewesen. Nach ihrer ersten, rein politischen Ehe mit dem Dauphin und der Enttäuschung mit Henry Darnley sei die junge Königin jetzt zum ersten Mal mit Haut und Haaren verliebt. Die »Entführung« wäre demnach inszeniert, damit Maria in der Öffentlichkeit behaupten kann, Bothwell habe sie dazu gezwungen. Eine tragische Liebe, für die Stefan Zweig eindringliche Worte findet: »Denn ein Furchtbares ist in dieser Leidenschaft, etwas was sie zugleich so großartig und grauenhaft macht – das unüberbietbar Furchtbare, daß die Königin vom ersten Augenblicke weiß, daß ihre Liebeswahl eine verbrecherische und eine völlig ausweglose ist. Entsetzlich muß das Erwachen schon aus der ersten Umarmung gewesen sein, ein Tristans-Augenblick, da sie, vergiftet von dem Liebestrank, aus dem Taumel auffahren.« (12) Eine andere These lautet, die Königin sei so depressiv gewesen, daß sie mit sich geschehen ließ, was immer Bothwell verlangte. Schließlich wird gemutmaßt, Bothwell habe die Königin, die ihm möglicherweise arglos und um ihre Sicherheit besorgt gefolgt sei, auf seiner Festung vergewaltigt. »Die Königin konnte nicht umhin, ihn zu heiraten, nachdem er sie entführt und gegen ihren Willen besessen hat«, schreibt Melville, einer der wenigen, die Maria nach Dunbar begleiteten, in seinen Memoiren. Jedenfalls meldet der französische Gesandte du Croc in den ersten Tagen nach der Hochzeit nach Paris: »Gestern, als sie mit dem Grafen Bothwell allein in einem Zimmer war, rief sie auf einmal laut, man möge ihr ein Messer bringen, damit sie sich töten könne.« (13)

Das gemeinsame Leben ist nur von kurzer Dauer. Es kommt zur Konfrontation mit den Lords und zur Kapitulation. Als Maria Stuart am Abend des 17. Juni 1567 als Gefangene nach Loch Leven gerudert wird, sind ihre Gedanken so düster wie der See. Früher in allen Ehren empfangen und als königlicher Gast bewirtet, weist man ihr jetzt ein kärglich eingerichtetes Zimmer zu, und die Burgherren, William Douglas und seine Mutter Margaret Erskine, einst die Geliebte von Maria Stuarts Vater, geben sich demonstrativ reserviert. Abgeschnitten von der Welt und erniedrigt von der unwürdigen Situation, weigert sich Maria Stuart nahezu zwei Wochen lang, ihr Bett zu verlassen. Dann heißt es, sie habe eine Fehlgeburt erlitten. Aber Genaueres läßt sich nicht erfahren, auch nicht, wie weit die Schwangerschaft schon fortgeschritten war. Sie selbst soll geäußert haben, es sei in der siebten Woche passiert. Das hätte bedeutet, das Kind wurde Ende April gezeugt, während ihrer Entführung – eine mögliche Erklärung für die überstürzte Heirat. Aber andererseits: Konnte sie schon nach nur neun Tagen wissen, daß sie schwanger war? War sie es vielleicht schon vorher, hatte sie ihren Gatten Darnley tatsächlich betrogen? Hat sie die Fehlgeburt provoziert, um den Beweis ihrer Untreue zu vernichten? Fragen über Fragen, auf die es viele Spekulationen, aber bis heute keine endgültigen Anworten gibt.

Als Elisabeth I. die neuesten Nachrichten aus Schottland erhält, verlangt sie über einen Emissär die Freilassung der schottischen Königin. Die Macht über Schottland wolle sie unter der Bedingung in den Händen der Lords belassen, daß der kleine Prinz James in England unter englischer Vormundschaft aufgezogen werde. Es folgt ein reger Austausch von Depeschen zwischen London und Edinburgh, doch die schottischen Lords bleiben stur. Schon am 26. Juli sprechen sie bei Maria Stuart vor und zwingen sie, zugunsten ihres Sohnes abzudanken und ihrem Stiefbruder James Lord Moray die Vormundschaft zu übertragen. Der Thronfolger, 13 Monate alt, wird einige Tage später in einer protestantischen Zeremonie zum König von Schottland gekrönt. Auf Loch Leven läßt der Hausherr zu Ehren des neuen Regenten die Kanonen Salut schießen. Marias Herrschaft ist nach nur sechs Jahren offiziell beendet. Doch Elisabeth von England erkennt die neue Regierung nicht an.

Im Dezember 1567 wird Maria 25 Jahre alt, viel zu jung, um ihr Leben hinter düsteren Mauern zu fristen. Sie denkt an Flucht und findet Helfer: William Douglas, genannt Willy, der junge Neffe ihres »Gastgebers«, der sich in Loch Leven als Page verdingt, und George Douglas, der jüngere Bruder des Hausherrn. Letzterer ist unsterblich in Maria verliebt und muß, als dies offensichtlich wird, die Burg verlassen. Doch die Verbannung von George erweist sich als Glücksfall für Maria. Denn von außerhalb kann er mit Willy, der auf Loch Leven bleibt, ihre Flucht vorbereiten.

Am 5. Mai entwendet Willy während eines fröhlichen Abendessens den Schlüsselbund, öffnet heimlich alle Tore, verschließt sie von außen und eilt mit Maria, die sich unter dem Vorwand, in der Hauskapelle beten zu wollen, ihren Bewacherinnen entzogen hat, zum See. Die Schlüssel wirft er in ein Kanonenrohr, die Ruderboote versteckt er, bis auf eines, das ihn und Maria von der Insel bringt. An Land wartet George Douglas mit Pferden. In wildem Galopp reiten sie davon, Maria scheint gerettet. Schnell macht die Nachricht von ihrer Flucht die Runde, und ihre Anhänger sammeln sich auf Schloß Hamilton, wo Maria Unterschlupf gefunden hat. Sie widerruft ihre Abdankung, verlangt ihre Krone zurück. Doch der Kampf um die Macht ist von Anfang an zum Scheitern verurteilt. Die Schlacht bei Langside in der Nähe Glasgows ist verloren, noch ehe sie richtig beginnt. Panisch flieht die Königin in Richtung Süden, findet in der Abtei von Dundrennan in Galloway Zuflucht und setzt am nächsten Morgen in einem Fischerboot über die Bucht von Solway an die gegenüberliegende Küste. Um sieben Uhr abends betritt Maria Stuart englischen Boden. Es ist der 16. Mai 1568.

Gibt es ein Zurück?

»Meine geliebte Schwester«, schreibt Maria nach ihrer Ankunft an die englische Cousine, »ich will hier nicht alles Unglück berichten, was mir widerfahren ist ... Ich sage nur soviel, daß diejenigen meiner Untertanen, welchen ich am meisten Gutes getan habe ..., mich nun gänzlich aus meinem Königreich vertrieben und mich in einen Zustand gestürzt haben, daß ich nach Gott nur noch auf Euch zu hoffen wage.« (14) Welch eine Kapitulation vor der Rivalin! Da Elisabeth dem schottischen Flüchtling weder einen persönlichen Empfang noch eine Durchreise nach Frankreich gewährt, richtet sich Maria Stuart zunächst in Carlisle ein, als Gast, wie es heißt. Tatsächlich ist sie von nun an, auch wenn das Wort nicht fällt, Elisabeths Gefangene. Burgen und Bewacher wechseln, die Order aus London bleibt aber gleich: Maria darf niemals mehr in die Freiheit. Tatsächlich ist die Situation nicht ohne Gefahr für die englische Monarchin: Nach Marias Ankunft putschte der katholische Adel in England gegen die protestantische Elisabeth. Sie

55 Eine silberne Kassette Maria Stuarts – bewahrte sie hierin die Liebesbriefe an Bothwell auf?

56 Elisabeth I., Königin von England. Maria Stuarts Großcousine und Rivalin.

muß feststellen, daß die in- und ausländischen Bemühungen, die schottische Konkurrentin zu inthronisieren, erst aufhören werden, wenn die attraktive Cousine, der außer dem katholischen Europa auch ein Großteil der Männerwelt huldigt, tot ist.

Marias wechselnde Aufenthaltsorte sind für den jeweiligen Schloßherrn eine kostspielige Angelegenheit, denn der hochgeborenen Emigrantin ist noch immer eigenes Personal erlaubt, und Elisabeth denkt nicht daran, selbst für ihre Gefangene zu zahlen. In den ersten Jahren wird Maria Stuart ihr wirklicher Status nicht klar. Sie lebt im »Exil«, aber immerhin bequem und mit der Hoffnung auf Besserung ihrer Lage. Sie empfängt Besuche aus dem englischen Hochadel, zumeist Neugierige, die die Schönheit und den Charme der ehemaligen schottischen Königin selbst erleben möchten. Die junge Frau erregt mehr Bewunderung und Mitgefühl, als es der Königin in London lieb ist. Von Carlisle, nahe der Küste, wird Maria in das im Hinblick auf mögliche Rebellen etwas sicherere Landesinnere gebeten, nach Schloß Bolton. Zwei Ereignisse prägen ihren dortigen Aufenthalt: Der Herzog von Norfolk, Bruder der Schloßherrin, verliebt sich in sie, und in der nahegelegenen Stadt York sucht eine von Elisabeth berufene Kommission den Mord an Henry Darnley und die Frage der Mittäterschaft Maria Stuarts zu klären. Ihre Lage verschlechtert sich, als Lord Moray dem Herzog von Norfolk, dem Vorsitzenden der Kommission, eine silberne Kassette mit Briefen übergibt. Schon im Jahr zuvor war Bothwells Diener George Dalgleish nach seiner Festnahme so lange gefoltert worden, bis er die Kassette an Marias Gegner aushändigte. Sie enthält Briefe Marias an Bothwell, einen Heiratsvertrag und Liebessonette. Als sogenannte »Kassettenbriefe« gehen diese Beweise in die Geschichte ein. Aufgeregt meldet Norfolk die neue Lage nach London – was ihn allerdings nicht davon abhält, sich wenige Tage später selbst um die Hand der schönen Gefangenen zu bemühen.

Jedes einzelne Kommissionsmitglied erhält eine Kopie der Dokumente. Elisabeth beordert das Gericht in ihre Nähe nach Westminster. Am 26. November 1568 verliest man die Anklageschrift. Maria wird als »Mitwisserin, Ratgeberin, Erfinderin und Anstifterin des Mordes« (15) an Henry Lord Darnley beschuldigt. Die Angeklagte ist vor Gericht nur durch einen Bevollmächtigten vertreten. Geht man von der Echtheit der »Kassettenbriefe« aus, belegen sie eindeutig Marias Schuld. Der Heiratsvertrag ist auf den 5. April 1567 datiert, wurde also abgefaßt, bevor Bothwell die Königin entführte.

Die Mehrzahl der »Kassettenbriefe« stammt aus der Zeit, als Maria ihren Mann Henry Darnley in Glasgow besuchte. Immer wieder geht die Absenderin auf seine Krankheit ein. Darüber hinaus macht sie ganz eindeutige Bemerkungen: »Ach, niemals betrog ich jemanden, doch füge ich mich in allen Stücken Eurem Willen. Laßt mich wissen, was ich tun soll, und was auch daraus entstehen möge, ich werde Euch gehorchen«, heißt es im sogenannten »Zweiten Brief an Bothwell«. »Was mich betrifft, will ich, falls Ihr mir keine anderen Weisungen sendet, dennoch ausführen, was wir geplant haben ... Laßt mich wissen, was Ihr in der bewußten Sache beschlossen habt, damit wir miteinander im Einverständnis bleiben und nichts fehlgeht.« (16) Vor Gericht weist Maria die Briefe – sie erhielt als einzige keine Kopie – empört als Fälschung zurück und klagt ihrerseits die schottischen Lords an, von dem Anschlag auf Darnley gewußt zu haben. Es gibt tatsächlich viele Gründe, die Echtheit der Briefe zu bezweifeln: Keines der Schreiben trägt Marias Unterschrift – ungewöhnlich genug, denn alle anderen Dokumente schließt sie mit ihrem Namen ab. Kein Brief ist datiert, keiner hat einen wirklichen Anfang und einen eindeutigen Schluß, worauf Maria stets Wert legt. Die Formulierungen entsprechen nicht ihrem Stil, ebensowenig weite Teile des Inhaltes, die voll eifersüchtiger Beschuldigungen sind. Schließlich heißt es in einem der angeblichen Beweisstücke: »Gedenkt Eurer Freundin, schreibt an sie, und das recht oft.« (17) Eine überflüssige Bemerkung, denn Maria plante, nicht lange in Glasgow zu bleiben und schnell nach Edinburgh zurückzukehren. Vermutlich hat jemand Briefe Marias mit Ausschnitten aus echten Liebesbriefen anderer Frauen an Bothwell – der Admiral führt ein reges Liebesleben – zusammengefügt.

Diese Asservate gibt es leider nicht mehr, sie sind unmittelbar nach Prozeßende verschwunden. Nur die Kopien existieren noch. Am 11. Januar 1569 schließlich beendet Elisabeth die Arbeit der Kommission. Maria kann keine Schuld an der Ermordung ihres Mannes nachgewiesen werden, dennoch wird ihre Gefangenschaft fortgesetzt. Eine rechtliche Grundlage gibt es dafür nicht, das weiß auch die englische Königin. »Da Sie, meine gute Schwester, Unsere Sache am besten kennen, zweifeln Wir nicht, daß alles sich letztlich zum Guten wenden wird; wofür Wir Ihnen ewig zu Dank verpflichtet sein werden«, schrieb Maria noch im Oktober unterwürfig an die englische Cousine. Jetzt erst merkt sie, daß sie eine Gefangene ist.

DIE GEFANGENE

Wieder wird die schottische Königin verlegt, diesmal nach Tutbury Castle. Das kalte Gemäuer schädigt Marias Gesundheit, der Wind zieht durch alle Ritzen. So muß sie weiter nach Wingfield. Die einzige Konstante in ihrem trostlosen Wanderarrest sind die Besuche des Herzogs von Norfolk, der ungebrochen seine Ehepläne verfolgt.

Maria ist nicht abgeneigt. Schließlich erfährt auch Elisabeth von den zarten Banden. Sie zitiert Norfolk nach London, beschuldigt ihn, die katholischen Revolten in England anzustacheln, um der Schottin zu helfen. Kategorisch verbietet sie eine Heirat und wirft den Herzog zur Bekräftigung ihres Entschlusses in den Tower. Norfolk kommt schnell wieder frei und schickt Briefe ins In- und Ausland, in denen er um Unterstützung für die Befreiung Maria Stuarts bittet. Für Elisabeth ist das endgültiger Beweis seiner Untreue gegenüber der englischen Krone. Er wird angeklagt, verurteilt und am 2. Juni 1572 hingerichtet. Wieder hat ein Mann für Maria Stuart sein Leben gelassen. Elisabeths Berater plädieren jetzt auch für eine schnelle Aburteilung der prominenten Gefangenen, die in Norfolks Bemühungen um ihre Befreiung eingeweiht gewesen sein muß. Elisabeth aber zögert. Noch.

Maria, seit Ende 1570 in Sheffield Castle untergebracht, erfährt erst Wochen später, daß Norfolk nicht mehr lebt. Die Zeit arbeitet gegen sie. Alle Versuche, freundschaftlichen Kontakt mit der Cousine herzustellen, scheitern. Weder unterwürfige Briefe noch kleine Geschenke, meist Stickereien, die Maria meisterhaft anzufertigen weiß, können ihr Herz erweichen. Aus Kostengründen wird die Edelgefangene gezwungen, ihr Personal zu verringern. Der gerade Dreißigjährigen setzen die äußeren Umstände allmählich zu. Ihre Schönheit geht dahin, sie verliert ihre Haare, trägt von nun an eine Perücke. Sie leidet unter rheumatischen Beschwerden und darf unter Bewachung einige Male in Buxton kuren. Ihre letzten getreuen Anhänger in Schottland haben sich mittlerweile dem neuen Regime unterworfen. George Buchanan, dem Lehrer ihres Sohnes, ist es sogar gestattet, eine Schmähschrift gegen die ehemalige Königin zu veröffentlichen, die alle angeblichen Liebesbriefe an Bothwell enthält. Maria kann sich nicht wehren. Immer verzweifelter denkt sie an ihren Sohn. Wie sie selbst wird er auf Stirling Castle erzogen – protestantisch, erfährt sie zu ihrem Entsetzen, und in der von allen Seiten vertretenen Meinung, seine Mutter sei eine Mörderin. Zärtliche Briefe Marias an ihn werden nicht weitergeleitet. Für James ist die Mutter tot. Was Maria bleibt, ist ein Miniaturporträt des Sohnes, eingefaßt in einen ovalen Goldrahmen, und die Hoffnung, eines Tages werde er kommen, um die Mutter zu befreien. Doch James ist nicht der treu liebende Junge, den Maria sich erträumt. Nie zeigt er Anteilnahme an ihrem Schicksal, und als Erwachsener erscheint ihm die Mutter, die ihren Anspruch auf Schottlands Thron aufrecht erhält, als Rivalin. Ver-

57 Nur ein Grashügel blieb – hier stand einst Fotheringhay Castle, wo Maria Stuart hingerichtet wurde.

suche Marias, sich durch das Angebot einer gemeinsamen Regentschaft freizukaufen, scheitern am Egoismus des Sohnes.

Was bleibt der einst so stolzen schottischen Königin? Lord Moray, Marias Stiefbruder, fällt 1570 in Linlithgow einem Mordanschlag zum Opfer. Und James Bothwell, Marias Ehemann, ist nach der Kapitulation von Carberry Hill nach Dänemark geflohen, wo er wegen der Jahre zurückliegenden Verführung eines Mädchens verurteilt wird. In Ketten verfällt der Earl schließlich dem Wahnsinn und stirbt im Jahre 1578 einen erbärmlichen Tod. In Marias persönlichen Briefen und Dokumenten aus dieser Zeit findet sich darüber kein Wort. Allem Anschein nach interessiert sie der einstige Herzensbrecher nicht mehr. Im Herbst 1584 muß Maria auch Sheffield Castle verlassen. Sie wird nach Wingfield gebracht, wo sie hinter gesicherten Türen lebt. Weiter geht es in das verhaßte Tutbury – in der feuchten und zugigen Burg liegt Maria meist krank im Bett. Dann, am Heiligen Abend 1585, bringt man sie in die heruntergekommene Burg Chartley.

Zahlreiche Komplotte gegen Elisabeth zur Befreiung Marias zwingen dem englischen Hof immer wieder die Frage nach einem endgültigen Urteil gegen die schottische Königin auf. Den Überlegungen folgen Taten, zumindest auf dem Papier. Das Parlament beschließt ein neues Gesetz, den sogenannten »Bond of Association«. Darin heißt es: »Wir verpflichten uns durch unseren Eid vor Gott, jede Person, für die ein

Attentat gegen die geheiligte Person Ihrer Majestät der Königin unternommen wird, ohne Ansehen ihres Ranges zu töten.« (18) Im Klartext: Wer auch immer gegen die englische Königin aufbegehrt oder von solchen Plänen Kenntnis hat, wird mit dem Tod bestraft. Mit dem Zusatz, bei einem gewaltsamen Tod Königin Elisabeths würden Maria Stuart und deren Nachkommen jegliches Recht auf die englische Krone verlieren, wird offensichtlich, gegen wen das Gesetz gerichtet ist. Marias Tage sind gezählt. Elisabeth lehnt zwar nach wie vor einen Hochverratsprozeß gegen sie ab, aber ihre Gegner brauchen nur noch einen letzten Beweis, um die lästige Gefangene aus dem Weg zu räumen – einen Beweis, der sich beschaffen läßt. Drahtzieher der darauf zielenden Verschwörung ist Sir Francis Walsingham, ein Meister der Intrige, dem es gelingt, Spitzel unter Marias Ratgebern in Frankreich und Spanien zu plazieren. Schon drei Komplotte zur Befreiung Marias hat er so aufgedeckt. Im Frühjahr 1586 stellt er ihr eine letzte Falle. Angeblich um ihr Begünstigungen zu verschaffen, schlägt er den französischen Botschafter in London als Übermittler der Geheimkorrespondenz Marias vor, verschweigt jedoch, daß der ihm selbst treu ergeben ist. Ein Bierlieferant in Chartley wird bestochen, die Briefe für und von Maria zu transportieren. Plötzlich unterhält die königliche Gefangene wieder rege Korrespondenz. Schreiben erreichen sie, deren Absender ihr Treue und Unterstützung versprechen. Es wird ihr empfohlen, sich an Sir Anthony Babington zu wenden, der ihr zur Freiheit verhelfen könne. Was Maria nicht weiß: Sir Babington ist unwissentlich ein Werkzeug Walsinghams. Geschickt hat dieser ihn über Mittelsmänner zu einer Verschwörung gegen Elisabeth verleitet. Am 6. Juli 1586 bittet Babington brieflich, Maria solle ihm einflußreiche Männer nennen, die die Spanier, die zu ihrer Befreiung kommen werden, nach ihrer Landung in England unterstützen können. Elisabeth solle beseitigt, Maria zur Königin in England proklamiert, der Katholizismus wieder eingeführt werden. Arglos diktiert Maria am 17. Juli ihrem Sekretär die Antwort und tappt damit in die Falle. Die Briefe werden abgefangen und Walsingham übergeben, der sie unverzüglich Elisabeth vorlegt. Die englische Königin reagiert entsetzt und ist zum Handeln bereit. Alle namentlich bekannten Verschwörer werden hingerichtet. Maria wird – bisher quasi als Untersuchungshäftling interniert – nun offiziell gefangengenommen, man setzt sie zunächst in Tixall, dann, im September, in Fotheringhay fest. Die Königin scheint ihr Ende zu ahnen. Innerlich ruhig, beginnt sie sich vorzubereiten. Da der Tod nicht mehr abzuwenden ist, soll er zumindest vor der Geschichte bestehen. Der Tod als Sieg – Maria beginnt, selbst an ihren Mythos zu glauben. »Was mich betrifft, ich bin entschlossen, für meine Religion in den Tod zu gehen ... Mit Gottes Hilfe werde ich im katholischen Glauben sterben« (19), schreibt sie im September an ihren Vetter nach Frankreich.

Fotheringhay gibt es heute nicht mehr. Ein kleiner Erdhügel ist übriggeblieben, an seinem Fuße ein Stein, dessen Inschrift an den Aufenthalt der schottischen Königin erinnert. Da, wo heute Schafe grasen, befiehlt Elisabeth damals einen Hochverratsprozeß, in dem sich Maria Stuart selbst verteidigen darf. Was aber kann sie vorbringen? Sie hat von dem Komplott gewußt und damit den Tod Elisabeths wissentlich in Kauf genommen. Aber sie fühlt sich im Recht. Seit 18 Jahren hält die englische Krone sie ohne gesetzliche Grundlage gefangen. Deshalb nimmt Maria für sich in Anspruch, gewissermaßen in Notwehr freizukommen. Doch vor Gericht kann diese Argumentation nicht bestehen. Am 25. Oktober 1586 fällen die Lords ein Urteil. Elisabeth muß nur noch unterschreiben.

Darf die englische Königin über das Leben der schottischen Rivalin entscheiden? Als Königin ist sie von Gott eingesetzt – und Maria ist in ihren Augen noch immer Königin. Gibt es eine Alternative? Elisabeth läßt sich Zeit, drei Monate lang. Aber am 1. Februar 1587 unterzeichnet sie das Urteil: Tod auf dem Schafott.

DAS ENDE

»Ich habe ertragen, was ein Mensch ertragen kann. Fahr hin, lammherzige Gelassenheit, zum Himmel fliehe, leidende Geduld, spreng endlich deine Bande, tritt hervor aus deiner Höhle, langverhaltner Groll ... Der Thron von England ist durch einen Bastard entweiht, der Briten edelherzig Volk durch eine listge Gauklerin betrogen. – Regierte Recht, so läget Ihr vor mir im Staube jetzt, denn ich bin Euer König.« (20) Glühend vor Zorn, schleudert Friedrich Schillers Maria Stuart Elisabeth diese Worte entgegen. Die Wirklichkeit ist viel weniger dramatisch.

Am Abend des 7. Februar 1587 schreibt Maria Stuart in ihrem Gefängnis auf Schloß Fotheringhay Abschiedsbriefe und diktiert ihr Testament. 44 Jahre alt ist sie, aber die 19 Jahre Gefangenschaft haben sie schnell altern lassen. Als sie die Kerze ausbläst und sich zum Schlafe bettet, weiß sie, daß es keine nächste Nacht geben wird. In den frühen Morgenstunden erhebt sie sich, betet, läßt sich ankleiden und geht stolz ihren letzten Weg. Sie trägt ein schwarzes Kleid aus Satin, darunter ein rotes Unterkleid, das, so stellt sie sich vor, das Blut aufsaugen wird. Über den Kopf hat sie einen langen Witwenschleier aus weißem Batist gelegt, die Hände stecken in roten Handschuhen. Ein Rosenkranz schmückt den Gürtel ihres Kleides, einen anderen hält sie in der Hand. Etwa 300 Menschen drängen sich auf dem Richtplatz. Ohne Zögern begibt sich Maria aufs Schafott. Dreimal muß der Henker zuschlagen, ehe der Kopf der schottischen Königin fällt. Als er das abgetrennte Haupt aufheben will, entgleitet es ihm und schlägt dumpf auf dem Boden auf, er selbst hat eine Perücke in der Hand. »God save the Queen«, ruft er, um die entsetzte Stille zu durchbrechen.

Hätte die Geschichte anders verlaufen, Maria gerettet werden können? War sie ein Opfer der Machtpolitik oder der Eifersucht?

Auf der einen Seite: Elisabeth, die kämpferische, eine logisch denkende, zielsichere und sparsame Frau, Protestantin, weil der Papst die Ehe ihrer Mutter mit dem Vater nicht anerkannt hat. Ihr gegenüber: Maria, eine schöne Frau, voller Gefühl und Güte, in ihrer Lebensbejahung und Spontaneität jedoch das eigene Volk irritierend. Unterschiedlicher können Frauen nicht sein, ähnlich nur in ihrer Konsequenz dem Problem gegenüber, das zwischen ihnen steht. Über Jahrzehnte prägt ihre Beziehung und ihr Streit die Geschichte ihrer Länder. Über Jahrzehnte ist das Schicksal der einen mit dem der anderen verknüpft. Über Jahrzehnte schreiben sie sich Briefe oder schicken ihre Diplomaten – gesehen haben sich Maria Stuart von Schottland und Elisabeth I. von England nie.

»In meinem Ende liegt mein Anfang«, hatte Maria auf den Baldachin ihres Bettes gestickt. Die Nachricht vom Vollzug des Urteils nimmt ihre Richterin und Cousine weinend zur Kenntnis. Sie trägt in den folgenden Wochen Trauer und läßt die Glocken läuten. Nie habe sie Maria wirklich enthaupten lassen wollen, sagt sie. Sie habe das Todesurteil nur unterschrieben, um die erregten Gemüter am Hofe zu beruhigen, in der Annahme, daß das Urteil nie vollstreckt werde. Den Schreiber, der es an den Rat aushändigte, läßt sie ins Gefängnis werfen. Das ist Elisabeths Wahrheit, an die sie am Ende selbst glaubt. »Mein lieber Bruder, ich möchte Euch kundtun, wie schmerzerfüllt meine Seele über den traurigen Unfall ist, der sich ohne mein Zutun ereignet hat«, beteuert sie in ihrem Brief an Marias Sohn James VI., der 15 Tage nach der Hinrichtung

58 (Rechte Seite) Marias letzter Brief (Ausschnitt)

in Edinburgh ankommt. »Ich bitte Euch inständig, mir zu glauben, und Gott ist mein Zeuge, daß mich in dieser Sache keine Schuld trifft.« (21)

Auch Frankreich schickt keine Soldaten. Der Pariser Hof hüllt sich in stille Trauer, und in der Kathedrale Notre Dame wird das Bild der Schottin in einer Totenmesse verklärt: »An einzelnen Menschen sieht man zuweilen mehr Tugenden als gewöhnlich, doch wenn man an einer einzelnen Person so viel Vollkommenes erblickt, so übersteigt dies das Gesetz und die Natur unseres Daseins« (22), schwärmt Erzbischof Renaud de Beaune.

Erst im Sommer, ein halbes Jahr nach ihrem Tod, wird Maria Stuart ehrenvoll in einer bescheidenen protestantischen Zeremonie in der Kathedrale von Petersborough beigesetzt. Bis dahin hat der Bleisarg mit dem einbalsamierten Leichnam in einem versiegelten Raum auf Fotheringhay gelagert. Viele Edelleute und Trauernde kommen, doch unter ihnen keine Schotten. 1612 läßt James VI. den Leichnam der Mutter exhumieren und in der Westminster Abbey in London zur Ruhe betten, wo die englischen Könige begraben liegen. Ein marmornes Monument zeigt Maria Stuart lieblich und zart. Im Gegensatz dazu die englische Konkurrentin, ganz in ihrer Nähe bestattet, unter einem Grabbild streng und kühl.

Die Geschichte klingt wie ein Melodram. Wo aber bleibt die hohe Politik? Was immer über Marias Regierungszeit zu sagen ist, man bleibt stets von ihrem persönlichen Schicksal gefangen. Anders in England, das unter seiner Königin aufblüht: Die Geschichtsbücher reden vom Elisabethanischen Zeitalter, das auch ein William Shakespeare prägte. Unter Elisabeth entwickelt sich England zu einer europäischen Seemacht, die es mit Spanien aufnimmt. Dessen Herrscher Philipp II., Witwer der englischen Königin Maria Tudor, also Elisabeths Schwager, bemüht sich jahrelang um eine Ehe mit der protestantischen Elisabeth. Aus diesem Grund duldet er auch die kleinen Kaperfahrten, die englische Schiffe gegen seine Flotte führen. Als sein Bemühen schließlich scheitert, zieht er sich von England zurück und schlägt sich auf die Seite der katholischen Maria Stuart. Genutzt hat das Maria zu Lebzeiten wenig. Erst nach ihrer Hinrichtung sammelt er seine Soldaten für einen Krieg gegen England. Doch der spanische König will nicht nur den Tod der schottischen Königin vergelten, sondern auch seinen Erbanspruch auf den englischen Thron durchsetzen, den Maria ihm testamentarisch vermacht habe. Eine offizielle Urkunde darüber gibt es nicht, vielleicht hat man sie bei der Durchsuchung von Marias Gemächern verschwinden lassen. Doch immerhin existieren Briefe. Im Sommer 1588 schickt Philipp II. seine gewaltige Flotte gegen England, die jedoch in der Enge des Ärmelkanals von den englischen Schiffen ausmanövriert und vernichtend geschlagen wird. Die spanische Armada versinkt. Gott ist nicht auf der Seite der Katholiken.

Elisabeth, seit 1558 Königin von England, stirbt 1603 im Alter von 69 Jahren. Geheiratet hat sie nie. Als ihr Nachfolger steigt Maria Stuarts Sohn als James I. auf den Thron, König von Schottland und England. »In meinem Ende liegt mein Anfang.« Die Geschichte gibt der Schottin recht. Am Ende hat sie wirklich gesiegt.

Literaturverzeichnis

(Die Zahlen in Klammern beziehen sich auf die im Artikel verwendeten Zitate und Angaben)

Donaldson, Gordon: All the Queen's Men. Power and Politics in Mary Stewart's Scotland. London 1983.
Donaldson, Gordon: The Scottish Reformation. London 1960.
Doublier, G.: Maria Stuart. Ihr Leben als Königin und Frau. Graz/Köln 1959. (7, 15, 16)
Duchein, Michel: Maria Stuart. Eine Biographie. Zürich 1992. (1, 2, 3, 4, 6, 8, 9, 10, 13, 14, 18, 21, 22)
Fraser, Antonia: Maria Stuart. Zürich 1996. (11, 17, 19)
George, Margaret: Maria Stuart. Roman ihres Lebens. Bergisch Gladbach 1993.
Schiller, Friedrich von: Maria Stuart. Stuttgart, Leipzig 1990. (20)
Wormald, Jenny: Maria Stuart. Würzburg 1992.
Zweig, Stefan: Maria Stuart. Darmstadt 1954. (12)

DIE SIEBE
WEL
ΒΥΖ ΝΤ Ν
ΕΦΕΣΟΣ
ΑΘΗΝΑΙ
ΟΛΥΜΠΙΑ
ΑΛΙΚΑΡΝΑΣΣ
ΡΟΔΟΣ
ΑΛΕΞΑΝΔΡΕΙΑ
ΜΕΜΦΙΣ

Günther Klein

WUNDER

Hätten Sie's gewusst?

Alles erinnert an Hans Joachim Kulenkampff oder Wim Thoelke. Jedenfalls an die gute, alte Fernsehzeit. Als Bildungsfragen noch Unterhaltungswert hatten.

Schweißperlen rinnen über die Stirn des Kandidaten. Und dann die Frage, die Millionen an den Fernsehschirmen mitraten läßt. Die anspruchsvolle Schlußfrage, für deren Beantwortung selbst der Finalkandidat, der bislang alle Klippen glücklich umschiffte, sein ganzes Allgemeinwissen zusammenraffen muß.

Absolute Ruhe jetzt! Der Quizmaster zelebriert den großen Moment. Ein Blick auf die Karteikarte. Atemlose Stille. »Welche Gebäude« – der Quizmaster formt die Worte überdeutlich, denn jetzt geht es um alles –, »welche Gebäude werden seit alters als die ›Sieben Weltwunder‹ bezeichnet? Nennen Sie mindestens fünf dieser Bauwerke!«

Der Kandidat sucht nervös im Erinnerungsdickicht alter Schulweisheiten. Die Sieben Weltwunder – zuletzt hatte er auf dem Gymnasium davon gehört! Vor den Fernsehschirmen werden jetzt Hunderte von Lösungen gehandelt: die Chinesische Mauer, der schiefe Turm von Pisa, der Eiffelturm, die Hagia Sofia in Istanbul – alles falsch!

»Die ägyptischen Pyramiden!« unterbricht der Kandidat das Rätselraten der Fernsehnation. Aber natürlich, jetzt wissen es alle: Die Pyramiden von Giseh! Sogar aus dem Weltraum können Astronauten diese gewaltigen Bauwerke noch mit dem bloßen Auge ausmachen. Wahre Weltwunder!

59 (vorhergehende Doppelseite) Die sieben Weltwunder waren im uralten Kulturraum zwischen östlichem Mittelmeer und Zweistromland zu finden.

Jetzt aber wird es schwieriger. »Keines der anderen sechs Weltwunder steht heute noch«, hilft der Quizmaster weiter.

»Der Leuchtturm von Alexandria und der Koloß von Rhodos!«

»Bravo! Richtig!« Die weltberühmten Seezeichen, die einen antiken Handelsfahrer schon von weitem begrüßten. Der Leuchtturm ist allerdings ein echter Nachzügler: So richtig ist er erst in den Listen des frühen Mittelalters verzeichnet. »Die anderen Weltwunder, die wir suchen, sind älter und ›klassischer‹«, versucht der Quizmaster weiterzuhelfen.

»Der Turm zu Babel!« fährt der Kandidat eifrig fort, der Erfolg spornt ihn an.

»Nicht ganz richtig«, bremst der Quizmaster, »zu der Zeit, als die Liste der Weltwunder entstand, existierte der Turm schon eine ganze Weile nicht mehr.« Der Kandidat schwitzt. »Babylon ist aber der richtige Ort!« hilft der Quizmaster noch einmal auf die Sprünge. Die spannungsvolle Stille ist fast unerträglich.

»Die Mauern von Babylon?« Jetzt muß er raten. So ganz wohl ist ihm mit der Antwort nicht, und auch der Quizmaster wiegt den Kopf. Doch die Antwort wird anerkannt. Erlösung. Händeklatschen im Saal.

60 König Mausolos wollte durch seinen gewaltigen Grabtempel in der Erinnerung der Nachwelt unsterblich werden.

»Aber«, ruft der Quizmaster, »aber: Eigentlich gehören die Mauern von Babylon nicht zu den klassischen Weltwundern! Immer mal wurden sie als Weltwunder erwähnt, aber ein anderes babylonisches Bauwerk hat sich noch stärker in das Bewußtsein unserer Vorfahren eingeprägt, nämlich…«, die Stimme hebt sich, »die ›Hängenden Gärten der Semiramis‹!«

Aber natürlich! Die Hängenden Gärten! Nie hatte er sich so recht vorstellen können, wie Gärten eigentlich hängen sollten – und mit der unklaren Vorstellung verblaßte seine Erinnerung.

»Nur noch 15 Sekunden!« Der Quizmaster mahnt zur Eile. »Noch mindestens ein Weltwunder, bitte. Denken Sie an Begräbnisstätten!«

Kränze, Grabsteine, Blumen, Kapellen und… ja und? Mausoleen! Der Kandidat macht fast einen Sprung: »Das antike Mausoleum!«

»Richtig! Das Mausoleum von Halikarnassos in Kleinasien, heute Türkei. König Mausolos erbaute es sich zu Lebzeiten, um über den Tod hinaus unvergänglich zu sein. Aber auch dieses Weltwunder existiert heute längst nicht mehr!« Fast mahnend blickt der Quizmaster in den Zuschauerraum, als fordere er Nachdenklichkeit über den Sinn des Lebens. »Alles muß vergehen – auch so ein Weltwunder geht einmal unter. Da ist nichts zu machen.« Beifall.

Der Kandidat erhebt sich zitternd von seinem Feuerstuhl. Er hat gewonnen, hat das Bildungssoll erfüllt.

»Und die beiden letzten Weltwunder?« Der Quizmaster drängt, die Sache muß zum Abschluß gebracht werden, und er hat schon überzogen. Der Kandidat zuckt verlegen mit den Schultern.

»Nun, Weltwunder Nummer sechs ist eine Weihestätte: der Tempel der Artemis in Ephesos, einer antiken griechischen Stadt. Und außerdem?« Forschender Blick ins Publikum. »Auch ich hätte es nicht gewußt!« gibt der Quizmaster treuherzig zu. Er muß ablesen: »Es ist die Zeus-Statue, die ein gewisser Phidias, Bildhauer im griechischen Olympia, vor fast 2400 Jahren geschaffen hat.« Wieder Beifall, die Kandidaten liegen sich in den Armen. Glückliches Ende einer heilen Fernsehwelt.

Vergessene Wunder?

Die »Sieben Weltwunder«. Als Sammelbegriff sind sie in aller Munde, doch ist die Erinnerung an die einzelnen Bauwerke weitgehend verblaßt. Nicht nur Kandidaten von Quizsendungen macht es heute Mühe aufzuzählen, was früher noch jeder Oberschüler im Schlaf nennen konnte und was zum festen Kanon abendländischer Bildung zählte.

Es scheint, als seien heutzutage Bauwerke grundsätzlich nicht in den Rang von Wundern zu erheben. Liegt es daran, daß gewagte Konstruktionen längst zur Routine, zur Alltäglichkeit geworden sind? Da werden gewaltige Betonwände mit scheinbar filigranen Stahlstreben gestützt und riesige Gebäudefassaden hundert Meter hoch aus zerbrechlichem Glas getürmt. Wie grob und plump – und doch unendlich faszinierend – nehmen sich neben durchsichtigen Versicherungspalästen die Pyramiden aus!

Eine Pyramide ist eine denkbar einfache architektonische Lösung. Steinquader wurden so getürmt, wie es die Gesetze der Schwerkraft verlangen. Man mache das Experiment: Sand, den man durch die Hand zu Boden rieseln läßt, türmt sich pyramidal. In Zeiten, in denen gewaltige Hebekräne selbst riesige Bohrinseln zentimetergenau auf schwankendem Grund zu halten vermögen, kann die Leistung, 50 Tonnen schwere Steine zu einer Pyramide zu schichten, nur wenig begeistern. Ist die Zeit für Weltwunder also vorbei?

Nicht wirklich, denn die historische Bedeutung dieser Meilensteine der Menschheitsgeschichte bleibt. Schließlich waren diese Gebäude die ersten, die die Welt in atemloses Staunen versetzten. Ebenso wie die Erfindung der Dampfmaschine nicht durch die Entwicklung moderner

Motoren entwertet wird, werden diese Wunderwerke nicht dadurch banal, daß man sie später nachahmte und sogar noch größer und höher baute. Außerdem ist da noch etwas anders. Der Mythos. Alle Weltwunder wollen Ewigkeit berühren. Sie wollen herausgehoben sein aus der Welt des Alltäglichen. Sie sind eben Wunder.

SIC TRANSIT GLORIA MUNDI

»Alles ist in Wirklichkeit viel komplizierter – und dabei doch ganz einfach!« Mit diesem ebenso entmutigenden wie aufmunternden Widerspruch empfängt mich Michael Pfrommer, ein Archäologe der Universität Trier, der sich schon seit längerem intensiv mit der Geschichte der Sieben Weltwunder beschäftigt.

»Das Besondere an den Sieben Weltwundern ist, daß es eigentlich mindestens zehn sind, wenn nicht gar elf oder ein ganzes Dutzend. Der Palast des Königs Kyros in Ekbatana, den der Künstler Memnon aus bunten Steinen und Gold erbaute, wird in einigen frühen Listen erwähnt. Oder der Hörner-Altar auf der griechischen Insel Delos und das

61 (Oben) So gewaltig stellte sich um 1700 der berühmte Barockarchitekt Johann Bernhard Fischer von Erlach den Artemis-Tempel von Ephesus vor.

Hunderttorige Theben. Der römische Dichter Martial zählte das römische Kolosseum dazu und Plinius gar die ganze Stadt Rom. Die Zeitgenossen hätten sicher darauf geschworen, daß diese Bauwerke unverwüstlich seien. Das gerade aber macht den Reiz aus: daß von dem, was die Menschen für ewig halten, nichts übrigbleibt!«

Fast ein religiöser Vortrag, den der Professor mir da hält. Ein schönes Beispiel für die Vergänglichkeit allen menschlichen Strebens. Unweigerlich kommen mir da die berühmten Zeilen des Barockdichters Andreas Gryphius mit ihrer wunderbar altertümlichen Sprache in den Sinn:

»Es ist alles eitell
Du sihst / wohin du sihst, nur eitelkeit auff erden.
Was dieser heute bawt / reist jener morgen ein:
Wo itzund städte stehn / wird eine wiesen sein,
Auff der ein schäffers kind wird spilen mit den heerden.«

Die Geschichte zeigt das zur Genüge. Ob Alexanderzug, Römisches Imperium oder kommunistisches Paradies – der geheimnisvolle Ablauf, den wir Zeit nennen, walzt alles Gute und Schlechte nieder. Nichts bleibt – aller Propaganda zum Trotz!

Der berühmte österreichische Barockbaumeister Johann Fischer von Erlach hat Anfang des 18. Jahrhunderts die großartigsten Bauleistungen der Menschheitsgeschichte in Stichen nachempfunden. Ein mitreißendes Werk der Spekulation. Auf sieben Kupferplatten gravierte er detailgenau, was seine Träume ihm einflüsterten. Michael Pfrommer reicht mir den Stapel mit Fotoreproduktionen von Fischers Stichen und den noch phantasievolleren Entwürfen des gut 150 Jahre früher lebenden Holländers Maarten van Heemskerck. »Besonders Heemskerck geht es weniger um archäologische Rekonstruktion oder historische Detailtreue. Der Künstler wollte vielmehr einen Mythos bebildern«, meint der Professor, »da wird die Idee von der großartigen Schöpferkraft menschlichen Handelns gefeiert.«

Sie sind voller Anspielung auf mythische Hintergründe, auf die vielen Geschichten und Geschichtchen, die sich in 2000 Jahren um die Gebäude gerankt haben wie die Kletterrosen um das Schloß Dornröschens: Sie machen alles schöner, erschweren aber den Zugang zur historischen Wirklichkeit.

Je mehr die Weltwunder physisch verschwanden, desto geheimnisvoller die Legenden. Im Mittelpunkt dieser Verklärung aber steht eine

Zahl. Auf geheimnisvolle Weise verbindet sie die Bauwerke zu einem einzigen Mythos: die Zahl Sieben.

Die magische Sieben

Als im Jahre 79 n. Chr. der Vesuv, kaum 200 Kilometer von Rom entfernt, in einer gewaltigen Eruption seine glühende Asche über die Stadt Pompeji ausschüttete, starben Hunderte von Menschen im Inferno aus Feuer, Asche und giftigen Gasen. Was für die Einwohner das tragische Ende bedeutete, war für spätere Wissenschaftler ein archäologischer Glücksfall.

An die Wand des Amphitheaters von Pompeji hatte jemand ein Graffito gekratzt, bevor die Katastrophe kam. Sozusagen »Fanpost« für einen erfolgreichen Gladiator: »In allen Kämpfen hast du gesiegt«, schrieb der begeisterte Sportsfreund an sein Idol, »das ist eines der Sieben Weltwunder!« Wie oft geben doch gerade beiläufige Dinge Auskunft über die historische Wirklichkeit! Viel mehr als die zahlreichen literarischen Hinweise antiker Autoren beweist diese Wandschmiererei, daß schon vor 2000 Jahren die Sieben Weltwunder ein gängiger Begriff waren, auch für den antiken Otto Normalverbraucher. Ähnlich wie heute noch nutzte man damals den Begriff als Qualitätssiegel.

Kein Wunder also, daß der häufige Gebrauch dieses Superlativs früher oder später zu einer gewissen Unklarheit führen mußte, wenn es darum ging, die wirklichen von den sprichwörtlichen Weltwundern zu trennen.

Nur eine grundlegende Gemeinsamkeit wiesen alle Listen der Weltwunder auf: In jeder von ihnen waren es jeweils sieben Bauwerke, die zu einem Ganzen, eben den Sieben Weltwundern, zusammengefaßt wurden. Sieben Bauwerke waren zu einem Mythos verschmolzen.

Um die Besonderheit dieser Zahl wußten offenbar noch ältere Kulturen als die griechische. In Babylon waren Drei und Vier Lebenszahlen: Drei stand für die Keimzelle allen Lebens, für die Familie, für Vater, Mutter und Kind, und die Vier benannte die Elemente Feuer, Wasser, Erde und Luft. Die Sieben umschließt beide Dimensionen und umfaßt damit das ganze Geheimnis des Daseins.

Sieben Tore schützten Theben, gegen das unter der Führung von Theseus sieben Helden zogen. Rom wurde auf sieben Hügeln errichtet. Die Bibel spricht vom siebten Tag, an dem Gott ruhte, nachdem er die

***62** Die Pyramiden von Giseh sind zum Inbegriff für bauliche Wunderwerke geworden. Noch heute gibt die Bautechnik Rätsel auf. (Stich von Fischer von Erlach)*

Welt erschaffen hatte. Sieben Tage wartete Noah, nachdem er eine Taube aus der Arche entsandt hatte, um zu prüfen, ob die Wasser der Sintflut sich verlaufen hätten. Auf sieben fette Jahre folgten in Ägypten sieben magere.

Die Sieben ist die Schlüsselzahl in der Offenbarung des Johannes: Von sieben Gemeinden, sieben Posaunen und vom Buch mit sieben Siegeln ist da die Rede. Sieben Todsünden fürchtet der Christ, auf sieben Sakramente baut der Katholik, im Tempel von Jerusalem erstrahlt der siebenarmige Leuchter. Endlos ließe sich diese Reihe fortsetzen. Nicht zuletzt bestimmt noch heute die Siebentagewoche unseren Lebensrhythmus.

Selbst der sprichwörtliche Siebente Himmel, in dem Liebende schweben, hat bereits in der Antike seinen Ursprung. Der Philosoph Aristoteles, Lehrer Alexanders des Großen, prägte um 350 v. Chr. die Vorstellung, daß das Gewölbe der Welt aus sieben durchsichtigen Schalen aufgebaut sei, auf denen sich Sonne, Mond und die Planeten um die Erde drehten. Und der Siebente Himmel ist nach Aristoteles der Bereich, der das Weltganze umschließt. Allumfassend – nichts Geringeres will die Liebe sein!

Auch wissenschaftlich läßt sich die Sonderstellung der Zahl Sieben begründen: Mathematisch gesprochen, kann die Sieben weder als Produkt noch als Faktor aus den Zahlen eins bis zehn gebildet werden; also weder durch Dividieren oder Multiplizieren der ersten zehn Zahlen läßt sich die Sieben gewinnen. Sie ist, so klingt es in der Sprache und Denkweise unserer Vorfahren »göttlich gesetzt«; sie »zeugt nicht« und »wird nicht gezeugt«.

Psychologisch beurteilt, nimmt die Zahl Sieben eine Mittlerstellung zwischen einem Zuviel und einem Zuwenig ein. Die bedeutendsten Bauwerke der Menschheit in die Zahlen eins, zwei oder drei einzufangen, hieße, eine allzu begrenzte Auswahl treffen zu müssen. Weltwunder, deren Zahl wiederum die Zehn überschritte, würden sich gegenseitig entwerten. Dutzende außergewöhnlicher Bauwerke sind denkbar, nicht aber Dutzende von Weltwundern!

Ein Leuchtturm, ein Dachgarten, ein Tempel, zwei Gräber und zwei Standbilder – erst die magische Zahl macht aus diesem architektonischen Kramladen eine Wunderwelt menschlicher Höchstleistungen, für die gelten mag, was der römische Schriftsteller Plinius im 1. Jahrhundert n. Chr. über die Pyramiden schrieb: »Entweder steigen durch solche Werke die Menschen zu den Göttern empor oder die Götter zu den Menschen herab.«

Kristalle in der Wüste

Man muß es sich einmal bildlich vorstellen: 137,20 Meter ist die große Pyramide des Gottkönigs Cheops hoch, die er zwischen etwa 2551 und 2528 v. Chr. errichten ließ. Einst, als die Spitze noch unbeschädigt war, waren es vermutlich 145,75 Meter. In 128 Schichten stapeln sich mehr als 2 Millionen Kalksteinblöcke auf einer Fläche von 229 mal 229 Metern, wobei die Abweichung der Seitenlängen weniger als 20 Zentimeter beträgt. Man kann davon ausgehen, daß gut 6,4 Millionen Tonnen Steinquader auf dem felsigen Untergrund lasten. Das entspricht in etwa dem Gewicht von 200 000 vollbeladenen Lastkraftwagen – inklusive Anhänger.

Diese enorme Gesteinsmasse bewegten die Ägypter ohne Flaschenzug und ohne hydraulische Hebetechnik. Da ist es nicht erstaunlich, daß immer wieder gemutmaßt wurde, außerirdische Intelligenz habe beim Bau die Hände im Spiel gehabt. Es geht aber auch ohne, wie Wissenschaftler nachgewiesen haben. Auf die richtige Technik kommt es an. Und darüber wurde immer wieder spekuliert. Letztlich sind, was das Auftürmen der riesigen Steinblöcke angeht, alle »Rampentheorien«

in Frage zu stellen. Wie und wohin hätte man nach dem Bau die riesigen Ziegel- und Sandmassen des Ziehwegs entsorgt? Hätten sich die auf- und abfahrenden Bautrupps nicht unerträglich behindert? Und wären die Reste dieses Auffahrweges heute nicht irgendwo archäologisch dingfest zu machen? Wahrscheinlicher ist, daß die Steinblöcke über lange Stangen und Unterlegbretter Zentimeter um Zentimeter nach oben gehebelt wurden. Die Stufen der Pyramide wurden dabei geschickt als Zwischenstation genutzt. Der große Vorteil bei dieser Methode: An allen Seiten konnte zugleich gearbeitet werden.

Alles ist vor allem eine Frage der Motivation. Die Verherrlichung des Pharao, des unsterblichen ägyptischen Gottkönigs, vermochte scheinbar Unmögliches. Welch ungeheure Kraft muß von dieser Glaubensvorstellung ausgegangen sein!

Über 4000 Jahre später nutzte Napoleon die anspornende Kraft, die von solchem Menschenwerk ausgeht: »40 Jahrhunderte blicken auf euch herab!« rief er seinen Soldaten ebenso pathetisch wie motivierend zu, als er 1798 auf seinem Ägypten-Feldzug im Schatten der Großen Pyramide zur Schlacht rüstete. Anscheinend zählen die Pyramiden zu den wenigen Dingen auf dieser Welt, die keinem Verfallsdatum unterliegen; sie müssen bis in die Neuzeit als Symbol menschlichen Leistungsvermögens herhalten und vermitteln dem Betrachter eine Ahnung von der atemberaubenden Kraft gemeinschaftlichen Handelns. Sieht man aber genauer hin, erkennt man schnell, daß die Jahrtausende auch den Pyramiden schwer zugesetzt haben. Tatsächlich sind sie heute weitgehend demontierte Bauruinen, die nur bei oberflächlicher Betrachtung Ewigkeit suggerieren.

Der zerstörte Traum

Denn schneller noch als die Feldherrn, Politiker und Touristen kamen die Grabräuber. Kaltblütig haben sie sich bereits Ende des 3. Jahrtausends über die Schätze des Pharaos hergemacht – ungeheure Mengen von Gold und Kunstwerken. Einfach war der Einbruch in den größten Tresor der Welt nicht – weder technisch noch psychologisch. Vor allem brauchte man starke Nerven, da das Gerücht vom Fluch der Pharaonen kursierte.

Zunächst einmal hatten die Grabräuber Priester und Wachen, die im gesamten Tempelbezirk patrouillierten, zu umgehen – oder standen sie

63 Die Stadtgrenzen von Kairo – mit 17 Millionen Einwohnern eine der größten Städte der Welt – sind heute dicht an die Pyramiden von Giseh herangerückt.

vielleicht mit ihnen im Bunde? Dann galt es, den 15 Meter hoch gelegenen, gut vermauerten Eingang ins Pyramideninnere zu finden und unbemerkt einzudringen. In der Pyramide fanden sie eine unvollendete, leere Grabkammer im Felsengrund. Wo war der Schatz? Ein Weg ohne Ziel, ein baulicher Irrtum – oder eine geschickte Finte? Noch heute grübeln Archäologen über dieser Frage.

Bestimmt ist dieser »falsche« Weg ein Grund dafür, daß man den Pyramiden später andichtete, unbefugte Eindringlinge müßten in ihrem Inneren durch ein Labyrinth von Gängen irren, aus dem es kein Entrinnen gebe. Ein von den Grabräubern wie in einem Bergwerk vorangetriebener Verbindungsschacht zwischen den tatsächlich vorhandenen Gangsystemen zeugt vom ebenso geschickten wie hartnäckigen Bemühen, das Gold der Pharaonen zu erbeuten. Tonnenschwere Sperr-

steine, denen ohne High-Tech-Bohrwerkzeug wohl nicht beizukommen gewesen wäre, wurden auf diese Weise gekonnt umgangen.

Diese aufwendige, aber heimliche Wühlarbeit dürfte unter den katastrophalen Verhältnissen nur äußerst mühsam vonstatten gegangen sein. Monate-, vielleicht jahre- oder jahrzehntelang arbeitete man sich dem erhofften Profit entgegen. Wahrscheinlich ohne Licht, denn es galt, Sauerstoff zu sparen, und im dichten Steinstaub mußte man schwer nach jedem bißchen Atemluft ringen. Und konnte nicht in jedem Moment der schreckliche Zorn der Pharaonen auf die Eindringlinge niedergehen?

Schließlich aber standen die Grabräuber inmitten aller Schätze. Dann war alles Gold – und eine Frage des Abtransports. Von der Mumie des großen Cheops hat man nie mehr etwas gesehen. Auch die tonnenschwere Deckelplatte des riesigen schwarzen Granitsarges, der übrigens so groß war, daß er durch keinen Gang paßte und deshalb bereits während des Pyramidenbaus in die Grabkammer verfrachtet worden sein muß, blieb später unauffindbar.

Die Vermutung, daß es nie einen Sargdeckel gab, und die völlig schmucklosen Wände der Kammer lassen bis heute die Spekulationen nicht verstummen, die Mumie des Cheops sei niemals an diesem Ort bestattet worden. Gibt es vielleicht eine bis heute unentdeckte, »wahre« Grabkammer im Inneren der Pyramide?

Sehnsucht nach Ewigkeit

Was hat man nicht alles unternommen, um das Geheimnis zu lüften! Geologen haben mit Schallwellen unentdeckte Kammern zu orten gesucht. Kleinstroboter durchfuhren die handtellergroßen Lüftungsschächte. Probebohrungen wurden gemacht. Man setzte Rutengänger auf mögliche Hohlräume an – alles ohne Ergebnis. Den Gerüchten aber gaben diese Fehlschläge eher weiteren Auftrieb – ebenso wie dem Tourismus, der Geheimnisse liebt.

Es ist, als ob sich alle Menschheitsträume im Anblick der merkwürdigen Tetraeder verdichten. Das ist kein Wunder, sondern natürliche Folge der Faszination, die von dieser gewaltigen untergegangenen Kultur ausgeht – einer Kultur, von der wir, so wurde mir einmal schaudernd im Museum von Kairo zwischen Dutzenden von Mumien klar, eigentlich nur aus ihren Gräbern wissen.

Das Geheimnis der Pharaonen berührt letztlich die Frage des Todes und seiner Überwindung. Autoren von Gruselromanen und Horrorfilmen haben hier stets den Stoff gewittert, der alle Menschen interessiert. Die Spekulationen blühen. So wurden die Pyramiden immer wieder zu Fundgruben astronomischer Erkenntnis erklärt. In ihren Maßen soll sich vergessenes Geheimwissen verbergen. Ja, sogar als Landemarkierungen und Startrampen für UFOs hat man die Pyramiden gedeutet. Die Entfernung der Erde zur Sonne, die die Alten Ägypter angeblich genau berechnen konnten, soll aus den Baumaßen der großen Pyramide zu erschließen sein, heißt es. Seitenlängen werden da so lange mit der Grundfläche multipliziert, das Ergebnis dann durch Ganglängen geteilt und von Steingrößen subtrahiert, bis eine schöne Zahl herauskommt. Mit Zahlen läßt sich trefflich jonglieren!

Unserer durchrationalisierten Welt fehlt das Geheimnis. Die Geschichte springt ein und schwemmt eine Flut vermeintlicher Rätsel heran. Auf der großen Showbühne der Unterhaltungsindustrie scheint es nicht mehr auszureichen, die ausgeklügelten Bauwerke der Alten Ägypter einfach zu erklären. Rätselhaft sollen sie vor allem sein.

Natürlich stellt es eine Glanzleistung dar, Millionen von Kalksteinen präzise auf Maß zu schneiden, aber das ist vor allem eine Fleißarbeit. Auch der Transport der schweren Steinbrocken über rutschige Rampen aus Holz und Nil-Schlamm und die Verschiffung des Baumaterials über den Nil waren sicher keine Kleinigkeit, aber ein lösbares Problem. Die Hauptaufgabe bei einem solchen Unternehmen dürfte darin gelegen haben, die Arbeiterschaft für ein solches Mammutprojekt zu begeistern – und diese Motivation über mehrere Jahrzehnte aufrecht zu erhalten. Bei einem Vorhaben dieser Dimension waren es sicher keine Sklaven, die an der Pyramide Dienst taten. Vielmehr dürfte es für freie Ägypter eine Ehre gewesen sein, an diesem Monument der Unsterblichkeit und der göttlichen Größe Anteil zu haben. In den drei, vier Monaten, in denen alljährlich der Nil über seine Ufer trat und die Felder mit fruchtbarem Schlamm überflutete, war an Landarbeit ohnehin nicht zu denken. Das Gemeinschaftswerk an der Pyramide sicherte dann den Lebensunterhalt und erfüllte mit nationalem Bewußtsein.

Die gemeinschaftliche Arbeit an der staatlichen Großbaustelle garantierte darüber hinaus den ideologischen Zusammenhalt. In der Pyramide wurden die Ägypter sich ihrer selbst gewahr als Teil eines mächtigen und auserwählten Volkes. Indem sie auf die Pyramide schauten, erkannten sie sich selbst – und waren stolz darauf. Politische Stabilität einer so vereinten Gesellschaft war der günstige staatliche Nebeneffekt.

ORIGINAL UND FÄLSCHUNG

Das ist nun über 4500 Jahre her, und nach den 150 Generationen, die bis heute folgten, dürfen die Pyramiden das Privileg für sich in Anspruch nehmen, ältestes und gewaltigstes Zeugnis für das Leistungsvermögen menschlichen Handelns zu sein. Der Beweis, daß es jemals etwas vergleichbar Dauerhaftes aus Menschenhand geben wird, steht noch aus. Und doch klingt auch hier die Trauer an, daß alles einmal vergehen muß. Die Kalksteinplatten, in denen sich die Sonne einst gespiegelt haben soll, so daß man von fern glaubte, von innen beleuchtete Kri-

stalle zu erblicken, sind verschwunden. Ihre glattpolierte Fläche konnte nur die Seele des toten Pharao erklimmen, wenn sie sich aufmachte, in die göttliche Heimat einzugehen. Doch mit dem Niedergang dieser Religion wurden die Pyramiden schnell zum Steinbruch. Zum Lieferanten von Baumaterial.

Als der Komet Hale-Bopp, den wir vor kurzem an unserem Abendhimmel beobachten konnten, schon einmal vor 4210 Jahren über unsere Erde strahlte, berührte sein Licht bereits die Pyramiden. Vielleicht wird er auch nach weiteren 4210 Jahren ein drittes Mal über den Weltwundern aufleuchten. Aber ohne Zweifel werden sich die Grabmale der Pharaonen dann wieder verändert haben. Ihre Pracht wird sich nach und nach verlieren, die einstige Vollkommenheit wird abgeschliffen werden vom Sand der Wüstenstürme, eher aber noch durch die Fußtritte der Touristen. Hale-Bopp wird dann wahrscheinlich nur noch ein halb so großes Steintrümmerfeld bescheinen. In ihrer schönen Geschundenheit werden diese Reste die Menschen dann vielleicht daran erinnern, was das Wort Zeit bedeutet, wenn nicht, was wahrscheinlicher ist, Denkmalschützer und Tourismusmanager gegen diesen natürlichen Lauf der Dinge zu Felde ziehen und auf diese Weise das Original schleichend in eine Fälschung verwandeln werden.

64 (Oben) Von der einstigen, legendären Ziegelmauer von Babylon sind selbst nach über 2600 Jahren noch Reste erhalten.

65 (Linke Seite) Reisen in der Antike waren – wie im Film dargestellt – oft beschwerlich und gefahrvoll. Dennoch gab es, besonders in der Zeit nach Alexander dem Großen im 3. und 2. Jahrhundert v.Chr., schon einen regen Bildungstourismus.

Reisefieber total!

Viel wissen wir nicht über ihn. Im Nebel der Geschichte verschwimmen seine Konturen. Aber Mut muß er gehabt haben. Und das Durchhaltevermögen eines Stiers, dieser Antipatros von Sidon.

Er war es, der im 2. Jahrhundert v. Chr.die erste vollständig erhaltene Liste der Weltwunder aufstellte – und vielleicht hat er, so jedenfalls die Legende, all diese Bauwerke tatsächlich gesehen. So wie sein Vorgänger Philon von Byzanz, unter dessen Namen ein regelrechter Reiseführer zu den Weltwundern kursierte, von dem die Wissenschaftler aber annehmen, daß er tatsächlich erst viel später entstand. Die Autorenschaft soll dem antiken Architekten Philon nur angedichtet worden sein.

Zweifellos aber gab es bereits in der Antike Menschen, die die Strapazen gefahrvoller Reisen auf sich nahmen – besonders nach der Zeit Alexanders des Großen, durch dessen riesigen Feldzug die damalige Welt weit wurde. Sie waren die ersten Bildungsreisenden – und sicher die fanatischsten, denn sie gingen Risiken ein, wie sie dem heutigen Pauschaltouristen selbst in übelsten Alpträumen nicht begegnen.

Man betrachte einmal die Reiseschilderungen aus der antiken Sagenwelt, in der sich das damalige Bewußtsein widerspiegelt: Theseus zum Beispiel begegnet auf dem Weg nach Athen einer ganzen Schar von Ungeheuern und Wegelagerern, und statt in einer gastlichen Herberge kehrt er bei einem gewissen Prokrustes ein, der seine Gäste des Nachts mit Beil oder Zugseil auf exakte Bettgröße trimmt. Oder Odysseus: zehn Jahre braucht er, um das griechische Mittelmeer zu durchschiffen, und ihm setzen Zyklopen und Sirenen zu, von wilden Stürmen und navigatorischen Irrtümern ganz zu schweigen.

All diese Geschichten zeugen von den Gefahren, mit denen ein Reisender damals rechnen mußte. Wie rätselhaft, wie drohend und faszinierend zugleich muß die Erlebniswelt des antiken Touristen gewesen sein! Jedes Knarren eines Baumes, jedes Flackern des Feuers, jeder aufkommende Wind, jeder funkelnde Stern barg ein Geheimnis. Götter belebten die Natur, boten Schutz, drohten aber auch mit Vernichtung. Reisen, das war das volle Leben – vielleicht aber auch der Tod.

Bei aller Bedrohung durfte sich der antike Mensch dennoch eingebunden fühlen in den göttlich gelenkten Weltmechanismus. Das Bewußtsein, von überirdischen Mächten abhängig zu sein, dürfte zu wahrhaft tollkühnen Unternehmungen ermutigt haben, viel mehr, als wir es uns heute in der Zeit gezielter Risikoabwägung vorstellen können. Der Reisende der Antike war hoch gefährdet, zugleich aber voller Zuversicht in das Glück seiner Sterne.

Es ist wohl diese emphatische Grundeinstellung, diese Begeisterungsfähigkeit, die aus den Worten des Antipatros von Sidon klingt, wenn er in Versform seine Reise resümiert:

»Anschauen durfte ich mir des ragenden Babylons Mauern,
Die man mit Wagen befährt, dann den alpheischen Zeus,
Auch die Hängenden Gärten und den Koloß des Helios,
Die Pyramiden, ein Werk, mächtig zur Höhe gereckt,
Und das gewaltige Grabmal des Mausolos. Aber der Tempel,
Der sich in Wolken verliert, heilig der Artemis, ließ
Alles andre verblassen. Ich sprach: ›Vom Olymp abgesehen,
Hat Gott Helios solch Wunderwerk niemals erblickt.‹«

Es fällt auf, daß Antipatros in seinem Gedicht zwar die Mauern von Babylon nennt – ein Weltwunder, das sich auf späteren Listen nicht mehr findet –, den Leuchtturm von Alexandria, den Pharos, hingegen nicht erwähnt. Dieser Sachverhalt gibt den entscheidenden Hinweis auf die Entstehungszeit dieser ersten Liste der Weltwunder. Während nämlich die gewaltigen Ziegelmauern von Babylon im 4. und 3. Jahrhundert noch in aller Munde waren, wurde der Pharos erst um 280 v. Chr. erbaut. Die Liste des Antipatros geht offenbar auf eine Vorlage aus einer Zeit zurück, als die Mauern noch standen, der Leuchtturm aber noch gar nicht existierte. Andererseits kann die Liste auch nicht sehr viel älter sein als der Pharos, denn Antipatros erwähnt den Koloß von Rhodos. Der aber wurde kaum 12 Jahre vor dem Leuchtturm erbaut. Damit ist die Entstehungszeit der frühesten Liste der Weltwunder ziemlich genau auf die Zeit zwischen 292 und 280 v. Chr. einzugrenzen. Antipatros, der erst ein Jahrhundert später das Licht der Welt erblickte, hat sich also möglicherweise dieser frühen Schriftquelle bedient. Fand die Reise, über die er in seinem Gedicht spricht, vielleicht nur in seiner Phantasie statt? Oder hat man ihm die Autorenschaft nur untergeschoben?

Wenig Wirklichkeit, aber viel Ungewissem begegnet man bei dieser Spurensuche. Vielen Träumen, vielen Phantasien. Aber wer will die sachliche Gültigkeit der einleitenden Worte des Philon von Byzanz bezweifeln? Die »Reise zu den Sieben Schaustücken«, so heißt es da, sei eine bedeutende Sache: »Jeder, der um ihretwillen um die Welt herum-

geirrt ist, wird erst dann sein Begehren stillen können, wenn auch seine Lebenszeit durch die Jahre vorübergegangen ist.« Die Suche nach den Weltwundern – eine Lebensaufgabe.

Strassen und Mauern

Die Tachonadel zeigt 100 – und das schon seit Stunden. An den Fenstern unseres Caravans fliegt das typische Inventar deutscher Autobahnen vorüber. Leitplanke, schwarzweiße Begrenzungspfähle im strengen 50-Meter-Takt, all das ist so vertraut, daß wir es gar nicht mehr wahrnehmen würden – wenn nicht gleich daneben endlose Wüste wäre.

66 (Links) Abermillionen von Tonziegeln brannten die alten Babylonier, um ihre Städte zu erbauen, denn es gab in diesem Teil der Welt kaum anderes Baumaterial.

Keine schöne Wüste. Nichts vom Zauber riesiger Sanddünen ist da zu finden. Statt dessen häßliche Geröllwüste.

Wir durchqueren die jordanisch-irakische Wüste von West nach Ost, auf dem Weg von Amman nach Bagdad. Seit der Irak vom Bannstrahl des weltweiten Wirtschaftsembargos getroffen wurde, gibt es keine einfachere Möglichkeit, die einst blühende Hauptstadt des Irak und das benachbarte legendäre Babylon zu besuchen. Seit sieben Jahren ist nach dem weltweiten Embargo der internationale Flughafen in Bagdad geschlossen, ebenso die Grenzen zu den feindlichen Staaten Syrien und Iran.

Fast allein sind wir unterwegs auf dieser komfortablen Autobahn, die in besseren Tagen deutsche Ingenieure und Firmen erbauten. Ganz in der Ferne sehen wir Öllastwagen, die gezwungen sind, den alten Fahrweg Richtung Jordanien zu benutzen, um den Belag der Autobahn zu schonen. Doch trotz dieser staatlichen Maßnahme erkennt man schon jetzt Spuren des Verfalls auf diesem erst sieben Jahre alten modernen Weltwunder. Es sind ganz alltägliche Verwitterungsspuren, nie ausgebesserte Wellen und Risse, die die Sonne in den Straßenbelag geglüht hat. Oder Sand, den der Wüstenwind über die Trasse wehte. Wie lange kann ein Bauwerk bestehen, wenn es nicht gepflegt wird? Zehn Jahre sind da schon eine lange Zeit.

Die moderne Autobahn nach Bagdad ist ein ebenso gutes Beispiel dafür wie die sagenhaften Mauern von Babylon, die noch in den frühen

67 (Linke Seite, oben) An den untergegangenen biblischen Turm zu Babel erinnert heute noch in seiner Bauweise der zerfallene Ziegelturm von Borsippa im Irak.

68 (Linke Seite, unten) »Was kein König vor mir getan, tat ich!« ließ der babylonische Herrscher Nebukadnezar in Keilschrift auf die Ziegel seiner Stadt prägen.

antiken Listen als Weltwunder geführt werden. Erbaut hatte sie der große Nebukadnezar, der von 605 bis 562 v.Chr. über das Neubabylonische Reich regierte.

»Was kein König vor mir getan hat, tat ich«, ließ er in Keilschrift auf Ziegel prägen. »Ich umschloß 4000 Ellen Landes mit einer gewaltigen Mauer. Eine gewaltige Mauer baute ich berghoch an des Grabens Rand.«

Die Bibel kennt Nebukadnezar als Eroberer und Zerstörer Jerusalems, als Tyrannen, der das Volk Israel in die Babylonische Gefangenschaft führte. In haßerfüllten Tiraden ereifert sich das Buch der Bücher über ihn und sein Volk. Unversöhnlich und rachedurstig klingen die Worte der Heiligen Schrift: »Und ich will über sie kommen, spricht der Herr Zebaoth, und von Babel ausrotten Name und Rest, Kind und Kindeskind, spricht der Herr. Und ich will Babel machen zum Erbe für die Igel und zu einem Wassersumpf und will es mit dem Besen des Verderbens wegfegen, spricht der Herr Zebaoth.« (Jes. 14,22–23). So unerbittlich prophezeite es der Jude Jesaja. Er sollte recht behalten!

Tatsächlich ist von Babel, dem »schönsten unter den Königreichen«, wie selbst Jesaja einräumt, heute nichts als die Grabungsreste übrig, die der deutsche Archäologe Robert Koldewey Anfang unseres Jahrhunderts unter der sengenden Sonne der Wüste zutage förderte. Ein staubiges Grabungsfeld, wo tatsächlich »wilde Hunde ... in ihren Palästen und Schakale in den Schlössern der Lust heulen« (Jes. 13,21).

Das vergebliche Weltwunder

Was war passiert mit der gewaltigen Stadtmauer, die die Pracht dahinter schützen sollte? Wieso konnte sie den Untergang nicht verhindern? Den antiken Berichten zufolge war sie so imposant, daß selbst der Geschichtsschreiber Herodotos sich im 5. Jahrhundert v.Chr. geradezu überschlägt: So dick seien die Mauern, schreibt er, daß »in der Mitte zwischen den Aufbauten genug Platz für die Durchfahrt eines Viergespanns« blieb. Aus gebrannten Ziegeln seien sie gemacht.

Koldewey grub eine enorme Stadtmauer von 18 Kilometern Länge aus, die Babylon zur solidesten Festung ihrer Zeit gemacht haben dürfte. Dicker als 17 Meter waren die Befestigungswälle der Innenstadt, die Außenmauer maß gar stattliche 27 bis 30 Meter Dicke. Und ebenso hoch ragte das gewaltige Bauwerk zum Himmel auf. Die technische

Konstruktion war so solide wie ökonomisch geschickt geplant, ein Meisterwerk defensiver Militärtechnik, schier unüberwindliche Hürde für feindliche Angreifer. Aber dennoch einer der größten militärischen Flops der Geschichte!

Der Kreis zu der modernen irakischen Autobahn, über die wir noch immer mit unverändertem Tempo gleiten, schließt sich. Wie die Autobahn heute langsam verfällt, so gingen auch die Mauern von Babylon rasch unter, als sie keinen Sinn mehr machten. Denn kaum ein Vierteljahrhundert nach dem Tod Nebukadnezars standen die Truppen von Kyros dem Großen, dem ersten Herrscher des Persischen Weltreichs, vor den Toren Babylons. Wahrscheinlich auf Geheiß der babylonischen Priesterschaft wurden die Tore der Stadt weit geöffnet, und Kyros zog, von der Menschenmenge als Befreier und neuer König gefeiert, in die Stadt ein. Die militärische Nagelprobe fiel aus. Am Ende haben dann Sturm, Sand und Regen – und manches Erdbeben – die Mauern gründlicher geschleift, als eine Belagerung es vermocht hätte. Und niemand hat dann noch einen Sinn darin gesehen, die Ziegelmauern, die zuerst ihre Feinde und dann ihre Bedeutung verloren, auszubessern. Später hat man die Mauer aus der Liste der Weltwunder gestrichen und durch ein neues Produkt der Hochtechnologie ersetzt: durch den Leuchtturm von Alexandria.

Und noch ein anderes Bauwerk, das sicher eine Anwartschaft als Weltwunder hätte beanspruchen können, ging in diesen Jahren sang- und klanglos unter: der Turm zu Babel, ein Bauwerk, das bereits der Vater Nebukadnezars auf den Resten eines noch älteren Ziegelturms zu Ehren des babylonischen Staatsgottes Marduk hatte gründen lassen und das die Bibel als Symbol für menschlichen Hochmut und Vermessenheit diffamiert. Zwischen 60 und 90 Meter hoch, wie Wissenschaftler heute glauben, wurde der Turm ein Opfer der kleinen Malariamücke, die Alexander den Großen gestochen haben muß. Denn der makedonische Herrscher plante den prächtigeren Neuaufbau des Kultbaus just zu der Zeit, als ihn die Malaria aufs Krankenlager warf. Die vollständige Demontage des alten Turms hatte er noch anordnen können. Zum Neuaufbau aber kam es dann nicht mehr.

Als die ersten Listen der Weltwunder entstanden, war vom Turm zu Babel nichts mehr übrig außer einem riesigen Loch im Boden, das die Geschichte langsam zuschüttete und das erst durch Koldewey wieder lokalisiert werden konnte.

Paradies auf Erden

***69** Der Traum der blühenden Gärten und schattigen Oasen ist seit jeher eine Verheißung für jeden, der aus der Hitze der Wüste kommt.*

Nur eine Herrlichkeit des alten Babylon hat dauerhaft seinen Platz in der Liste behaupten können: die Hängenden Gärten der Semiramis. Es ist wohl die Unbestimmtheit der Vorstellung, das Phantastische der Idee, durch das sich dieses Weltwunder so tief in die Erinnerung der Nachwelt eingegraben hat. Jedenfalls müssen die Hängenden Gärten so beeindruckend gewesen sein, daß sie in keiner Liste der Weltwunder fehlen – und das, obwohl ihre Existenz archäologisch wie historisch höchst fragwürdig ist. Vielleicht erweist sich die sagenhafte Geschichte von Semiramis – ob wahr oder nicht – am Ende als haltbarer als alle Steinbauten dieser Welt. Wahrscheinlich hat das Flirren der Phantasie länger Bestand als jede greifbare Wirklichkeit. Liegt nicht in der Vorstellung von der schönen Frau inmitten ihres grünen Paradieses eine ewige Verheißung?

Die Legende von der Prinzessin Semiramis und ihrem Garten ist eine Paradiesgeschichte, die man gerne erzählt und von Mal zu Mal reicher

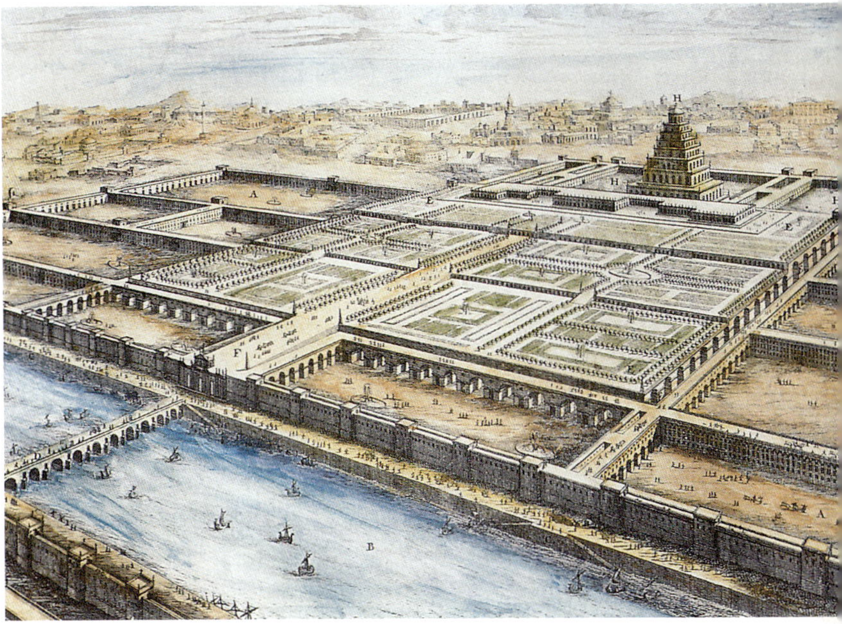

ausspinnt. Nebukadnezar selbst soll es der Legende nach gewesen sein, der seiner medischen Prinzessin, die sich nach den begrünten Gebirgshügeln ihrer Heimat sehnte, einen sich auftürmenden Garten einrichten ließ. Doch keine historische Quelle weiß etwas von einer Semiramis im Umfeld Nebukadnezars, noch erwähnen frühe Schriftzeugnisse den legendären Garten. Wahrscheinlich ist die sagenhafte assyrisch-babylonische Königsmutter Sammuramed aus dem 8. Jahrhundert v. Chr. im Zuge der Legendenbildung in die Rolle der sehnsuchtsvollen Gartenbesitzerin »gerutscht«.

70 Johann Fischer von Erlach entwarf Anfang des 18. Jahrhunderts in reiner Phantasie ein Bild vom alten Babylon.

Und die Hängenden Gärten? Sie könnten in der Welt der Babylonier tatsächlich existiert haben, wenn auch vielleicht nicht in Babylon selbst. Im British Museum in London wird unter der Inventarnummer 124939 ein sogenanntes assyrisches Steinrelief verwahrt. Man erkennt darauf die Abbildung eines steinernen Aquädukts, über das Wasser in eine baumreiche Plantage geleitet wird. Die Aufstellung der Bäume läßt tatsächlich an eine terrassenartig aufsteigende Gartenlandschaft denken. Ein Hängender Garten also?

Die Assyrer, die dieses Bildwerk schufen, waren die Herrscher des Zweistromlands, bevor der babylonische Fürst Nabopolassar im 7. Jahrhundert v. Chr. den Aufstand probte und sie vernichtend schlug. Das Steinrelief stammt aus der assyrischen Metropole Ninive, die, fast 500 Kilometer nördlich von Babylon gelegen, auf dem Höhepunkt ihrer Machtentfaltung dem späteren Zentrum Babylon an Pracht kaum nachgestanden haben dürfte. Vielleicht war das System der Gartenbewässerung in der Alten Welt bereits aus Ninive allgemein bekannt – und hat in der Semiramis-Legende den Weg nach Babylon gefunden.

Oft ist es doch erstaunlich, was Archäologen aus wenigen Steinresten herauszulesen vermögen – oder herauszulesen glauben. Was Koldewey Anfang dieses Jahrhunderts freilegte, war noch weniger als das Fundament der einstigen Metropole. Zumeist fand er nur noch die Grundmauern der darunterliegenden Keller, von denen man auf die Gestalt der einstigen Gebäude schließen mußte. Auch von dem Gebäudeteil, den Koldewey ganz überzeugt als Hängende Gärten identifizierte, ist nicht mehr als der Kellerbereich erhalten. Allein die Tatsache, daß die solide, bis zu 7 Meter dicke Ausführung des Mauerwerks auf eine große Tragfähigkeit und einen gewaltigen Überbau schließen läßt, ließ ihn vermuten, an dieser Stelle hätten die Babylonier terrassenförmig Erde aufgeschüttet, um Blumen und große Bäume zu pflanzen. »Ich habe die Hängenden Gärten gefunden«, telegraphierte Koldewey euphorisch nach Berlin. Seiner Auffassung nach wurde die große Anzahl von Bäumen und Sträuchern dadurch bewässert, daß ein Schöpfwerk,

***71** Das British Museum verwahrt ein assyrisches Relief aus dem 8. Jahrhundert v. Chr., das einen künstlich bewässerten Garten zeigt.*

vielleicht eine archimedische Schraube, das im Keller befindliche Euphrat-Wasser auf den höchsten Punkt der Terrasse hinaufpumpte, damit es von dort in den Garten floß.

Eine durchaus plausible Erklärung – wäre der archäologische Befund nicht so hauchdünn! Denn, wie gesagt, außer dicken Kellerwänden und dem Rest eines kleinen Brunnens hat man nichts gefunden.

Das legendäre Paradies der Semiramis hätte zudem nach Koldeweys Vision lediglich die Ausmaße eines größeren Schrebergartens besessen: ein Trapez mit Seitenlängen zwischen 23 und 34 Metern. Recht bescheiden für ein blühendes Paradies von der Qualität eines Weltwunders!

Näher liegt da die Vermutung, daß sich die Hängenden Gärten, wenn es sie denn wirklich gegeben hat, ganz in der Nähe des Euphrats befanden. Die Wissenschaftler haben neuerdings eine solche Möglichkeit ausgemacht: Ein Teil der Südburg Nebukadnezars wurde direkt über dem Fluß gebaut. »Damit sich nicht Sandbänke im Euphrat absetzen können«, schreibt Nebukadnezar höchstselbst, »ließ ich eine große Schanze aus Ziegeln in den Fluß hineinbauen. Ihr Fundament ließ ich im Wasser festmachen, den Gipfel trug ich hoch hinauf wie ein Waldgebirge.« Es fällt wirklich der Begriff Waldgebirge! Das ist eine auffällige Parallele zu dem, was auf dem assyrischen Relief zu sehen ist: eine ansteigende Baumplantage, die durch einen künstlichen Wasserzufluß begrünt wird. Dennoch: Sehen kann man heute längst nichts mehr – und die armseligen Reste der einst blühenden Metropole öffnen jeder Spekulation Tür und Tor.

Für mich blüht der Hängende Garten der Semiramis als schönstes und beständigstes Weltwunder aus einem einzigen Grund: weil er mehr ist als ein bloßes Bauwerk. Er ist eine zauberhafte Legende, und eine berauschende Verheißung, für jeden, der müde und erschöpft aus der Hitze der Wüste tritt. Ein Paradies, das seine Realität wohl nur in den Köpfen der Menschen hat – und auf diese Weise ewig besteht, solange Menschen träumen können.

Der gestürzte Sonnengott

Der Koloß von Rhodos war ein Weltwunder, dessen reale Haltbarkeit der eines schlechten Fertighauses entsprach. Kürzer als heute ein durchschnittliches Menschenleben währt, nämlich 66 Jahre, thronte

72 (Oben) Noch heute sind im Irak traditionelle Wasserschöpftechniken zu sehen, wie sie in den »Hängenden Gärten« verwendet worden sein könnten.

das Standbild des Sonnengottes Helios irgendwo über der Stadt Rhodos. 226 v. Chr. kippte ein Erdbeben die Konstruktion und zerstörte bei der Gelegenheit viele Häuser, wie berichtet wird. Noch 900 Jahre später lagen die Trümmer – Bronzefragmente und Steinteile – einfach so herum. Der Trümmerhaufen soll nach historischen Berichten beeindruckender gewesen sein als die unversehrte Statue. Kein Wunder, wenn man sich die Dimension des Kolosses verdeutlicht: Die einzelnen Finger vermochte selbst ein großer Mensch nur mühsam zu umfassen, und der Kopf umschloß ein Volumen von rund 22 000 Litern.

73 (Rechte Seite, oben) An welcher Stelle der Stadt der Koloß von Rhodos einst gestanden hat, ist bis heute ungeklärt.

74 (Rechte Seite, unten) Der Künstler Maarten van Heemskerck entwickelte im 16. Jahrhundert eine faszinierende Vorstellung vom Koloß, die aber vollständig seiner Phantasie entsprang.

Der Stich Maarten van Heemskercks aus dem Jahr 1572 ist zwar reine Phantasie, läßt aber etwas von dem Effekt der Trümmer erahnen. Das abgetrennte Haupt wirkt wie ein modernes Kunstwerk, bizarr und irritierend. Wahrscheinlich haben die Einheimischen deswegen den Trümmerhaufen als attraktiven Besuchermagneten so lange liegen lassen.

Wenn man der Legende Glauben schenkt, ist Helios der »Vater der Insel«. Der antiken Sage zufolge war bei der Landverteilung unter den griechischen Göttern der Sonnengott schlicht vergessen worden. Zum Trost schenkte ihm Zeus die Insel Rhodos, ein paradiesisches Fleckchen Erde, das der Göttervater aus der Tiefe des Meeres ans Tageslicht hob.

Die antiken Autoren haben etliche Details über die historische Statue übermittelt, zum Beispiel, daß der Koloß 33 Meter hoch war,

COLOSSVS SOLIS.
SEPTINOS DECIES CVBITOS ÆQVARE COLOSSVS ÆRE CAVO FACTVS, SAXORVM VASTA CAVERNA
DICTVS, PAR TVRRI MOLE SVB NOMINE SOLIS INTVS, APVD RHODIOS SACROS ACCEPIT HONORES.

15 Tonnen Bronze und 9 Tonnen Eisen verschlungen hatte und im Inneren von einem Eisengerüst und Steinblöcken gestützt wurde. Aber bis heute weiß niemand, wo die Statue genau stand – und wie sie aussah! Daher konnte munter spekuliert werden. Größter Beliebtheit erfreut sich offenbar bis heute die Vorstellung, der Koloß habe breitbeinig über der Hafeneinfahrt gestanden, in der ausgestreckten Hand die Fackel, die das gigantische Denkmal gleichzeitig zu einem Leuchtturm machte. Wird diese Idee zum konkreten Bild, wie in dem Stich des Fischer von Erlach, dann hat sie immer etwas Anzüglich-Humoristisches. Die Mastspitze der einfahrenden Segelschiffe scheint die »Männlichkeit« des Helios nur um ein Haar zu verfehlen!

Die Vorstellung, daß der Koloß mit gespreizten Beinen dagestanden haben soll, ist eine Idee des Mittelalters. Eine breitbeinige Statue, für die es in der ganzen Antike keine Parallele gibt, hätte das ästhetische Gefühl eines Griechen aufs tiefste beleidigt. Diese gräßliche Einzigartigkeit wäre den antiken Autoren sicher mehr als eine Zeile wert gewesen.

Der spekulative Entwurf des Mittelalters wäre auch rein technisch gar nicht zu verwirklichen gewesen. Wie hätte der Architekt der Statue, Chares von Lindos, zwei 10 Meter hohe Metallbeine von beiden Seiten der Hafenmole in schrägem Winkel hocharbeiten können, ohne daß sie umgestürzt wären? Wie hätte man als Baugerüst Sand um die Figur herum anhäufen können, wie die antiken Autoren berichten, wenn sie direkt über dem Wasser errichtet worden wäre? Und wie wäre es zu erklären, daß die antiken Autoren kein Wort über die Gestalt der Statue verloren, wenn diese tatsächlich so spektakulär an der Hafeneinfahrt aufgeragt wäre? Offenbar ließ sie die künstlerische Arbeit des Bildhauers kalt. Die Sensation lag in der Größe der Statue, nicht in ihrer künstlerischen Qualität. Im ganzen wird der Koloß eher unelegant ausgesehen haben, denn bestimmt hat ein »drittes Bein« – eine Säule vielleicht oder eine massiv ausgearbeitete Gewandfalte – die Figur vor dem Umkippen nach vorn oder hinten geschützt.

Etwa 16 Meter Höhe mißt die Münchner Bavaria. 26 Meter das Hermanns-Denkmal im Teutoburger Wald.

75 Kopf des Sonnengottes Helios im Museum zu Rhodos. Ganz ähnlich wird auch das Gesicht der Kolossalstatue ausgesehen haben.

Der Koloß hätte diese neuzeitlichen Großplastiken überragt. Ob nicht noch irgendeine Spur vom Riesenstandbild zu finden ist?

Es ist später Nachmittag. Die Sonne übergießt die Hafenmole mit einem leuchtenden Gold; blendend scharf heben sich die Muschelkalksteine des Johanniter-Forts vom tiefblauen Himmel ab. Jetzt, im späten April, trägt ein leichter Südwind schon einen milden Duft von Sommer in die Straßencafés. Noch ist die Touristenmeile nicht überfüllt, noch kann man auf den besten Plätzen bei einem Glas Rotwein das alte Rhodos herbeiträumen. Dann sieht man sie vielleicht vor sich, die große Belagerungsmaschine des Königs Demetrios, die im Jahre 305 v. Chr. von über 3000 Soldaten mit wildem Gegröle vor die Stadtmauer gerollt wird. 30 Meter hoch ist die »Helepolis«, die »Städtezertrümmrerin«, ein Ungetüm von Belagerungsturm mit Katapulten, Rammböcken und Steinschleudern, die die Rhodier das Fürchten lehrt. Es wird Abend, bis das Monstrum endlich installiert ist – und die Angreifer beschließen im trunkenen Gefühl sicherer Beute die Erstürmung der Stadt erst für den nächsten Tag. Verzweifelt beten die Rhodier zu Helios, er möge das Unausweichliche verhindern. Man wolle dann ihm zu Ehren ein Standbild schaffen, das größer sei als die schreckliche Belagerungsmaschine.

Helios schlägt das verlockende Angebot nicht aus. In einem Orakelspruch gibt der Gott den Rat, vor der Helepolis einen Graben auszuheben und diese Falle mit Reisig zu tarnen. Die »Panzersperre« funktioniert. Als am nächsten Morgen die Belagerungsmaschine nur wenige Meter weiter nach vorne geschoben wird, stürzt das Kriegsmonstrum kopfüber gegen den Festungswall. Eingekeilt zwischen Graben und Stadtmauer und wegen ihres gewaltigen Eigengewichts geht nichts mehr. Frustriert beginnen die feindlichen Truppen den Rückzug – und die Rhodier lösen ihr Versprechen ein: die Geburtsstunde eines Weltwunders, das über 66 Jahre vom Sieg des Gottes Helios kündete – und das dann noch als faszinierender Trümmerhaufen fast 900 Jahre Bestand hatte. Erst im Jahr 654 n. Chr. muß alles abtransportiert worden sein, als ein reicher Händler den Metallschrott aufkaufte und ihn zunächst auf Schiffen, dann auf 980 Kamelen nach Syrien schaffte. Nichts ist liegengeblieben – zumindest nicht an dieser Stelle.

Wie leicht wäre es, spekulieren wir im Straßencafé, einen der vielen Steine unter Wasser als einen Teil des Kolosses zu identifizieren! Und wie leicht wäre es auch, diesen Betrug in ein gewaltiges Presseecho umzumünzen. Ist nicht der Hunger nach Legenden längst so groß, daß

76 Der größte Leuchtturm, der je gebaut wurde, der Pharos von Alexandria. Phantasievoller Kupferstich des Johann Fischer von Erlach.

er den Blick für die Realität trübt? Ich erinnere mich an eine Meldung, die vor einigen Jahren die Weltpresse durchlief: Ein schwarzer Stein war im Hafenbecken von Rhodos gefunden worden, mit Einritzungen, die auf einen antiken Bildhauer schließen ließen. Die Weltpresse stand kopf: »Koloß von Rhodos gefunden!«, »Sensationelle Entdeckung!«, überschlugen sich die Schlagzeilen. Später entpuppte sich das angebliche Bildhauerwerk als ordinärer Felsblock, an dem ein Bagger Kratzspuren hinterlassen hatte. So leicht war die Begeisterung der Weltöffentlichkeit zu wecken. So groß ist der Bedarf an Weltwundern!

Meeresleuchten

Es muß eine archaische Faszination von der Vorstellung ausgehen, daß die Tiefe des Meeres Geheimnisse birgt, die mit viel Mut und noch mehr technischem Know-how ans Tageslicht befördert werden können. Vielleicht sind es die alten Geschichten von versunkenen Piratenschätzen

77 Nichts ist von dem legendären Standbild des Zeus von Olympia geblieben als die abenteuerlichen Spekulationen der Nachwelt. Stich von Johann Fischer von Erlach um 1700.

und untergegangenen Handelsschiffen voller Silber und Gold, die die Unterwasserarchäologie als eine Art moderne Schatzsuche erscheinen lassen.

Der Franzose Jean-Yves Empereur gehört zu den Archäologen, die den Spaten gegen die Taucherbrille getauscht haben, fasziniert von den Geheimnissen der Unterwasserwelt. Er forscht seit Jahren in der Bucht von Alexandria, der antiken Metropole in Ägypten. Seine Funde sind durchaus sensationsträchtig, selbst der französische Staatspräsident gab sich vor kurzem die Ehre, als eine steinerne Sphinx aus den Fluten geborgen wurde. Doch das Auffinden und die schwierige Bergung der reichlich vorhandenen Trümmer aus alter Zeit ist eine Sache, ihre archäologische Deutung eine andere. Und hier scheiden sich die Geister.

Denn welchem Bauwerk sind die Hunderte von Trümmern auf dem Meeresgrund der Bucht von Alexandria zuzuordnen? Wer sich einmal die Mühe macht, alle archäologischen Sensationsmeldungen, die in schöner Regelmäßigkeit aus Alexandria verlauten, durchzusehen, wird mißtrauisch: Da ist es einmal der Palast der Kleopatra, dessen Reste unter Wasser entdeckt wurden, ein anderes Mal ist es das Timoneum, Fluchtort des römischen Feldherrn Marcus Antonius, dann wieder soll es Hinweise auf das Alexander-Grab geben, und schließlich werden die Trümmer des legendären Leuchtturms von Alexandria wiederentdeckt. Alles Sagenumwobene scheint sich in der Bucht von Alexandria ein Stelldichein zu geben. Was ist also dran an diesem Aufgebot der Superlative?

Immerhin haben alle genannten Bauwerke tatsächlich einmal in Alexandria gestanden. Und da der Wasserspiegel des Mittelmeers in den letzten 2000 Jahren stieg, muß man tatsächlich davon ausgehen, daß ein beträchtlicher Teil des alten Alexandria, namentlich ein Teil der alten Palaststadt, heute unter Wasser liegt. Andererseits wurde das antike Alexandria bereits im 3. und 4. Jahrhundert n. Chr. vollständig von feindlichen Angreifern geschleift. Mit anderen Worten: Bevor das Mittelmeer die Bauwerke überspülte, waren sie längst zu ausgebrannten Trümmerhaufen verkommen. Man muß davon ausgehen, daß im Zuge von Aufräumarbeiten und dem Neuaufbau der Stadt die Bauelemente regelrecht durcheinandergewürfelt wurden. Die schwierige Frage in den nächsten Jahrzehnten bleibt, welche Bedeutung die einzelnen Bruchstücke einst hatten. Bis dahin sind Sensationsmeldungen aus Alexandria mit Vorsicht zu genießen.

Was das Weltwunder angeht, den Leuchtturm Pharos, so mag hier noch der günstigste archäologische Fall vorliegen. Denn die Schriftsteller berichten, daß das 279 v. Chr. fertiggestellte Weltwunder bis ins Mittelalter über der Bucht stand. Offenbar erkannten Feind wie Freund den internationalen Nutzen eines solchen Meereswegweisers, der mit geschätzten 120 Metern oder mehr der höchste jemals gebaute Leuchtturm war. Es waren – wieder einmal – Erdbeben, die im 8. und endgültig im 14. Jahrhundert dem Pharos den Garaus machten. Trümmerteile dürften ins Wasser gestürzt sein und könnten heute tatsächlich zu Fundstücken der Unterwasserarchäologie werden. Der Großteil des Steinmaterials aus dem demolierten Turm aber wurde weiterverarbeitet. Der Mamelukensultan Qait Bey erbaute 1480 direkt an der Stelle des Turms eine militärische Festung, die heute noch seinen Namen trägt. Mancher Stein des Weltwunders steckt heute in den massiven Mauern des Forts.

Ein Leuchtturm als Weltwunder? Ein Seezeichen als Krone menschlicher Schöpferkraft? Es war wohl noch mehr als das! Der Pharos war ein Symbol für die Weltstadt Alexandria, die erste Stadtgründung Alexanders des Großen. Als der Leuchtturm entstand, war die Stadt Alexanders längst pulsierendes Zentrum der Mittelmeerwelt geworden, ein fester Begriff in aller Welt, und die Spiegel des Leuchtturms trugen mit dem Licht aus brennendem Bitumen auch den sagenhaften Ruhm der Stadt weit hinaus aufs Meer.

Alexandria, das war die erste wirkliche Weltstadt der Antike, mit einer riesigen Bibliothek, wissenschaftlichen Schulen und einem polyglotten Völkergemisch. Das Nonplusultra antiker Weltkultur. Die Millionenstadt und der Leuchtturm, der von ihr kündete – das bildete eine Einheit vom Rang eines gigantischen Weltwunders.

»Es liegt eine gewaltige Faszination darin, ein Weltwunder zu suchen«, hatte Jean-Yves Empereur mit leuchtenden Augen sinniert, als wir mit ihm an einem sonnigen Nachmittag hinaus in die Bucht fuhren. Aber so ansteckend diese Begeisterung auch sein mag: Vielleicht versteckt sich darin eine gefährliche Voreiligkeit, ein archäologisches Fieber, das schwer zu heilen ist. Trümmerteile unter Wasser bekommen eine andere Bedeutung, wenn man in ihnen Weltwunder sieht. Die Suche gerät dann leicht zum Goldrausch. Ob die vielen Steine in der Bucht von Alexandria aber wirklich zum leuchtenden Mythos des Pharos gehörten, das muß die Forschung erst noch erweisen.

Göttergeburten

Es gibt Weltwunder, die auf den ersten Blick keine Gemeinsamkeit erkennen lassen, etwa eine Statue und ein Gebäude. Bei näherem Hinsehen aber blitzt eine unerwartete Verwandtschaft auf. Bei der Zeus-Statue von Olympia und dem Artemis-Tempel von Ephesos gibt es eine solche Gemeinsamkeit.

Stolze 12 Meter hoch war die vergoldete Statue des Zeus im griechischen Olympia, und zu ihren Füßen war in einer Inschrift zu lesen: »Phidias, Sohn des Charmides aus Athen, hat mich geschaffen.«

Es liegt gewiß eine Pointe darin, von sich behaupten zu können, einen Gott »hergestellt« zu haben. Tatsächlich wissen wir aus den antiken Quellen, daß die Zeus-Statue für die Gläubigen die tatsächliche Anwesenheit des Göttervaters symbolisierte. »Die anderen der sieben

Weltwunder bestaunen wir, dieses aber beten wir an«, schrieb Philon von Byzanz in seinem antiken Reiseführer. Die Zeus-Statue war ein Weltwunder mit überirdischer Qualität, bei dem die Grenze zwischen Lebewesen und Gegenstand merkwürdig verwischte.

Die antiken Autoren berichten, Phidias habe nach Fertigstellung der Statue zu Zeus gebetet, er möge ihm ein Zeichen geben, ob ihm das Werk gefalle. Und Zeus habe prompt mit einem zustimmenden Blitz geantwortet. Es wird erzählt, der Künstler hätte es nur eifersüchtig ertragen, daß Besucher sein »Geschöpf« aus Gold, Elfenbein und Edelstein bestaunten. Es muß ihm Lebenswerk gewesen sein, ein Werk, dem er intimste Geständnisse anvertraute: »Pantarkes ist schön!« gravierte Phidias unter den riesigen Zeus-Daumen – eine verschämte Liebeserklärung an seinen Schüler, einen Knabenathleten, wie berichtet wird. Und oft soll er seine Nächte allein vor der großen Statue zugebracht haben – in stillem Zwiegespräch mit seinem Zeus. Was wird er ihm anvertraut haben?

War er, Phidias aus Athen, nicht der genialste unter den Künstlern? War er es nicht, der schon zuvor – im Jahr 438 v. Chr. – die schönste aller Statuen geschaffen hatte: die Pallas Athene auf der Akropolis zu Athen? Dennoch hatte er zuletzt in Schimpf und Schande fliehen müssen, man warf ihm Unregelmäßigkeit bei der Abrechnung der wertvollen Materialien vor. Der Auftrag der Konkurrenz in Olympia, ein noch gewaltigeres Bildwerk zu schaffen, kam da jedenfalls gerade recht!

Sein Zeus thront auf einem Armsessel mit hoher Rückenlehne, in seiner Linken als Zeichen der Macht ein Zepter mit einem Adler auf dem Knauf, ein göttlicher Bote. Auf seiner anderen, offenen Hand schwebt Nike, die Siegesgöttin, die zu einem Vorbild der Engelsvorstellungen in christlicher Zeit wurde. Der Zeus des Phidias erscheint ehrfurchtgebietend, aber zugleich gütig, respekteinflößend, aber auch verständnisvoll und verzeihend. Nicht der blitzeschleudernde Wüstling, der menschlichen Schwächen erliegt, wird da vorgeführt, sondern der weise Gott und Vater. Vielleicht war es diese mitreißende und vorausweisende Interpretation der Zeus-Gestalt, die – neben aller Kunstfertigkeit – das Standbild des sitzenden Zeus zu einem Weltwunder machte.

Eine der kostbarsten Versammlungen edler Materialien – das war das Bildwerk allemal. Ganz Griechenland hatte für Olympia und Zeus gespendet. Denn genau das machte die olympische Idee aus: Mochten noch so viele Zwistigkeiten zwischen Athenern, Ioniern, Spartanern,

78 (Linke Seite, oben) Die Spiele von Olympia hatten einen religiösen Hintergrund und vermittelten allen Hellenen ein gemeinsames, nationales Bewußtsein.

79 (Linke Seite, Mitte) Vom Atelier des Bildhauers Phidias, das sich an dieser Stelle befand, steht kein Stein mehr. Nach der Zeitenwende wurde auf diesem Gelände eine christliche Basilika errichtet.

80 (Linke Seite, unten) Mehrere Erdbeben haben die gewaltigen Säulen des Zeus-Tempels gestürzt.

Thebanern und Kretern blutig ausgetragen werden, so schwiegen doch alle vier Jahre die Waffen, wenn sich aus sämtlichen Teilen des Landes junge Männer aufmachten, um zu Füßen des Chronos-Hügels am Heiligen Hain von Olympia ihre Kräfte zu messen.

Die ersten Olympischen Spiele sollen im Jahr 776 v. Chr. abgehalten worden sein. 300 Jahre später – zu Lebzeiten des Phidias – war die Olympiade ein Großereignis mit Hunderten von Berufsathleten, touristischem Management und stattlichen Geldpreisen. Bei diesem sportlich-religiösen Spektakel sollte die Zeus-Statue im Mittelpunkt stehen.

Phidias hat sich zunächst benachbart ein Atelier gebaut, das in den Ausmaßen exakt der Cella entsprach, jener Raumnische im Tempel, in der später der sitzende Zeus aufgestellt werden sollte. Mit seinem Schüler machte er sich an die Arbeit. Zunächst baute er ein Gerüst aus Gips, Holz und Eisengestänge. Dann wurde das Gestell mit Elfenbeinplättchen verkleidet, das Gewand, die Haare und die Sandalen wurden aus purem Gold gefertigt. Wissenschaftler haben errechnet, daß allein für die Goldauflage an die 1000 Kilogramm des Edelmetalls verarbeitet wurden. Beim heutigen Goldpreis wären allein diese Kosten mit 20 Millionen Mark zu veranschlagen! Für die Augen des Zeus schließlich soll Phidias zwei faustgroße Edelsteine ausgewählt haben.

Wozu der gewaltige Aufwand? Wozu derartige Investitionen für eine Statue, die in einem kleinen Dorf fernab der großen Städte stehen sollte? Hiermit hatte es seine ganz besondere Bewandtnis. Im Heiligen Hain von Olympia war die Heimat des nationalen Bewußtseins aller Hellenen. Einer Sage nach wohnte hier in grauer Vorzeit Urvater Kronos. Weil ihm ein Orakel geweissagt hatte, daß einer seiner Söhne ihn entthronen würde, pflegte er jedes seiner neugeborenen Kinder zu verspeisen – zum Entsetzen seiner Frau Rhea. Nach fünf Söhnen und Töchtern, die auf diese Weise im Schlund des Gatten verschwanden, wickelte die besorgte Mutter statt ihres sechsten Kindes namens Zeus einen Felsblock in Windeln. Kronos verspeiste den Imbiß anstandslos, während Baby Zeus unbehelligt an einem geheimen Ort aufwuchs. Als er schließlich herangewachsen war, erfüllte sich das Orakel: Zeus forderte den ruchlosen Vater zum Zweikampf – und stürzte ihn in den Tartaros, die Hölle der Griechen. So begann die Karriere des Königs unter den Göttern. Zur Erinnerung an seinen Sieg ordnete Zeus die heiligsten aller Spiele an: die Olympischen.

Besucht man heute das heilige Areal, dann ist man immer noch beeindruckt von den gigantischen Säulen des Zeus-Tempels. Wie riesige Scheiben einer überdimensionalen Schnittwurst liegen die Teile seit einem Erdbeben im 6. Jahrhundert n. Chr. säuberlich aufgereiht. Doch bevor die Naturkatastrophe kam, hatte schon eine andere Entwicklung das Heiligtum ruiniert: der christliche Gottesstaat. Im Jahr 420 n. Chr. befahl der christliche Kaiser Theodosius II., das heidnische Heiligtum zu schleifen und die Olympischen Spiele zu verbieten. Die christlichen Bilderstürmer sollen damals ganze Arbeit geleistet haben.

Was mit der Zeus-Statue geschah, ist heute nicht mehr genau auszumachen. Entweder wurde sie von Plünderern zerlegt oder Ende des 5. Jahrhunderts nach Konstantinopel verschifft, wo sie bei einem Großbrand vernichtet wurde. Jedenfalls hat man niemals mehr etwas von dem Weltwunder gesehen.

Und was wurde aus Phidias? Ihn ereilte das Schicksal vieler Genies. Es wird berichtet, daß man ihm in Olympia erneut vorwarf, er habe für die Statue bestimmtes Gold veruntreut. Verlassen und elend soll er hinter Kerkermauern sein Ende erwartet haben.

Flammendes Inferno

Auch wenn man es ihm nicht dankte: Phidias war der einzige Künstler, der gleich bei zwei Wunderwerken Hand anlegte. Auch für den Artemis-Tempel zu Ephesos schuf er eine berühmte Amazonen-Statue, von der allerdings ebenfalls nichts mehr erhalten ist.

Mag der Name Phidias aber noch so hell über den Weltwundern leuchten, so hat sich, was den Artemis-Tempel angeht, ein anderer Name der Nachwelt viel stärker eingeprägt, obwohl gerade das die Stadtväter von Ephesos mit aller Gewalt zu verhindern suchten, verband sich damit doch eine regelrechte »Schande«: der Name des Herostratos.

Seine Tat stellt einen Spezialfall der Geschichte dar, eine atemberaubende Verrücktheit. Die in den ersten Jahrzehnten nach Christi Geburt verfaßte Sammlung »Denkwürdige Taten und Worte« des Valerius Maximus hat uns diesen skurrilen Sachverhalt überliefert, der sich im Jahre 356 v. Chr. zutrug:

»Man fand nämlich einen Mann, der den Tempel der ephesischen Artemis in Brand steckte, damit sich, wie dieses wunderschöne Bau-

werk zerstört wäre, sein Name über den ganzen Erdkreis verbreitete. Unter der Folter gab er jedenfalls den Wahnsinn zu! Die Bewohner von Ephesos faßten daraufhin weise einen Beschluß, daß die Erinnerung an diesen abscheulichen Mann getilgt werden solle.«

Bei Todesstrafe wurde verboten, den Namen »Herostratos« zu erwähnen. Des Mannes, der eines bitteren Nachruhms wegen die Terrortat begangen hatte, sollte niemand gedenken dürfen.

Doch wie es in der Geschichte so geht: Die guten Stories werden natürlich kolportiert. Zuletzt ist die Rechnung des Brandstifters aufgegangen, mag sie auch noch so wahnwitzig gewesen sein. Dabei waren es vielleicht noch andere Motive, die Herostratos geleitet haben mögen. Motive, die man damals besser unter den Teppich kehrte. So ist es nicht unwahrscheinlich, daß Herostratos Mitglied eines konkurrierenden Priesterclans war und aus Neid oder Rache handelte. Für diese Annahme gibt es einen guten Grund: Um den massiven Steinbau, der in den Grundmaßen gut doppelt so groß war wie der Zeus-Tempel von Olympia, gänzlich in Schutt und Asche zu legen, bedurfte es gezielter Vorbereitung und Planung. Ein kleines Feuerchen unter einer der 127 Marmorsäulen, auf denen in 20 Meter Höhe das Holzdach thronte, hätte nicht viel ausgerichtet. Der Täter muß große Mengen Brennmaterial wie Bitumen oder Stroh in dem Sakralbau aufgeschichtet haben – und das

81 (Oben) Modellrekonstruktion des Artemis-Tempels, der durch die Brandstiftung des Herostratos in Schutt und Asche fiel.

82 (Linke Seite) »Nur noch eine letzte Säule kündet von einstiger Pracht ...« – klägliche Reste des Artemis-Tempels von Ephesus. Im Hintergrund eine mittelalterliche Militäranlage, in die große Mengen des antiken Steinmaterials verbaut worden sind.

konnte er sicher nur, weil er im Tempel unverdächtig ein- und ausgehen durfte.

Herostratos zerstörte einen Tempel, der zu den größten seiner Zeit gehörte. König Krösus von Lydien hatte dieses Wunderwerk im Jahre 550 v. Chr. zu Ehren der Göttin Artemis errichten lassen. In seinem Innenraum stand eine prachtvolle Statue der Fruchtbarkeitsgöttin, reich bemalt und über und über mit Gold, Silber und Ebenholz verziert. Die von dem englischen Archäologen John Turtle Wood 1863 entdeckte Artemis-Statue, die wohl kurz vor der Plünderung des Tempels durch die Goten im 3. Jahrhundert n. Chr. von der Priesterschaft vergraben worden war, stammt freilich aus dem neu errichteten Tempel, der erst 100 Jahre nach dem verheerenden Brand erbaut wurde. So wissen wir heute nicht, wie die ursprüngliche Artemis ausgesehen hat. Die vielbrüstige Artemis aber ist zum Inbegriff einer perfekten Götterdarstellung geworden, die Fruchtbarkeit und Lebensfülle symbolisiert – in ihrer ruhigen Vollkommenheit einprägsam und unvergeßlich für jeden, der diese Statue einmal gesehen hat.

Der unsterbliche Tote

Er muß ein schonungsloser Realist gewesen sein, dieser Mausolos. Aber dennoch einer, der gerne träumte. Als Satrap von Karien, einem Landstreifen im Südwesten der heutigen Türkei, trug er zwar einen klangvollen Herrschertitel, doch war sein Regiment tatsächlich nichts weiter als eine bloße Statthalterschaft im Auftrag der alles beherrschenden persischen Großmacht. Mausolos schätzte seine Lage in diesem 4. Jahrhundert v. Chr. sachlich ein: Weder durch beeindruckende strategische Leistungen würde er sich im Buch der Geschichte einen Namen machen können noch als Dichter oder Philosoph. Gleichwohl war Mausolos als gloriose Herrschergestalt zu Außergewöhnlichem verpflichtet, da er – ähnlich, wie es die Pharaonen taten – seine Herkunft auf den Sonnengott höchstpersönlich zurückführte. Als Sohn des Helios konnte er es nicht bei einem durchschnittlichen Lebenswandel belassen.

Um sein kleines Reich der relativen Bedeutungslosigkeit zu entreißen, ersetzte er die Residenzstadt durch die Neugründung Halikarnassos, das heutige Bodrum. Es entstand eine prächtige Stadt am Ufer des Mittelmeeres, so daß jeder Reisende schon von weitem den Glanz der neuen Residenz erahnen konnte.

Die Krönung dieser Machtdemonstration aber sollte das Grabmal des Mausolos bilden. Uns mag es heute geschmacklos oder makaber anmuten, wenn ausgerechnet ein Grab zum Mittelpunkt einer pulsierenden, lebensfrohen Mittelmeerstadt gemacht werden soll. Aber in der durch den griechischen Geist geprägten Kultur galten andere Kriterien. Die Totenwelt galt als dunkel und stumm, eine düstere Heimat der Schatten, ein Reich ewiger, trüber Verbannung. Es gab für einen Griechen nur eine Möglichkeit, dem Versinken in die schattenhafte Anonymität zu entgehen: Soviel Nachruhm galt es auf sich zu versammeln, daß der Geist des Toten im Bewußtsein der Lebenden wach blieb. Der Nachruhm erst gab dem Leben über das Ende hinaus dauernden Sinn und Bedeutung.

Weniger durch die Größe soll das Gebäude überzeugen als durch seine vollendete Gestaltung. Die Architekten Satyros und Pytheos, Koryphäen ihrer Zunft, erhalten schließlich den Auftrag für das Konzept des Kunstwerks. An den Details des Gebäudes wetteifern die prominentesten Künstler. Noch gut 15 Jahrhunderte nach der Fertigstellung schreibt der Byzantiner und Augenzeuge Eustathios von Thessaloniki, was schon seit der Zeit des antiken Reisenden Antipatros galt: »Das Mausoleum war und ist ein wirkliches Wunder!«

Wenngleich griechische Architekten und Bildhauer den Stil des Bauwerks bestimmten, so wurden im Mausoleum von Halikarnassos doch unterschiedliche Bautraditionen gebündelt. Auf einem fünfstufigen Unterbau von 33 mal 39 Metern ragte ein steinerner Würfel 22 Meter

***83** Kampf der Amazonen gegen feindliche Angreifer. Heute im British Museum in London zu bewundern, vermittelt dieses Fries vom Mausoleum eine Ahnung von der hohen künstlerischen Qualität des Bauwerks.*

hoch auf, darüber erst stand der eigentliche säulenumstellte Grabtempel. Ein pyramidenförmiger Abschluß, auf dessen Spitze eine Quadriga den letzten Pfiff gab, ließ das Gebäude gut 50 Meter Höhe erreichen, was einem zwanzigstöckigen Hochhaus entspricht! Diese »Flucht nach oben« stand ganz und gar nicht in der Tradition griechischer Baukunst, die die Ausdehnung in die Breite bevorzugte. Offenbar zog Mausolos hier den ägyptischen Stil vor. Der Sohn des Helios wollte die Sonne berühren, wie es einst die Pharaonen getan hatten. Auch die Bestattungsform über dem Erdniveau war völlig ungriechisch, setzte sich aber als Alternative zum Erdgrab bis zum heutigen Tage durch – und indem sich für einen solchen Totentempel der Begriff Mausoleum gehalten hat, hat sein Erfinder tatsächlich Unsterblichkeit erlangt.

Die Fertigstellung seines Denkmals hat Mausolos nicht mehr erlebt. Zwar hatte er schon zu Anfang seiner Herrschaft das Vorhaben mit allem Eifer betrieben, aber selbst nach 24 Jahren, als er 352 v. Chr. starb, war das ehrgeizige Projekt noch nicht vollständig verwirklicht. Unter Leitung der Schwestergemahlin gingen die Bauarbeiten dann noch zwei Jahre weiter.

Nachdem 1857 britische Archäologen unter Leitung von Sir Charles Newton das Gelände der ehemaligen Grabstätte wiedergefunden hatten und die türkischen Landhäuser, die inzwischen dort standen, abgetragen waren, entdeckten die Wissenschaftler nur spärliche Reste des Weltwunders, die auch heute noch die Besucher eher enttäuschen. Die

Johanniter hatten ganze Abbrucharbeit geleistet. Selbst kleinere Trümmerteile waren in ihre Kalkmühlen gewandert, um ihr Fort Petronia, das heute noch den Hafen von Bodrum überragt, massiv auszubauen.

Nur eine Kostbarkeit haben die Johanniter bei ihrer »Aufräumarbeit« offenbar übersehen: den kunstvoll gemeißelten Marmorfries des Bildhauers Skopas, der den Kampf der Amazonen zeigt. Heute hängt dieses 90 Zentimeter hohe und gut 20 Meter lange Relief an den Wänden des British Museum zu London, es ist eines seiner wertvollsten Exponate.

Die Ironie der Geschichte schlägt noch ganz andere Kapriolen, nicht nur was die Dauerhaftigkeit »ewiger« Bauwerke angeht: Einer durchaus glaubhaften Legende zufolge soll Mausolos gar nicht in seinem Monumentalbau bestattet sein. Dafür spricht tatsächlich, daß das Gebäude zum Zeitpunkt seines Todes noch nicht vollendet war. Vielmehr soll Artemisia, seine liebende Gattin, seine Knochen zu Pulver verrieben, in Wein aufgelöst und getrunken haben.

84 (Oben) Phantasieentwurf des Mausoleums von Johann Fischer von Erlach, um 1700.

85 (Linke Seite) Klassisches Symbol einer Fruchtbarkeitsgöttin: Die Artemis-Statue von Ephesus. Die »Brüste« werden von Wissenschaftlern heute als Stierhoden gedeutet.

Ob wahr oder gut erfunden: Das kritische Urteil über diese Form der Totenverehrung sprach bereits in den Jahrzehnten um Christi Geburt der römische Schriftsteller Valerius Maximus. Er läßt in seinem Handbuch für Redner den Gottkönig Mausolos auf den bettelarmen Philosophen Diogenes treffen: ein Dialog zwischen Toten im Reich der Schatten, in dem zugleich der Stab über alle baulichen Wunderwerke dieser Welt gebrochen wird.

»Diogenes: Höre, worauf bildest du dir soviel ein, daß du den Vorrang über uns beanspruchst?

Mausolos: Erstens auf meine Herrschaft! Dann war ich schön, groß von Gestalt und für die Kriegführung kraftvoll. Am wichtigsten aber ist, daß ich in Halikarnaß ein ganz großes Grabmal auf mir liegen habe. Scheine ich dir also nicht mit Recht darauf stolz zu sein?

Diogenes: Wie aber du, mein Bester, davon etwas hast, sehe ich nicht. Mußt du nicht zugeben, daß du eine größere Last trägst als wir, der du einen so riesigen Steinhaufen auf dir liegen hast?«

Neue Weltwunder

Ist es das, was heute alle Bauvorhaben dieser Welt entwertet? Das Wissen darum, daß auch schönste Paläste nichts anderes sind als Steinhaufen, durch die dereinst der Wind der Geschichte pfeifen wird? Tote Objekte, die eher von Verfall und menschlicher Hybris erzählen als von Wundern?

Und mit der verbesserten Technik kam auch die beliebige Reproduzierbarkeit. Die Einmaligkeit ging den Bauwerken verloren. Wirkliche Wunder aber müssen einmalig sei. Und Wunder, die außerhalb der gesellschaftlichen Sehnsüchte wirken, sind keine. Man übersieht sie dann ganz einfach.

So geht es den baulichen Wunderwerken auch! Ich hatte einen befreundeten Lehrer gebeten, einmal in seiner Schulklasse nachzufragen, was die Jugendlichen denn heute unter Weltwunder verstünden. Da wurde »Fortschritt in der Medizin« oder »in der Computertechnik« genannt. Da wurden Errungenschaften der Ökologie und des Friedensprozesses in der Welt erwähnt. Naturphänomene wie die Sahara, die Pole oder der tropische Regenwald erregten wunderbares Interesse. Der Flug zu den Sternen faszinierte, aber auch das Engagement einer Mutter Teresa. Bauwerke hatten die Jugendlichen in ihrer Auflistung kaum auf der Rechnung. Und schon gar nicht repräsentative Tempel und Grabstätten.

Eigentlich ein gutes Zeichen!

Literaturverzeichnis

Bauer, Egon: Die sieben Weltwunder. Augsburg 1996.
Brodersen, Kai (Hg.): Reiseführer zu den sieben Weltwundern. Philon von Byzanz und andere antike Texte. Frankfurt und Leipzig 1992.
Brodersen, Kai: Die sieben Weltwunder. München 1996.
Clayton, Peter (Hg.): Die sieben Weltwunder. Stuttgart 1990.
Dombart, Theodor: Die sieben Weltwunder des Altertums. München 1967.
Ekschmitt, Werner: Die sieben Weltwunder. Ihre Erbauung, Zerstörung und Wiederentdeckung. Mainz 1991.
Herodot: Historien. Hg. Josef Feix. Sammlung Tusculum. München 1963.
Pettinato, Giovanni: Semiramis. München 1988.
Plinius der Ältere: Naturkunde. Hg. Roderich König und Gerhard Winckler. Sammlung Tusculum. München 1973ff.
Schöbel, Heinz: Olympia und seine Spiele. Leipzig 1983.
Stadelmann, Rainer: Die Ägyptischen Pyramiden. Darmstadt 1985.
Vahlen, Angelika: Weltwunder der Antike. Leipzig 1983.
Valerius Maximus: Denkwürdige Taten und Worte. In: Tusculum – Lexikon griechischer und lateinischer Autoren des Altertums und des Mittelalters. 3. Aufl., Hgg. W. Buchwald, A. Hohlweg. München und Zürich 1982.

NERO

Plädoyer für eine Bestie

Martin
Papirowski

Täter oder Opfer?

Er ist das Fleisch gewordene Böse, ausgestattet mit der Macht eines Gottes. Ein Gott des Grauens und der Grausamkeit. Ein Gott der Gier und der Niedertracht. Tausenden bringt er unendliches Leid, allein ihres Glaubens wegen. Die Mutter ermordet er, dem Bruder bringt er durch Gift den Tod, die eigene Frau tötet er aus Liebe, das Kind in Raserei. Er legt das Haupt der Welt in Schutt und Asche – allein aus einer Laune. Dreimal verflucht sei sein Name: Nero!

Zwei Jahrtausende ist er schon begraben. Eine lange Zeit für die Forscher, die sich gleich »Staatsanwälten der Geschichte« auf die Suche nach der Wahrheit begeben. Zwei Jahrtausende haben alle Spuren seines Lebens getilgt. Alles, was noch vom Leben Neros, einst Lenker des Erdkreises, zeugt, sind eine Handvoll Inschriften und unzählige Tonnen ehrwürdiger Schutt.

Was wir über ihn wissen, verdanken wir einer Handvoll Geschichtsschreibern, allen voran Tacitus, Suetonius und Cassius Dio. Sie sind es, die den »Nero in unseren Köpfen« schufen. Sie sind die Hauptzeugen der Anklage. Aber wie glaubwürdig sind sie?

Die moderne Geschichtsforschung versucht die Quellen und Autoren aus ihrer Zeit heraus zu verstehen. Wie stehen sie zum Objekt ihrer Betrachtung, sind sie Freund oder Feind? Und nicht zu vergessen die Pflichtübung des Kriminalisten: das Aufspüren von Widersprüchen in der Aussage.

Auch die Nero-Chronisten Tacitus, Suetonius und Cassius Dio befanden sich in den vergangenen Jahren auf dem Prüfstand. Der Nero-Experte Massimo Fini faßt das Ergebnis in einem schlichten Satz zusammen: »Nero wurde das Opfer eines Komplottes.« Wäre Nero der Angeklagte, gäbe es für den Richter nur ein Urteil: Freispruch aus Mangel an Beweisen, sprich, aus Zweifel an der Glaubwürdigkeit der Zeugen.

86 (Vorhergehende Doppelseite) Nero gilt seiner Nachwelt als das große Ungeheuer, das sich an den Christenverfolgungen ergötzt haben soll.

Also gewähren wir Nero Revision, machen wir uns auf die Suche nach Indizien, finden wir Widersprüche, oder versuchen wir einfach, neutral zu sein.

Die Anklagen

Wie lauten die Anklagen? Ihm wird vorgeworfen, seinen Stiefbruder Britannicus vergiftet zu haben, weil er ihn als Konkurrenten um den Thron fürchtete und ihm seine bessere Stimme neidete. Aus Angst vor Rache ließ er seine Mutter Agrippina töten. Seine Frau Octavia war ihm bei seinen Heiratsplänen mit Poppaea im Weg. Poppaea und ihr ungeborenes Kind starben durch seinen Fußtritt. Rom, seine Hauptstadt, ließ er anzünden, weil er Platz für sein Megaprojekt Neropolis schaffen wollte. Und die Schuld für diesen mörderischen Akt der Brandstiftung schob er den Christen zu, die er zu Hunderten zu Tode martern ließ.

Soweit Nero der Verbrecher. Auch zum Thema Nero als Staatsmann und Kaiser gibt es zahlreiche Anklagen: Skrupellos, feige, grausam, realitätsfern, rach- und verschwendungssüchtig ist nur eine Auswahl der Attribute. Nicht Kaiser, Künstler wollte er sein. Ein Möchtegernkünstler, in der Darstellung seiner Biographen eine eher tragikomische Gestalt, gestraft mit dem Organ eines Frosches, aber ausgestattet mit der Macht eines Gottes, der seine Zuhörer mit mitunter tagelangen Vorträgen mittelmäßiger bis schlechter Lyrik traktierte. Umgeben von Claqueuren, Speichelleckern und bewaffneten Soldaten, um auch den kritischsten Rezensenten zum Fan seiner Kunst zu machen.

Der Tatort: Rom. Hauptstadt des römischen Reiches, der Römer und damit auch ihrer Vasallen, Mittelpunkt der Welt. Eine prächtige, mächtige, ja protzige Stadt. Ausdruck der Gier nach Macht, Gold und Luxus. Für den Propheten Johannes die Hure Babylon. Ein Ort des Lasters und der Verderbtheit. Ein Gebirge aus Marmor, das Manhattan des 1. Jahrhunderts unserer Zeitrechnung. Nero ist ihr Herrscher: Kaiser und oberster Priester.

Jugendjahre eines Gottes

Die ersten Lebensjahre eines Mannes, der mit 17 Jahren Kaiser wurde, dessen 14 Jahre währende Regierungszeit, Jahrzehnte nach seinem Tod, als eine der glücklichsten und friedvollsten der römischen Geschichte gilt. Nero wurde am 15. Dezember 37 geboren. Die Sterndeuter, die bei jeder Geburt eine Prognose abgeben, prophezeien Neros Mutter Agrippina Düsteres: »Dein Sohn wird zu höchsten Würden aufsteigen. Aber er wird dich töten.«

»Mag er mich doch umbringen, wenn er nur Kaiser wird.« So denkt und so lebt sie. Und Nero wird Kaiser.

Nero ist ein einsames Kind. Sein Vater Gnaeus Domitius Ahenobarbus, das heißt Erzbart, stirbt etwa drei Jahre nach Neros Geburt. Seine Mutter Agrippina lebt – verbannt von ihrem Bruder Caligula – auf Korsika. Mittellos und ohne Eltern wächst Nero bei seiner Tante Domitia Lepida auf, die ihn von einem Tänzer und einem Friseur erziehen läßt, beide homosexuell, beide große Freunde der Musik und Prosa. Das sind Neros erste Erfahrungen mit der Kunst – und der Liebe.

87 Ein Jugendlicher auf dem Kaiserthron Roms. Das mächtigste Reich der damaligen Welt, beherrscht von einem Heranwachsenden.

Nero stammt aus den besten Kreisen. Sein Vater war ein Mitglied des Adels und Großneffe des Kaisers Augustus. Seine Mutter, die Tochter des Kriegshelden Germanicus und Agrippina der Älteren, ist die Urenkelin des Augustus, der wiederum der Großneffe und Adoptivsohn Julius Caesars war. Nach römischen Vorstellungen ist Nero somit ein Mitglied der Kaisersippe, der iulisch-claudischen Familie.

Wir schreiben das Jahr 54 n. Chr. Frühmorgens verläßt eine riesige, in purpurrote Seide gehüllte, von acht hochgewachsenen Legionären der Prätorianergarde getragene Prunksänfte den Palatin, den Palastbezirk der römischen Kaiser. Ihr Ziel: das Lager der Prätorianer. Dort will sich der junge Kaiser seinen Soldaten zeigen und sich ihrer Treue versichern. Sie sind der Garant für die Macht, und daher gilt der erste offizielle Besuch jeden Kaisers ihnen. Eigentlich hätte Nero nach altem Brauch reiten müssen, doch an jenem Tag regnet es ununterbrochen.

Nero ist ein gutaussehender junger Mann. Rothaarig, mit gerader Nase, klarem Blick, einem leicht stiernackigen Hals, kräftigen Schultern und starkem Oberkörper, aber etwas zu dünnen Beinen. Die etwa zweieinhalbstündige Anreise in der Sänfte erweckt in dem Kaiser zwiespältige Erinnerungen. In ihr hat ihn fünf Jahre

88 (Oben) Schaltzentrale der Macht: Forum Romanum, der Regierungs- und Verwaltungssitz des Reiches.

89 (Links) Agrippina und Sohn Nero in scheinbarer Harmonie. Doch die Inschrift der Münze kündet zweifelsfrei: Nicht Nero, sondern Agrippina hält die Macht im Reiche.

90 Sie bereitet dem Sohn den Weg zum Thron: Agrippina, Mutter und Geliebte des Nero.

zuvor seine eigene Mutter verführt, in die Geheimnisse der Liebe zwischen Mann und Frau eingeweiht.

Auch der greise Kaiser Claudius, ihr Onkel und Neros Vorgänger auf dem Thron, ist der machtgierigen Agrippina erlegen und hat sie sogar geehelicht. Ihren Sohn Nero verheiratet sie mit Octavia, der Tochter des Claudius. Damit ist Nero Stief- und Schwiegersohn von Claudius in einem. Schließlich sorgt sie sogar dafür, daß ihn Claudius adoptiert, obschon dieser in Britannicus einen eigenen, wenn auch kranken Sohn hat. Agrippina ist nun am Ziel, und Claudius muß sterben. Agrippina läßt ihn vergiften.

Nero erhält den Kaisertitel, doch Agrippina die Macht. Und das soll alle Welt erfahren: Sie läßt es verkünden, in Gold. Der Aureus, die Goldmünze Roms, liefert die Antwort auf die Frage, wer im ersten Regierungsjahr Neros wirklich das Sagen im Staate hat. Münzen sind damals ein offizielles Mitteilungsorgan, ein Massenmedium, das in die entlegensten Teile des Reiches gelangt. Diese Münze muß damals einen unglaublichen Skandal verursacht haben. Der Historiker Werner Eck glaubt, daß Agrippina, selbst auf die Gefahr, ihren Sohn als Kaiser vor aller Welt lächerlich zu machen, diesen Eklat riskiert. Einzig, um der Welt zu zeigen: Seht her, ich, Agrippina, die Kaisermutter, habe die Macht. Die im Jahr 54 herausgegebenen Münzen zeigen Nero und Agrippina einander zugewandt auf einer Seite. Die Vorderseite, immer dem Machthaber reserviert, nennt Agrippina, während Neros Titel nur auf der Rückseite erscheinen. Ferner sind Agrippinas Namen und Titel in dem für Monarchen üblichen Nominativ gehalten, während die Neros im Dativ stehen, was bedeutet, daß die Münzen ihm nur gewidmet sind, während Agrippina als Trägerin der Münzhoheit ausdrücklich bestätigt wird.

Wie unter dem greisen Claudius reißt Agrippina die Geschäfte an sich. Nero läßt den Senat im Palast tagen, damit seine Mutter, hinter einer spanischen Wand verborgen, alles verfolgen kann. Sie empfängt ausländische Staatsgäste, schickt Boten ins ganze Reich, erläßt Edikte, die Nero nur abzeichnet. Und Nero zeigt in aller Öffentlichkeit, daß er in erster Linie folgsamer Sohn und erst danach Kaiser ist. Agrippina gängelt Nero total – politisch und auch sexuell. Noch.

Stück für Stück wächst in dem jungen Herrscher Widerstand. Am Anfang sind es nur Gesten. Doch Agrippina ist zu intelligent, zu erfahren im Umgang mit der Macht und mit Menschen, um die Zeichen nicht zu erkennen. Was aber ist geschehen?

91 Der Philosoph Lucius Annaeus Seneca – dem Kaiser zunächst Erzieher und väterlicher Freund, stirbt er später durch befohlenen Selbstmord.

Vom Sohn zum Herrscher

Nero ist zum ersten Mal in seinem Leben verliebt. Ihr Name ist Claudia Acte. Eine etwa dreizehn-, vierzehnjährige Nymphe, halb Römerin, halb Syrerin. Octavia, die er nur aus politischer Räson heiratete, liebt er nicht, er hat noch nie mit ihr geschlafen, sie nicht einmal berührt. Die junge Geliebte dagegen überhäuft er mit Geschenken: Schmuck, Sklaven, Villen. In wenigen Jahren verschenkt er ein Vermögen. Schließlich verspricht er ihr sogar, sich scheiden zu lassen.

Agrippina rast. Sie ist krank vor Eifersucht und verzweifelt. Gegen eine Liebschaft hätte sie wohl nichts einzuwenden gehabt, aber eine offizielle Beziehung ... Sie fürchtet einen Skandal, vor allem aber das Schwinden ihres Einflusses. Ihr sind alle Mittel recht, um die Kontrolle über den Sohn zurückzugewinnen. Wenn es darum geht, kennt sie keine Skrupel.

Sie setzt rückhaltlos alle Reize ihres achtunddreißigjährigen Körpers ein. Noch gilt sie als eine der schönsten Frauen Roms. Natürlich gibt es keine Augenzeugen dieser Nacht. Niemand weiß, ob Nero ihrem Werben sofort erlag. Aber möglicherweise wird er schwach und schläft mit der eigenen Mutter. Es ist das letzte Mal. Vielleicht schämt sich Nero der Schwä-

92 Der junge Nero: Brudermörder oder Opfer einer historischen Intrige? (Filmszene)

che seines Fleisches, seine Mutter verachtet er. Für die Frau Agrippina mag es ein Erfolg gewesen sein, für die Mutter ein Bankrott. Wo zuvor wenn nicht Liebe, doch Respekt war, ist jetzt Ablehnung, ja Haß. Von nun an verbündet sich Nero mit seinem Lehrer Seneca. Ein Nervenkrieg gegen Agrippina beginnt. Nicht einmal ein Jahr auf dem Thron, erkennt Nero, daß er seinen eigenen Weg gehen, seinen eigenen Vorstellungen von der Liebe und vom Regieren folgen muß.

Für den Chronisten Tacitus ist das Zerwürfnis nach der Liebesnacht der Auftakt für die erste Untat Neros: die Ermordung seines Stiefbruders Britannicus. Die Behauptung von Tacitus: Nero habe sich aus der erdrückenden Umklammerung seiner Mutter gelöst, die um ihre Macht fürchtete. Sie habe Nero mit Britannicus gedroht, den sie zuvor von der Thronfolge ausgeschlossen hatte, und damit, alle Untaten, einschließlich des Gattenmordes an Claudius, zu enthüllen, um Nero die Legitimation zu entziehen.

Es geschieht im ersten Regierungsjahr Neros, 55 n. Chr. Ein kleines intimes Gastmahl soll es werden. Handverlesene Mitglieder der kaiserlichen Familie, die mehr oder minder einträchtig im Palast tafeln. Tacitus

93 ***Eine verhängnisvolle Affäre: Nero verliebt sich in Poppaea Sabina, die Frau des späteren Kaisers Otho. (Filmszene)***

behauptet, Nero hätte sich von Lucusta, die schon die tödliche Substanz für die Ermordung des Claudius geliefert hatte, ein starkes Gift besorgt. Und für Tacitus ist Neros Motiv sonnenklar: Nero fürchtet Britannicus als Rivalen. Britannicus, der ein scharfes Schwert in Agrippinas Händen hätte sein können.

Laut Tacitus greift Nero zu einer List. Um den Vorkoster zu umgehen, habe man dem vierzehnjährigen Britannicus ein sehr heißes, aber ungiftiges Getränk gereicht. Das Gift befindet sich, so Tacitus, in einer Kanne mit kühlem Wasser, das dann dazugegossen wird. Jedenfalls trinkt Britannicus diese Mixtur. Direkt danach, und diese Unmittelbarkeit erweist sich als wichtiges Detail, wird ihm schlecht. Er leidet unter Schmerzen. Es folgen Krämpfe, dann Zuckungen mit Schaum vor dem Mund. Schließlich stirbt er. Durch Gift, so klagt Tacitus an. Dabei wählt er nicht einmal den hypothetischen Konjunktiv. Für ihn ist Neros Schuld Tatsache, die Verurteilung eindeutig. Doch bei näherer Betrachtung strotzt die Schilderung des Tacitus von Ungereimtheiten.

Zunächst einmal: Wir befinden uns auf einem familiären Dinner, auch wenn es für heutige Verhältnisse eher ein Bankett gewesen sein dürfte. Zu Tisch bei »Kaisers«, also im Kreise einer Familie, für die Attentate, insbesondere Giftattentate, nichts Besonderes sind. Daraus resultieren strikte Tischsitten, wie Quellen zweifelsfrei belegen. Absolut nichts, was den Gaumen der kaiserlichen Familie erreicht, wird nicht von Vorkostern geprüft. Ausgestattet mit feinstem Geschmackssinn, der jedes Gift erkennt, entgeht diesen Spezialisten wenig. Daß Wasser ungeprüft die jugendliche Kehle erreicht, ist so gut wie ausgeschlossen.

Die Behauptung von Tacitus, Agrippina hätte gedroht, den Gattenmord an Claudius zu enthüllen, ist zumindest unwahrscheinlich, denn damit hätte sie sich selbst bloßgestellt. Nach diesem Geständnis hätte ihr auch Britannicus herzlich wenig genutzt. Zudem ist Neros Thronrecht dem des Britannicus gleichwertig. Doch es gibt ein Detail, das beweist, daß Tacitus Nero unrecht tut.

Unbestritten ist, daß Gift in Rom als politisches Instrument gilt. Und die Giftmischerin Lucusta ist eine Meisterin ihres Fachs. Heute kennen wir sogar die gängigen Gifte der Römer. Weit verbreitet ist der durch das Ende des Sokrates bekannte Schierling mit den typischen Vergiftungssymptomen. Mit dem Ableben des Britannicus jedoch haben sie nichts gemein. Zwar kennen die Römer Gifte, deren Symptome nur der Fachmann erkannt hätte und die sogar geschmacksneutral sind. Aber alle haben sie eines gemeinsam – der Düsseldorfer Medizinhistoriker Hans Schadewaldt bringt es auf den Nenner: »Die Römer kannten keine schnell wirkenden Gifte, nur Schlangengift. Und Schlangen sind ihm, wie beim Selbstmord von Kleopatra, sicherlich nicht verabreicht worden.« Britannicus ist jedoch nach Aussage von Tacitus schnell gestorben. Entweder ist Tacitus also schlecht informiert, oder er lügt vorsätzlich. Eines jedoch ist sicher: Britannicus starb nicht an den Folgen einer Vergiftung! Aber woran starb er dann?

Britannicus ist schwächlich und kränkelt. Er leidet unter Epilepsie. Deren Krankheitsbild veranlaßte den Berliner Medizinhistoriker Albert Esser zu der These, daß Britannicus an einem sogenannten Aneurysma starb, was bei epileptischen Anfällen durchaus vorkommen kann.

Eine vorsätzliche Geschichtsfälschung durch Tacitus also? Doch warum verleumdet er Nero? Ein literarischer Rachefeldzug? Jedenfalls hat er keinen Grund, Nero zu lieben. Tacitus ist als Ritter, als Adliger, Mitglied des Establishments. Und eben diesem Establishment hat Nero den Kampf angesagt.

Die erste Geliebte, die letzte Liebesnacht mit Agrippina, der Tod des Britannicus. Im Jahr 56 n. Chr., dem zweiten Regierungsjahr, entzieht sich Nero dem Einfluß der Mutter. Der Staatsmann erwacht, als Reformer, Gesetzgeber, Außenpolitiker. Einen Wesenszug Neros lernen die Römer schnell kennen. Nero haßt Gewalt und wandelt, wo möglich, Todesurteile in Verbannungen um.

Sein Lehrer Seneca widmet ihm sein Werk »Über die Milde«. Während seine Chronisten Nero als blutrünstige Bestie darstellen, sprechen seine Verordnungen, Urteile und Gesetze eine ganz andere Sprache. Sein Verhalten ändert sich nur, wenn er bedroht wird oder Angst bekommt, was allerdings leicht geschieht.

Nero verabscheut Gladiatorenkämpfe. Doch seine Entscheidung, die Todesduelle abzuschaffen, stößt auf Ablehnung im Volk. Schließlich bricht er mit diesem Edikt eine jahrhundertealte Tradition und zerstört einen ganzen Wirtschaftszweig: Gladiatorenschulen, Wettannahmestellen, Zulieferbetriebe. Neros Traum ist es, die öffentlichen Gemetzel durch Kunstdarbietungen, getreu der Tradition Griechenlands, zu ersetzen. Dramen statt Kampf, Ballett statt Duelle, Gesang statt Geschrei. Das römische Establishment verachtet Nero wegen seiner »Verweichlichung«, gibt ihm den Spitznamen Graeculus (»Griechlein«).

Nero seinerseits verachtet die Adelssprößlinge für ihre Laschheit und Faulheit. Zwar umgibt er sich bei offiziellen Anlässen noch mit hochrangigen Vertretern des Adels oder des Ritterstandes, in seiner Regierung jedoch ist kein Platz für sie.

Bis Anfang 58 hat Nero die Position des Senats nachhaltig geschwächt. Alle Schlüsselpositionen sind mit ihm ergebenen, tüchtigen Freigelassenen besetzt. Die Militärs stehen hinter ihm und seinem Ziel, dem Aufbau einer absoluten Herrschaft. Sein nächster Coup: eine Steuerreform. Mit ihr kann er zwei Fliegen mit einer Klappe schlagen. Die Preise senken und damit die Kaufkraft stärken und die Großgrundbesitzer schwächen.

Groß wie Provinzen sind die Latifundien der mächtigen Familien. 50 000, 60 000 Sklaven bewirtschaften Ländereien von der Größe eines kleinen Bundeslandes. Deren Ernteerträge sind zollfrei. Das heißt, sie gelangen ohne Aufpreis auf den gigantischen Lebensmittelmarkt Roms. Demgegenüber werden die Waren aus den Provinzen des Reiches an jedem Hafen, an jeder Stadtmauer neu verzollt. Dementsprechend hoch sind ihre Preise. So werden die Superreichen immer reicher, den Preis dafür zahlen die Verbraucher. Mit der Abschaffung der Binnenzölle sucht Nero, den Marktvorteil der Latifundienbesitzer zu eliminieren.

Wenig erstaunlich, daß ihn Ritterschaft und Großgrundbesitzer hassen. Diese Lobby, gestützt durch die Senatoren, können Neros Reformwerk gerade noch abbiegen. Es tritt nie in Kraft. Aber der Haß der Ritter und Senatoren bleibt. Noch 50 Jahre nach seinem Tode bekämpfen ihn Tacitus und Suetonius, Mitglieder jener Stände, mit Feder und Tinte.

MORDE AUS LIEBE

Und wieder ist Nero verliebt. Die Auserwählte: Poppaea Sabina, deren Mutter als schönste Frau ihrer Zeit galt. Poppaea ist die Frau des Nero-Intimus Otho, der, wie Plutarch schreibt, »durch Üppigkeit und Genußsucht von Kind auf wie kein Zweiter in Rom verdorben war«. Poppaea ist etwas älter als der Kaiser, wie er rotblond und hat eine samtweiche,

weiße Haut. Vermutlich fungiert Otho selbst als Kuppler für den Kaiser, um sich dadurch Vorteile zu verschaffen. Poppaea weist alle Annäherungsversuche des Kaisers ab. Sie reizt hoch. Ihr Ziel: die Ehe. Das bedeutet die Scheidung von Neros Frau Octavia und offenen Krieg mit Agrippina, deren Ansehen im Volk und beim Adel ungebrochen ist. Die Fronten zwischen Nero und seiner Mutter sind verhärtet, aber es herrscht immerhin eine Art Burgfrieden.

Ein schlichtes Verhältnis mit Poppaea hätte man dem Kaiser zugebilligt. Doch das ist der ehrgeizigen Frau nicht genug. Sie will mehr. Laut Werner Eck führt ihr Anspruch zum offenen Affront gegen Agrippina. Um sich völlig zu befreien und eine offizielle Verbindung mit Poppaea einzugehen, muß Nero die Macht seiner Mutter brechen, und das kann nur durch ihren Tod geschehen ...

Für Massimo Fini liegt letztlich die Verantwortung für den Mordplan Neros an seiner Mutter bei seinem Berater Seneca. Dieser rät ihm, so

94 Tod als Volksbelustigung: Die Masse der Römer liebte Tierhatzen und Gladiatorenspiele. Als Nero sie abschaffen will, stößt er auf massive Ablehnung.

Fini: »Entweder du tötest deine Mutter, oder deine Mutter wird dich töten!« Mord aus Notwehr also.

Nero ist ein großer Fan nachgestellter Seeschlachten. Diese Leidenschaft liefert ihm die Idee für den Mord. Unter strengster Geheimhaltung läßt er in einer Werft bei Misenum eine Prunkbarke anfertigen, die auf Hebeldruck in der Mitte auseinanderbricht. Am Abend der Tat läuft alles wie geplant. Nero behandelt Agrippina mit einer Herzlichkeit wie lange nicht mehr. Er bietet ihr für die Heimreise sogar sein Schiff an, und sie willigt ein.

In stockfinsterer Nacht legt das festlich geschmückte Schiff ab. Etwa 700 bis 800 Meter vom Ufer entfernt, stürzt plötzlich das mit Blei beschwerte Dach der Kabine auf das Heck. Agrippinas Diener Creperius ist sofort tot. Dann klappt das Schiff wie die Schneiden einer Schere plötzlich zusammen, doch Agrippina und ihre Dienerin Acerronia werden ins Wasser geschleudert, können sich retten. Die Dienerin gibt sich als Agrippina aus, ob um sich zu retten oder weil sie ihrer Herrin zur Flucht verhelfen will, weiß niemand. Doch sie wird von den Matrosen an Bord des sinkenden Schiffes mit Stangen und Rudern zurückgestoßen. Derweil kann Agrippina fliehen. Nero erfährt noch am selben Tag von ihrer Rettung und wird leichenblaß.

Natürlich weiß Agrippina, wer hinter dem Anschlag steckt, und Nero fürchtet ihre Rache. Vielleicht hetzt sie die Soldaten auf, den Senat, wendet sich an das Volk oder alles zugleich. Nero kann aber nicht einfach seinen Soldaten befehlen, Agrippina zu töten, denn die Prätorianer haben dem gesamten Kaiserhaus den Treueid geleistet, und aus Respekt für Agrippinas Vater Germanicus würden sie dessen Tochter gewiß kein Leid zufügen. Es ist überliefert, daß Seneca, der Polizeipräfekt Burrus und Nero in einer Art Krisenkonferenz zusammensitzen, als ein Kurier den Saal betritt, um von Agrippinas Rettung zu berichten. Ob nun spontan oder geplant, Nero greift zu einer List. Er läßt neben dem Boten ein Messer zu Boden fallen und ruft: »Ein Attentat! Legt ihn in Ketten, meine Mutter hat ihn geschickt, um mich umzubringen.« Der Rest ist Routine. Männer werden gedungen, und wie Tacitus berichtet, zeigt Agrippina jene Tapferkeit, die man von einer Kaiserin erwartet. Sie bietet den Mördern die Brust zum Todesstoß.

Vor dem Senat rechtfertigt Nero den Mord mit einem angeblichen Komplott. Niemand glaubt ihm, aber die »ehrwürdigen Väter« hüten sich, dies offen zuzugeben. Allein Thrasea Paetus verläßt aus Protest die

Curie. Das Volk von Rom indessen macht aus seiner Meinung keinen Hehl. »Ihr seid alle Muttermörder«, verkünden plötzlich Graffiti an öffentlichen Gebäuden.

Nach Meinung Massimo Finis hatte Nero gar keine andere Wahl, bestenfalls die Verbannung Agrippinas, aber mit dem dauerhaften Risiko ihrer Rückkehr. Der Muttermord verfolgt Nero bis zu seinem Lebensende. Agrippina erscheint ihm immer wieder im Traum, Furien jagen ihn.

Poppaea und Seneca sind es, die Nero zum Muttermord treiben. Doch noch ist die Geliebte des Kaisers nicht am Ziel. Sie ist mittlerweile schwanger, und die Zeit drängt. Ihre Forderung: Neros Scheidung von Octavia. Um keine Zeit zu verlieren, fädelt Poppaea die Intrige selbst ein. Sie besticht den Flötenspieler Eucaerus aus Alexandria, damit er aussagt, daß er ein Verhältnis mit Octavia habe. Ein schweres Kaliber, aber mit dem üblichen römischen Scheidungsgrund »Unfruchtbarkeit« wären Nero und Poppaea nicht weit gekommen. Erstens hat der Herrscher nie mit Octavia geschlafen, was jeder im Palast weiß. Zweitens ist Octavia eine direkte Nachfahrin des Augustus. Um sich von ihr scheiden zu lassen, müssen schon gravierende Gründe vorliegen.

Um den konstruierten Vorwurf zu erhärten, setzt der Prätorianerpräfekt Tigellinus bei Octavias Dienerinnen rücksichtslos die Folter ein. Schließlich kommen genug Zeugenaussagen zusammen, um die Scheidung einzuleiten. Octavia wird kurz danach von einer bewaffneten Eskorte nach Kampanien gebracht. Doch in die Siegesfreude der Poppaea platzt ein Lehrstück in Sachen Volksmacht. Die römischen Bürger lieben die stille Octavia, sie gehen für sie auf die Straße, fordern ihre Rückkehr nach Rom. Nero gibt nach, aus Angst vor dem Volkszorn, vielleicht aber auch, weil ihm das Komplott zuwider ist. Jedenfalls kehrt Octavia zurück. Die einfachen Leute glauben, der Kaiser nähme seine Frau wieder in Liebe auf, eine regelrechte Massenhysterie bricht aus. Poppaea sieht ihre Felle davonschwimmen. Wieder intrigiert sie. Und wieder kommt Octavia vor Gericht, da sie Anicetus, der sich bereits als Mörder Agrippinas »verdient« gemacht hat, verführt habe, um die Flotte für sich zu gewinnen, außerdem habe sie eine Abtreibung vorgenommen. Das Urteil: Verbannung auf die Mittelmeerinsel Pandateria. Tacitus schreibt: »Keine andere Verbannte hat jemals die Blicke der Zuschauer mit größerem Mitleid erfüllt.«

Die Mörder folgen rasch. Doch wer gab ihnen den Auftrag, Nero oder Poppaea? Der Historiker Emilian Popescu hat keine Zweifel: »Ich glaube, daß sie beide schuldig sind. Den eigentlichen Mordbefehl jedoch hat Poppaea gegeben. Sie wollte Nero unbedingt heiraten, sie war schwanger, sie wollte also den Weg frei haben, um geheiratet werden zu können.«

Das grauenhafte Sterben der stillen Octavia beginnt. Die Mörder öffnen ihr die Adern an Arm- und Fußgelenken. Geschwächt vom Blutverlust, soll Octavia sie angefleht haben: »Tut mir bitte nichts, laßt mich leben, ich bin doch nichts weiter mehr als die Schwester des Kaisers.« Doch die Täter kennen keine Gnade. Als die junge Frau nicht schnell genug stirbt, wird sie in den Baderaum gezerrt. Schließlich schlägt einer der Täter der jungen Frau den Kopf ab. Mit dem Mord an Octavia ist Poppaea am Ziel, sie ist verheiratet mit dem mächtigsten Mann der Welt.

Nach Mutter- und Gattinnenmord soll Nero, so die Chronisten, alle Hemmungen über Bord geworfen, mit Schlägerkommandos das nächt-

95 Die Helden der Masse: Die Gladiatoren genießen eine ungeheure Popularität. An die Stelle ihrer Kämpfe will Nero künstlerische Darbietungen setzen.

liche Rom durchstreift, wahllos Frauen und Männer aufgegriffen und sie zur Zielscheibe seiner Perversionen gemacht haben. Er soll auch maßlos fressen und saufen, sich in jeder Hinsicht gehen lassen. Für Massimo Fini der Versuch von Tacitus, vor allem aber von Suetonius, den Kaiser in den Schmutz zu ziehen. »Tatsächlich führten Nero und Poppaea eine glückliche Ehe. Beide hatten sie einen ausgeprägten Sinn für Humor, beide waren sie schlagfertig, beide amüsierten sich gern, interessierten sich für Kultur, den Orient, für Griechenland. Nero war zum erstenmal glücklich, ausgeglichen. Und er freute sich auf das Kind. Ist maßlos in seiner Freude über die Geburt, wie Tacitus schreibt. Er, der sogar Mord auf sich genommen hat, um seine geliebte Poppaea zu ehelichen, soll sich dann mit anderen Frauen vergnügen – das paßt nicht zusammen.« Doch nur kurz währt das Glück, das auf Mord gegründet ist. Denn vier Monate nach der Geburt stirbt Neros Tochter. »Er ist, wie in der Freude, auch im Schmerz haltlos«, schreibt Tacitus.

Im Jahr 63 n. Chr. befindet sich Nero in seinem neunten Regierungsjahr. Die vergangenen fünf Jahre haben ihn körperlich und seelisch tief erschüttert. Obwohl er nicht fromm ist, wähnt er sich vom Schicksal bestraft. Er leidet unter Panikattacken. Wie die Quellen berichten, läßt ihn eine laute Vogelstimme aufschrecken, bei einer Kulthandlung bricht er zusammen. Augenzeugen berichten, er habe vor Angst gebebt. Demgegenüber sind seine politischen Entscheidungen jedoch überlegt. Das gilt vor allem für die Bewältigung der außenpolitischen Krisen.

Stratege des Friedens

König Prasutagus von Britannien hatte vor seinem Tod Nero zum Erben eingesetzt. Doch seine Hoffnung, damit das Volk und seine beiden Töchter vor römischen Übergriffen zu bewahren, erfüllen sich nicht. Römische Legionäre verwüsten das Land, zerstören den Palast, mißhandeln seine Frau und schänden seine Töchter. Seine Witwe, Königin Boudicca, sinnt auf Rache. Getrieben vom Haß gegen alles, was römisch ist, vom Unrecht, das ihr und ihrer Familie widerfuhr, wiegelt sie das Volk auf. Die Aufständischen nehmen zunächst die Stadt Camulodunum (heute Colchester) im Handstreich. Sie plündern die Häuser, belagern die Tempel und machen die Besatzung nieder.

Schließlich gelingt es dem Feldherrn Suetonius Paullinus, einem ebenso erfahrenen wie harten Feldherrn, den Aufstand der Britannier zu ersticken. Doch sofort nach dem Sieg läßt Nero ihn ablösen. Er erkennt, daß man dem »britannischen Problem« auf Dauer nicht mit Druck und Härte beikommt. Deshalb ersetzt er den »Hardliner« Paullinus durch Turpilianus, der eine vorsichtige und effektive Romanisierung der Britannier betreibt. Neros Rechnung geht auf. Turpilianus gelingt es, die militärische Lage so zu entspannen, daß Nero die 14. Legion abziehen kann.

Doch die »Britannienkrise« bleibt nicht die einzige Bedrohung der römischen Macht, denn Rom ist nicht die einzige Großmacht des Erdkreises. Sie hat einen ebenbürtigen Gegner: die Parther. Mit den Gebieten des heutigen Iran, Irak und weiteren endlosen Ländereien in Asien ist Parthien sogar flächenmäßig größer als das Imperium Neros. Wie Polen zu Beginn des Jahrhunderts zwischen dem Deutschen und dem Russischen Reich liegt zu Neros Zeiten Armenien zwischen den Kolossen Rom und Parthien. Doch weder Parther noch Römer wollen Armenien annektieren, um nicht einen vernichtenden Krieg zu provozieren. Die Folge dieser Pattsituation: das Bestreben der Parther und Römer, linientreue Könige in Armenien zu installieren. So findet der junge Nero nach seiner Machtergreifung ein schweres politisches Erbe vor, denn dem Parther-König Vologaeses ist es im Jahr 54 gelungen, seinen Bruder Tiridates auf den armenischen Thron zu setzen. Nero entsendet 58 den Feldherrn Corbulo mit 60 000 Legionären. Doch bevor es zur großen, für beide Seiten gefährlichen Schlacht kommt, signalisiert der Parther-König Kompromißbereitschaft.

Und wieder zeigt Nero diplomatisches Geschick. Er akzeptiert Tiridates auf dem armenischen Thron – unter einer Bedingung: Er muß nach einer komplizierten Zeremonie von Nero gekrönt werden.

Im Jahr 66 reist Tiridates mit gewaltigem Prachtaufwand nach Rom. Und Rom bezahlt das Spektakel, rund 200 Millionen Sesterzen. Eine propagandistische Meisterleistung: Der Bruder des Parther-Königs, ein Nachfahre der seit jeher mit den Römern verfeindeten Arsakiden, reist neun Monate durch die halbe Welt, um sich dem römischen Kaiser zu unterwerfen. Mitten in der Zeremonie tut Nero etwas, was offensichtlich nicht im Protokoll vermerkt war, denn es überrascht die Römer ebenso wie die Gäste: Er läßt sich eine Kithara, eine Leier, reichen und bedenkt den Gast mit einigen Versen. Tiridates ist erstaunt, viele Römer von Stand sind regelrecht entsetzt. Warum riskiert Nero, sich lächerlich zu machen? Überschätzung der eigenen künstlerischen Fähigkeiten? Für die moderne Forschung ist diese künstlerische Einlage kein Ausdruck einer gestörten Persönlichkeit, sondern ein durchdachter Zug. Fini schreibt: »Natürlich artete das in einen riesigen Skandal aus, und das trägt auch zu seinem Untergang maßgeblich bei. Es ist aber ein sehr moderner Versuch von Nero, symbolisch den Krieg durch Kunst zu ersetzen. Die Vermittlung der Botschaft: statt blutige Konfrontation Gedanken und Kunst.«

Doch so sehr das Volk Nero auch zujubelt, das Vertrauen zum Herrscher ist schwer erschüttert. Zu tief sitzt ein Verdacht, den er nie ganz ausräumen kann. Nero, Kaiser und fast Gott, Brudermörder, Muttermörder, Gattinnenmörder – und Brandstifter?

DAS INFERNO

Selbst im Kinosessel scheint die Hitze spürbar. Haushohe Flammen, die gierig nach verzweifelten Menschen greifen. Ein gewaltiger Leib aus

Das Römische Weltreich
um die Mitte des 1. Jahrhunderts n. Chr.

Danuvius (Donau)
RICUM
MOESIA
THRACIA
Pontus Euxinus
(Schwarzes Meer)
Byzantium
MACEDONIA
ASIA
ACHAIA
Corinthus
Athenae
Ephesus
Antiochia
SYRIA
Damascus
ernum (Mittelmeer)
Alexandria
Memphis
AEGYPTUS

Flüchtenden, der alles zerquetscht, was sich ihm in den Weg stellt. Brennende Trümmer und immer wieder Einzelne, die verbrennen, erschlagen werden … Und über all dem ein fetter, weichlicher Mann, der voller Pathos Kithara-Saiten zupft, um alberne Prosa in den Orkus zu schreien. Das ist unser Nero, ein Nero, der seit 30 Jahren über Bildschirme und Leinwände geistert. Der Film heißt »Quo Vadis«, und seinen Erfolg verdankt er dieser Szene und dem genialen Spiel des Mimen Peter Ustinov. Unbestritten ist Ustinovs Interpretation des wahnsinnigen Nero die Ikone des klassischen Kaisers.

Nero will eine neue Stadt erbauen, sein »Neropolis«. Die alte Hauptstadt ist ihm im Wege, also gibt er seinen Prätorianern den Auftrag, die alte Stadt anzuzünden. So lautet die Botschaft. Doch diesem sicher von Millionen verinnerlichten Bild zum Trotz: Eine solche Szene hat es nie gegeben. Kein Historiker von Rang hat je behauptet, daß Nero Rom in Brand gesetzt habe. Er hat mit dem Ausbruch des Brandes nicht das geringste zu tun. Aber was geschah in der Nacht zwischen dem 18. und 19. Juli 64?

96 Die »Annalen« des Tacitus: Vornehmlich sie sind es, die den Nero in unseren Köpfen schufen.

Der Versuch einer Rekonstruktion: Der Brand bricht an der Stelle aus, wo der Circus Maximus an den Caelius und den Palatin grenzt. Häuser, Verkaufsbuden, Lager mit leicht brennbaren Materialien dicht gedrängt. Händler, die leichtfertig mit offenen Feuern hantieren, Garküchen mit offenen Herdstellen. Vielleicht ist es ein betrunkener Zecher, der einen der größten Brände der Antike verursacht. Alle Indizien weisen auf einen Zufall – auf einen verhängnisvollen Zufall.

Nero wird benachrichtigt. Noch in der Nacht eilt er nach Rom, um die Löscharbeiten zu organisieren. Der Palatin, sein Palast, auf dessen Renovierung er Monate verwendet hat, gerät in Flammen, in Gefahr ist auch seine geliebte Sammlung griechischer und römischer Kunstschätze. Das abergläubische Volk wird ihn direkt oder indirekt für den Brand verantwortlich machen, das weiß er, denn er gilt dem Volk als eine Art Schutzgott. Im besten aller Fälle hätte es geheißen, er bringe Unglück über die Stadt.

Tacitus beschränkt sich auf die Wiedergabe des in Rom umgehenden Gerüchtes, Nero sei für den Brand verantwortlich. Im Verlaufe seiner Ausführungen jedoch wird deutlich, daß auch er dem Gerede keinen Glauben schenkt und die Meinung vertritt, der Brand sei zufällig ausgebrochen.

Was für Tacitus noch ein Gerücht ist, wird für Suetonius Gewißheit: »Denn unter dem Vorwand, die Häßlichkeit der alten Gebäude und die Enge und Gewundenheit der Straßen beleidige sein Auge, steckte er Rom in Brand.« Suetonius verfaßt diese Zeilen 70 Jahre nach dem Brand. Für Cassius Dio, der weitere 100 Jahre später seine Chroniken verfaßt, liegt Neros Absicht schon auf der Hand: »Nero wollte einfach seinen alten Plan realisieren, Rom und das Reich noch zu Lebenszeiten zu zerstören.«

Tacitus liefert einen packenden Bericht. Der Kaiser, der, verrückt vor Angst und Sorge, ganz allein zwischen den Flammen hin und her irrt. Das von Cassius Dio vorgebrachte Gerücht, Nero habe im Sängergewand »vom höchsten Punkt des Palatins« die Feuersbrunst besungen, ist völlig abwegig. Denn der Palatin stand in hellen Flammen, und Nero war kein Selbstmörder.

Doch wer sind die geheimnisvollen Gestalten, die immer wieder die Löscharbeiten stören und das Feuer schüren? Prätorianer, die im Auftrag Neros Feuer legen? Oder Verschwörer? Dafür würde auch sprechen, daß die Brände am Circus ausbrachen und sich dann in Richtung Palatin ausbreiteten. Am sechsten Tag scheint der Brand am Fuße des Esquilin zum Stillstand zu kommen, bricht aber dann seltsamerweise erneut inmitten einer bisher verschonten Gegend aus – auf dem Grundstück des Prätorianerpräfekten Tigellinus.

Immer wieder dienen die vermeintlichen Brandstifter als Indiz gegen die These vom zufälligen Ausbruch des Brandes. Ein Indiz, das übrigens eines der Probleme der Geschichtsschreibung ganz deutlich macht, das Problem der Fehlinterpretation. Die Prätorianer sind kaiserliche Leibgarde und Feuerwehrelite in einem. Daß sie den Brand nicht stoppen können, schmälert nicht ihre Qualitäten. Denn auch die heutige Brandbekämpfungstechnik hätte nicht ausgereicht, diesen Megabrand zu stoppen. Doch schon damals wissen die Brandexperten, daß es Situationen gibt, in denen man Bränden nur durch Brände beikommt. Das Setzen von Gegenbränden ist bis heute, etwa bei der Waldbrandbekämpfung, ein probates Mittel. Die Technik ist denkbar einfach.

97 Nero krönt den armenischen König Tiridates: Eine friedliche Machtdemonstration und ungewöhnliche Strategie für die Militärmacht Rom. (Filmszene)

Zwischen dem Hauptbrandherd und den gefährdeten, bislang aber verschont gebliebenen Arealen wird ein kontrollierter Brand entfacht. So entsteht eine Schneise, in der das Feuer keine Nahrung mehr findet und langsam ausgeht. Doch was wird sich ein Laie wohl beim Anblick von Prätorianern, die Feuer legen, denken? Und so gibt es natürlich Zeugen, denen dies merkwürdig vorkommt.

Unbestritten ist, daß das Nero-Regime den Christen die Schuld für den Brand in die Schuhe schob. Sicher nicht aus schlechtem Gewissen, vielleicht aus politischem Kalkül. Tatsache ist, daß die Christen ganz einfach die naheliegendsten Täter sind, und das Volk verlangt nach Schuldigen. Für die Fundamentalisten, die wild zum Märtyrertum entschlossen sind, ist Rom der Inbegriff einer verderbten Welt, deren Untergang kurz bevorsteht. Zeitgenossen berichten von Wandinschrif-

ten, die den Brand Roms fordern. Und die Urchristen dürften kaum eine Mördergrube aus ihren Herzen gemacht haben. Der Brand als Strafe Gottes.

98 Nero inmitten eines brennenden Infernos (Filmszene): Daß er für den Brand Roms verantwortlich war, ist mehr als fragwürdig.

Ein weiteres Indiz sind die Römerbriefe des heiligen Paulus. In ernsten Worten ermahnt er seine Gemeinde, die Behörden nicht unnötig zu provozieren. Tacitus berichtet, daß römische Christen Geständnisse ablegten, bevor sie verhaftet worden seien. Auffällig ist auch, daß im Zusammenhang mit den vermeintlichen Verfolgungen durch Nero kein einziger christlicher Märtyrer genannt wird. Nero verurteilt die Christen nicht wegen ihres Glaubens, sondern wegen einer gewöhnlichen Straftat. Die Verfolgung der mutmaßlichen Täter durch Nero bleibt räumlich wie zeitlich begrenzt, die Verurteilungen und Hinrichtungen nehmen mit dem Jahr 69 ein Ende. Eine generelle Christenverfolgung findet nicht statt, gefahndet wird nach Brandstiftern. Von den 3000 Mitgliedern der christlichen Gemeinde in Rom wird lediglich 200 bis 300 der Prozeß gemacht. Die meisten werden lebendig verbrannt, nachdem man ihre Kleidung mit brennbaren Stoffen übergoß. Eine typische Strafe des Alten Rom für Brandstifter.

Doch Nero trägt die politische Verantwortung für die drakonische Bestrafung der Verurteilten. Die verspätete Rache üben die christlichen »Historiker« im Mittelalter. Sulpicius Severus ist der erste, der Nero der Brandstiftung bezichtigt. Viele Forscher gehen heute sogar davon aus, daß diese Interpretation des Severus von christlichen Kopisten nachträglich in das Werk des Tacitus eingefügt wurde.

Das Goldene Haus

Eines der wiederkehrenden Argumente dafür, daß es doch Nero war, der Rom in Brand setzte, ist, daß sich diese Katastrophe trefflich in seine Wirtschaftspolitik fügt. Zwei der offenkundigsten Probleme sind Depression und Unterbeschäftigung. Neros Lösungsansatz ist revolutionär. Er verfügt eine Abwertung.

Die Wertminderung von Münzen, des goldenen Aureus ebenso wie des silbernen Denarius, ist eigentlich ein probates Mittel, um die leeren

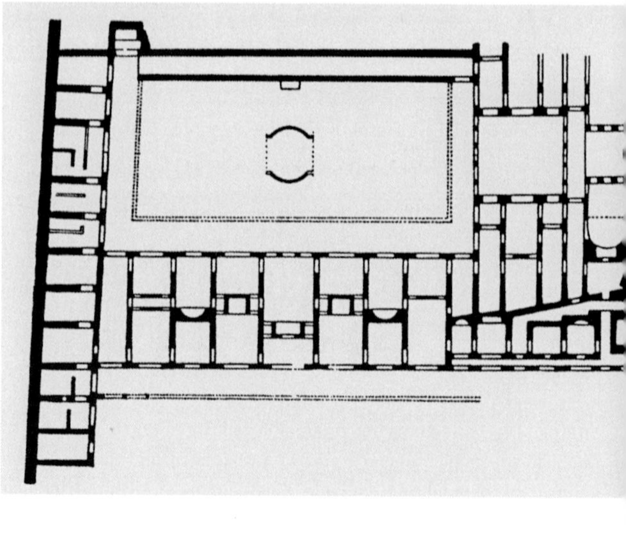

***99** Prunkpalast und Fluchtburg zugleich: Die domus aurea, das »Goldene Haus«, Monument unvorstellbarer Prachtentfaltung.*

Staatskassen zu füllen. Man darf sich nur nicht erwischen lassen, da sich nach damaliger Vorstellung Realwert und Nominalwert entsprechen müssen. Nero indessen will nicht die Staatskasse auffüllen, sondern die Wirtschaft ankurbeln. Er macht seine Geldentwertung öffentlich. Das ist neu, gewagt, aber es funktioniert. Durch die höhere Geldmenge wird das Geld billiger, die Zinsen sinken. Mehr Geld, mehr Konsum, höhere Produktivität. Und ein Kaiser, der reichlich Wiederaufbauaufträge vergibt. Die Wirtschaft blüht. Auch wenn diese Vorgehensweise aus heutiger Sicht diskussionswürdig ist, für einen antiken Herrscher erscheint sie raffiniert.

Der Wiederaufbau ist perfekt organisiert, mit dem abgeräumten Schutt werden die Sümpfe von Ostia aufgefüllt und trockengelegt. Geschwader von Frachtschiffen bringen Getreide in die Stadt, auf dem Rückweg nehmen sie Schutt mit. Damit sich eine solche Brandkatastrophe nicht wiederholt, sollen die Planungsfehler der Väter vermieden werden. Deshalb legt Nero nicht mehr den alten Stadtplan mit seinen verwinkelten und engen Gassen zugrunde, sondern läßt in der Innenstadt breite, rechtwinklig zueinander verlaufende Straßen anlegen, zwischen denen sich gleich hohe Häuserzeilen von 21 bis 24 Metern Länge erheben. Aneinander gebaute Reihenhäuser dürfen nicht mehr errichtet werden, jedes neue Haus muß vier eigene Außenwände

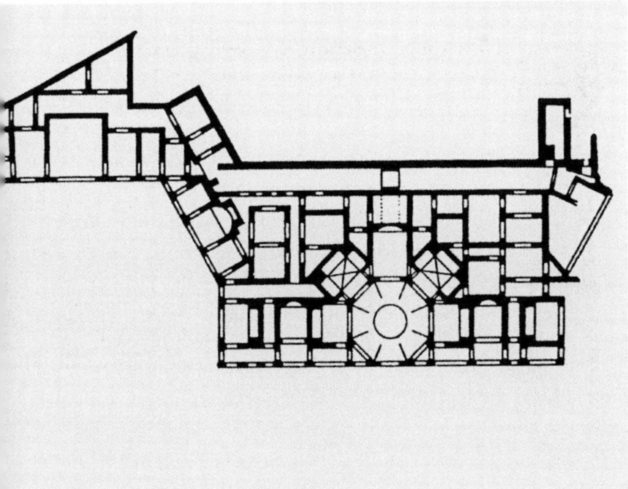

100 (Oben) Die Träger der Macht: Prätorianer. Leibgarde des Herrschers ... und offizielle Feuerwehr. Sie sind es, die die Macht des Kaisers bestätigen oder brechen können. (Filmszene)

101 (Rechte Seite) Opfer des Volkszorns: Die Christen. Als vermeintliche Brandstifter werden sie öffentlich verbrannt.

haben. Vorgeschrieben sind ein Erdgeschoß aus Sabiner- oder Albanergestein und Arkaden zur Straße. Diese bieten nicht nur Schutz vor der sengenden Sonne, sondern von ihren Dächern aus läßt sich Feuer besser kontrollieren.

Den baulichen Höhepunkt bildet jedoch das »Goldene Haus«, die *domus aurea*, Neros neuer Palast. Er stellt selbst für die an Monumentalbauten gewöhnten Römer einen Superlativ dar. Das Gebäude ist mit einer Unzahl technischer Neuheiten ausgestattet. Der Musiksaal verfügt über die größte hydraulische Orgel, die je gebaut wurde. In anderen Sälen bestehen die Decken aus durchbrochenem Elfenbein, über dem bewegliche Scheiben liegen: ein raffinierter Mechanismus, durch den der Gastgeber seine Gäste buchstäblich mit Blumen überhäufen kann. Verborgene Röhren durchziehen die Deckengewölbe, antike Sprinkleranlagen, wenn man so will, doch sie dienen nicht der Brandbekämpfung, sondern dazu, Duftwasser regnen zu lassen. Der Palast entspricht genau der barocken Lebensauffassung des Kaisers. Als Nero nach Abschluß der Arbeiten die *domus aurea* in Besitz nimmt, ruft er aus: »Jetzt fange ich endlich an, wie ein Mensch zu wohnen.«

Um sich einen Begriff von der geradezu irrwitzigen Größe des Palastes machen zu können, folgende Angaben: Die Palastvorhalle ist so hoch, daß in ihrer Mitte eine Kolossalstatue Neros von 30 Metern Höhe Platz hat; den ganzen Bau umgibt eine Halle mit drei Säulenreihen in einer Länge von 300 Metern. Innerhalb dieser Anlage befindet sich ein künstlicher Teich, der wie ein Meer ringsum von Bauten umgeben ist, die Städte darstellen. Obendrein gibt es Ländereien mit Kornfeldern, Weinbergen, Wiesen und Wäldern mit einer Fülle von zahmem und wildem Getier. Dieser phantastische »Landsitz« mitten in Rom reicht im Süden bis an den Tempel des Claudius auf dem Caelius, im Osten nähert er sich den Gärten des Maecenas an, im Westen überzieht er den Palatin, während er sich im Norden bis zum Forum des Augustus ausdehnt.

Die Verschwörung

Nero soll sterben: am 19. April 65. Ort der Tat: der Tempel des Sonnengottes beim Circus Maximus. Der Täter: ein Senator namens Scaevinus. Die Tatwaffe: ein im Tempel der Ceres deponierter Dolch. Die Drahtzieher des Komplotts: Senatoren, Adlige und Soldaten unter der Führung von Gaius Calpurnius Piso. Letzterer soll auch Roms neuer Kaiser werden. Der Senator Palutius Lateranus, ein Baum von einem Mann, soll sich Nero nähern, sich ihm zu Füßen werfen und ihn dabei zu Boden reißen. Dann sollen die Tribunen und Zenturionen den Kaiser niedermetzeln. Piso soll im Tempel der Ceres warten und nach vollendeter Tat vom Prätorianerpräfekten Rufus abgeholt werden. Dort soll sich Piso mit Antonia, der ältesten Tochter des Kaisers Claudius, der Leibgarde präsentieren, um als Imperator ausgerufen zu werden.

Neros Geldabwertung, sprich Währungsreform, 63/64 fügt den Reichen und Superreichen erheblichen Schaden zu, denn ihre Barvermögen sind plötzlich schmerzlich weniger wert. Überhaupt benachteiligt Neros Politik klar die Besitzenden zugunsten der mittleren und unteren Bevölkerungsschichten. Und diese Art von Politik ist selbst für einen Kaiser riskant. Seine Bemühungen um einen Panhellenismus lösen im Adel nur Abneigung und Verachtung aus. Als er 64 gar zum erstenmal öffentlich als Künstler auftritt, ist der Skandal vollkommen.

Der vermeintliche Kopf der Gruppe, der Anwalt Gaius Calpurnius Piso, ist ein Mann ohne besonderes Profil. Reich, großzügig, verschwenderisch, der das schöne Leben liebt, Gedichte schreibt und sogar als Schauspieler in tragischen Rollen auftritt. Daß die Verschwörung scheitert, hat einen einfachen Grund: zu viele Mitwisser, Schwätzer und bezahlte Spitzel. Zwar ist alles bis ins kleinste geplant, doch niemand rechnet mit der Dummheit des Scaevinus.

Einen Tag vor dem festgelegten Termin hat dieser eine geheime Unterredung mit dem Mitverschwörer Antonius Natalis, dann verfaßt er sein Testament, läßt in einer Anwandlung von Dramatik den besagten Dolch schärfen, und als ob das alles noch nicht auffallend genug wäre, veranstaltet er ein großes Bankett, läßt seine Sklaven frei und beauftragt sogar noch seinen Sklaven Milichus, blutstillende Wundverbände bereitzulegen.

Milichus wittert eine Belohnung, wie Tacitus bemerkt. Seine Frau ist es jedoch, die letzten Endes den Impuls zum Verrat gibt. Sie führt dem Gatten vor Augen, daß ja zahllose Sklaven und Freigelassene dabeigestanden hätten, alle hätten dasselbe gesehen; es wäre also nur eine Frage der Zeit, daß das Attentat verraten würde. Die Belohnung jedoch würde allein dem zufallen, der den anderen mit der Anzeige zuvorkomme.

Am 19. April findet sich Milichus im Morgengrauen bei Nero ein. Scaevinus wird auf der Stelle vorgeladen und verteidigt sich einigermaßen geschickt. Er habe schon zu anderen Gelegenheiten sein Testament gemacht, Sklaven freigelassen oder Bankette gegeben. Die Sache mit den Wundverbänden sei indessen erstunken und erlogen. Die Anklage des Milichus bricht unter dem Blick seines Herrn völlig zusammen, und Nero hätte die Sache beinahe auf sich beruhen lassen, wenn nicht unerwartet die Frau von Milichus das Wort ergriffen und ein ganz entscheidendes Detail ins Feld geführt hätte: die geheime Unterredung mit Natalis.

Auch Natalis läßt man kommen, und diesmal ist Roms gefürchtetster Mann Tigellinus zugegen. Natalis wird getrennt von Scaevinus verhört und verstrickt sich zunehmend in Widersprüche. Tigellinus verspricht ihm Straffreiheit, wenn er gestehe. Schließlich nennt er die Namen Seneca und Piso, und bald darauf sind auch die anderen Verschwörer benannt.

Nero nimmt ganz Rom in den Schraubstock und ruft den Ausnahmezustand aus. Stadttore und Ausfallstraßen werden von den treuen germanischen Soldaten besetzt. Piso fühlt sich überführt und nimmt sich das Leben. Er weiß nicht, daß es eine Verschwörung in der Verschwö-

rung gab. Denn eine Zelle hatte beschlossen, nach Neros Ermordung auch Piso zu töten. So äußerte der Tribun Subrius Flavus, es wäre doch absurd, wenn man einen Kithara-Spieler beseitige, damit ein Tragöde nachfolge. Vielmehr soll nach dem Tod Pisos Seneca zum Kaiser ausgerufen werden. Für Tacitus ein Gerücht, für Plinius den Älteren und Cassius Dio Gewißheit.

Für den italienischen Nero-Biographen Massimo Fini hat der wirkliche, der historische Seneca mit dem Bild des weisen, weltabgewandten Philosophen nichts gemein. Er ist jemand, so Fini, der Wasser predigt und Wein trinkt. Ein Mann, der Geld zu Wucherzinsen verleiht und Jagd auf Testamente macht. Ein von Gier geprägter Mensch. Nero schickt den Tribun Gaius Silvanus zu Seneca. Er trifft ihn auf seinem vor der Stadt gelegenen Landsitz an, wo er mit seiner Frau und zwei Freunden beim Abendessen liegt. Seneca verteidigt sich, so gut er kann, und der Tribun kehrt zurück und erstattet Bericht. Nero fragt ihn, ob Seneca vorhabe, sich das Leben zu nehmen. »Seneca denkt nicht im entferntesten daran, das ist zumindest mein Eindruck.« Neros Kommentar: »Dann gehe noch einmal zu ihm und sage ihm, daß er sterben muß.«

Ironie des Schicksals, denn auch Silvanus gehört zu den Verschwörern. Und natürlich weiß Seneca das, deshalb fehlt Silvanus der Mut, ihm noch einmal gegenüberzutreten. Also schickt er einen Centurio und eine Handvoll Soldaten, um Seneca den Selbstmordbefehl zu überbringen. Ob sich die letzten Stunden des Seneca tatsächlich so abgespielt haben oder ob Tacitus ihm nur einen würdigen Abgang in die Geschichte schreibt, wer kann das heute wissen. Da ihm der Centurio nicht gestattet, sein Testament aufzusetzen, richtet Seneca folgende Worte an seine Freunde: »Da ich gehindert werde, mich für Eure Dienste dankbar zu erweisen, hinterlasse ich Euch das einzige und dennoch Schönste, was ich besitze, nämlich das Bild meines Lebens.« Danach begeht er im Kreise seiner Freunde Selbstmord.

Immer deutlicher zeichnet sich ab, daß auch viele Offiziere zu den Verschwörern gehören. Um keinen Verdacht zu erregen, ist der Prätorianerpräfekt Faenius Rufus bei den Verhören besonders unbarmherzig. Aber er scheitert ausgerechnet an dem Mann, wegen dessen Dummheit alles aufflog: an Scaevinus. Als ihn Rufus bei einem Verhör zum wiederholten Male fragt, ob es noch weitere Komplizen gäbe, antwortet Scaevinus: »Niemand weiß das besser als du!« Faenius Rufus wird blaß und beginnt zu stottern. Cervarius Proculus, auch ein reuiger Verschwörer, tritt hinzu und schreit Rufus an, es sei besser, alles zu gestehen, leugnen habe keinen Sinn mehr. Vielleicht wäre es Rufus gelungen, sich irgendwie aus der Affäre zu ziehen, aber er wird auf der Stelle von Cassius, einem riesigen Soldaten aus Neros Wache, in Ketten gelegt. Er stirbt tags darauf unter dem Schwert des Henkers.

Auch Subrius Flavus leugnet zunächst seine Mitgliedschaft. »Ich bin doch ein ganz anders gearteter Mensch und würde mich als Soldat nie mit verweichlichten Zivilisten zu einer solchen Tat verbünden.« So seine Rechtfertigung. Doch unter der Beweislast bricht er schließlich zusammen und legt ein Geständnis ab. Darauf fragt ihn Nero: »Warum hast du dich verleiten lassen, deinen Eid zu brechen?«

»Ich habe dich gehaßt! Und doch war keiner deiner Soldaten dir treuer, solange du geliebt zu werden verdientest. Zu hassen begann ich dich, seitdem du zum Mörder deiner Mutter und deiner Gattin, zum Wagenlenker und Schauspieler wurdest.«

Nero soll, so Tacitus, von den Worten des Flavus tief getroffen gewesen sein. Fraglich ist, ob dieser Dialog überhaupt stattgefunden hat oder ob Tacitus Flavus nicht einfach seine eigene Meinung in den Mund legt. Das Urteil des Flavus ist vorhersehbar: Tod durch das Schwert.

Nero verschanzt sich in seinem Palast, irrsinnig vor Angst. Doch selbst in dieser Situation entgleitet ihm die Bestrafung der Verschwörer nicht zum Blutbad. Insgesamt werden 70 Personen angeklagt, darunter 19 Senatoren, 7 Ritter und 11 Offiziere. Es gibt 20 Todesurteile und

102 (Linke Seite) Nero verehrt die griechische Kunst, die in Praxiteles ihren berühmtesten Bildhauer hat. Aus dem Soldatenstaat Rom will Nero eine Nation von Kunstliebhabern machen.

13 Verbannungen. 19 Angeklagte werden freigesprochen. Sein Vorgänger, der sanfte Kaiser Claudius, ließ aus nichtigeren Gründen 30 Senatoren und nicht weniger als 300 Ritter in den Tod gehen.

Der Adel trachtet ihm nach dem Leben, wem kann Nero noch trauen? In dieser vielleicht aufwühlendsten Phase seiner Regierungszeit stirbt seine geliebte Poppaea. Nero hätte durch einen Tritt in Poppaeas Unterleib das Kind wie auch die Mutter getötet: ein Gerücht. Doch selbst Suetonius, der ihm wenig zugetan ist, bestätigt Neros Liebe und Hingabe und die Tatsache, daß Poppaea krank war. Neros Verfolgungswahn wird regelrecht manisch. Er denkt an Flucht, an Abdanken. Aber die Römer kennen keinen abgedankten, nur einen toten Kaiser. Nero flüchtet sich in die Vorstellung, nur noch Künstler zu sein.

Der Künstler

Nero hält sich für einen begnadeten Künstler und lebt seit frühester Jugend in dem Wahn, als solcher seinen Broterwerb bestreiten zu können. Doch konnte Nero singen? Um eine sachliche Antwort auf diese Frage bemüht sich 100 Jahre nach Nero der aus Syrien stammende Schriftsteller Lukianos. »Nero ist weder bewundernswert noch lächerlich. Die Natur hat ihn auf diesem Gebiet so behandelt, daß es an ihm weder viel zu tadeln noch viel zu loben gibt. Der Fehler liegt bloß darin, daß er seiner Stimme in der Tiefe und in der Höhe einen größeren Umfang geben will, als ihre natürliche Mittellage zuläßt. Daher hat seine Stimme in der Tiefe, weil er den Ton im Schlund mit Gewalt aufhält und zurück preßt, etwas Hohles und Dumpfes, und dann tönt sein Gesang beinahe, wie wenn ein Hummel- oder Wespenschwarm zusammen summt. Allerdings wird dieser summende Ton durch den musikalischen Vortrag und die Begleitung sozusagen ausgeglichen, wenn er ohne großen Anspruch singt.« Mit anderen Worten: Nero ist mittelmäßig. Es mag an den Heerscharen von Speichelleckern und Claqueuren gelegen haben, an seinem Vertrauen in die stundenlangen täglichen Übungen mit Bleiplatten auf der Brust, in die Unterrichtsstunden für Gesang mit den besten Lehrern des Reiches, in die Mixturen und Rezepte, die Pulver und Getränke, die er trinkt oder gurgelt. Oder einfach an einer möglicherweise pathologischen Wirklichkeitsferne.

Von Neros erstem Auftritt berichtet Tacitus: »Zuletzt betritt Nero selbst die Bühne, schlägt mit großer Sorgfalt die Kithara an und läßt sich von mehreren Gesangmeistern den Einsatz geben ... Damals wurden auch zuerst römische Ritter unter dem Namen Augustianer angeworben, durch Jugend und Körperkraft ausgezeichnet. Einige waren von Natur aus frech, andere in der Hoffnung auf Machteinfluß. Diese lassen Tage und Nächte Beifallklatschen erschallen und erheben des Fürsten Schönheit und Stimme bis in den Himmel. Dafür leben sie, wie um eines wirklichen Verdienstes willen, in Ruhm und Ehre.«

Nero ist unersättlich in seinem Geltungsdrang. Soldaten sorgen für die Euphorie beim Publikum. Denunzianten begutachten die Reaktionen einzelner Zuschauer, machen sich sogar Notizen. Will man Tacitus glauben, so werden Leute niedrigen Standes ohne Prozeß zum Tode verurteilt, wenn sie überhaupt nicht oder an den falschen Stellen lachen. Selbst der spätere Kaiser Vespasianus soll zur Rechenschaft gezogen worden sein, weil er bei einem Vortrag Neros eingeschlafen war.

Die Begeisterung des Kaisers für die eigene Kunst kennt keine Grenzen. Gern singt er auch einmal einen ganzen Tag und eine ganze Nacht durch, während das Publikum andächtig auf seinen Sitzen verharren muß. Auf den Rängen soll mitunter ein Toter gesessen haben, weil es nicht erlaubt war, die Vorstellung durch den Abtransport der Leiche zu stören. Genüßlich berichtet Tacitus, daß bisweilen mehr Menschen das Theater verließen, als betraten, nämlich dann, wenn Frauen während der Vorstellung des Kaisers niederkamen.

Hinter Neros künstlerischen Attitüden steckt jedoch nicht nur Größenwahn, sondern auch die Erkenntnis, daß die groben und blutrünstigen Traditionen Roms, sein provinzielles Kulturleben, wohl für einen kriegerischen Zwergstaat taugen, nicht aber für den Herrscher über den gesamten Mittelmeerraum. Eine kulturelle Klammer muß her, die das Vielvölkerreich eint. Als Liebhaber alles Griechischen fällt Nero die Wahl nicht schwer. Griechenland soll in kultureller Hinsicht Vorbild Roms sein. Und Nero macht sich selbst zur Galionsfigur seiner Kulturrevolution. Vieles hätte man ihm verziehen, nicht aber seine »würdelosen« Auftritte und seinen hemmungslosen Einsatz für alles Griechische. Und so kann man Neros Reise nach Griechenland als seinen Schwanengesang bezeichnen. Sie ist der sprichwörtliche Tropfen, der das Faß zum Überlaufen bringt.

Zwischen dem 10. und 25. August 66 bewegt sich ein seltsamer Zug von Rom nach Brindisi: Singend und tanzend ziehen Tausende von Männern mit Saiteninstrumenten, Bögen und Theatermasken die Via

103 In Korinth verkündet Nero die Freiheit Griechenlands gegenüber dem Römischen Reich.

Appia entlang. Unter ihnen, sichtlich gutgelaunt, Nero auf dem größten, von Gold strotzenden Wagen. So beginnt Neros Reise nach Griechenland. Als ihm zu Jahresbeginn 66 eine Delegation der griechischen Städte die Siegespreise für den »Gesang zur Kithara« überreicht, ist Nero tief bewegt. Er behandelt seine Gäste wie Freunde, lädt sie zu einem üppigen Gastmahl ein. Damals reift in ihm der Gedanke, dem griechischen Publikum und dem Erdkreis zu zeigen, was für ein grandioser Künstler er sei. Da er seit der Verschwörung in ständiger Furcht vor einem weiteren Attentat lebt, ist ihm seine Reise nach Griechenland gleichermaßen Herzensangelegenheit und Flucht.

Dabei hat die Reise einen durchaus staatsmännischen Hintergrund. Sie soll der krönende Abschluß seiner Kulturrevolution sein, mit deren Hilfe er von Anfang an versucht, die römischen Sitten im hellenischen Sinn zu verändern. Neros gesamtes Gefolge umfaßt 6000 Menschen, darunter allein 1000 Prätorianer zu seinem persönlichen Schutz.

Den Winter verbringt er in Korinth und bleibt dort bis zum April 67. Diese Pause nutzt er, um dringliche Staatsfragen in Angriff zu nehmen. So ernennt er zu Beginn des Jahres den fünfzigjährigen Senator Vespasianus zum Kommandanten von Judäa und erteilt ihm den Auftrag,

den dort ausgebrochenen Aufstand niederzuschlagen. Doch unbestritten dient die Griechenlandreise weniger staatsmännischer Notwendigkeit als dem persönlichen Vergnügen. Der Kaiser nimmt eine Auszeit, hier soll es allein den Künstler Nero geben. Im Frühjahr und Sommer nimmt er an allen vier panhellenischen Spielen teil: den Olympischen, Pythischen, Isthmischen und Nemeischen. Bei den Olympischen Spielen gibt es zum ersten Mal musikalische Wettbewerbe, damit Nero als Kitharöde, in seiner besten Disziplin also, auftreten kann. Außerdem muß man noch einige Mitbewerber in der Sparte tragischer Gesang ausfindig machen, damit der ohnehin vorgesehene Sieg Neros nicht vollends zur Farce gerät. Der Kaiser singt zur Kithara und tritt als Tragöde auf, in beiden Sparten erringt er, wie vorherzusehen, den Siegeslorbeer.

104 Neros »Tournee« durch Griechenland besiegelt sein politisches Schicksal. In Olympia wurden für Nero musikalische Wettbewerbe veranstaltet.

Das Wagenrennen bestreitet Nero tags darauf mit zwei Viergespannen. Ein weiteres Rennen mit einem Zehngespann wird dem Kaiser beinahe zum Verhängnis: Nero stürzt vom Wagen und kann das Rennen nicht zu Ende fahren. Trotzdem erklären ihn die Kampfrichter zum Sieger. Der Kaiser soll sich für diese Geste mit 250 000 Drachmen revanchiert haben, eine Riesensumme, die sein Nachfolger Galba zurückfordert.

105 Rom im Rennfieber. Die Gespanne der vier Rennvereine Roms rasen um die Gunst des Publikums. Als sich Nero selbst als Wagenlenker versucht, findet er beinahe den Tod.

Nero steigert sich jetzt in einen wahren Wettbewerbsrausch. Bei den Pythischen Spielen zu Ehren des Apollo von Delphi will er alle Register seiner Kunst ziehen. Jahrelang hat er sich auf diesen Augenblick vorbereitet, die Kehle gepinselt, seinen Baß vervollkommnet. Wie jeder andere Teilnehmer leidet er unter Lampenfieber – ein Indiz dafür, daß die Manipulation der Wettbewerbe vielleicht ohne sein Wissen stattfindet. In seinem Ehrgeiz will Nero es mit den berühmtesten Sängern Griechenlands aufnehmen. Rufus versucht den Wunsch des Kaisers zu erfüllen, ohne ihn dadurch um den Sieg zu bringen. Deshalb engagiert er altgediente Sänger, die noch über eine gute Stimme verfügen, jedoch keinen Ehrgeiz mehr haben, noch einen Preis zu erringen.

Natürlich gewinnt Nero alle Gesangswettbewerbe. Er ist überglücklich und freut sich wie ein Kind über seine Erfolge. Das hindert ihn jedoch nicht daran, die mit den Siegeskränzen verbundenen Geldprämien einzulösen, denn seine Kassen sind leer.

Ermutigt durch jede erdenkliche Bestätigung seiner künstlerischen Fähigkeiten, schickt er sich nun an, eine weitere Großtat in Angriff zu nehmen, eine Großtat, die eines Kaisers würdig ist und an der sich außer dem Tyrannen von Korinth Periander 700 Jahre zuvor auch Caesar und Caligula erfolglos versuchten: der Durchstich der Landenge von Korinth.

Zunächst läßt Nero ägyptische Ingenieure und Geologen nach Korinth kommen, um die Realisierbarkeit des Projekts zu prüfen und den Verlauf des Kanals festzulegen, der 6 Kilometer Länge und 80 Meter Breite haben soll. Die Experten geben grünes Licht, und Nero gibt seinen Segen. Es liegt in der Natur eines jeden großen Projektes, daß es seine Kritiker findet. Zum einen die religiösen Zauderer, die in jedem Eingriff in den Status quo Frevel wähnen, zum anderen die Vorsichtigen, die befürchten, daß eine künstliche Verbindung zwischen zwei Meeren zu einer Flutkatastrophe führen könnte. Nach damaligem Kenntnisstand hat das Mittelmeer überall das gleiche Niveau, aber wer kann das mit Bestimmtheit sagen? Belastet mit seinen politischen Hypotheken, den ungeliebten Reformen, steht Neros Herrschaft auf tönernen Füßen. Eine weitere Katastrophe hätte ihn hinweggefegt, und dennoch hat er es riskiert.

Nero gibt Vespasianus die Order, 6000 Kriegsgefangene zu schicken, aus eigenem »Personal« fügt er seine 1000 Prätorianer und einige Tausend zur Strafarbeit Verurteilte hinzu, die er aus allen Winkeln des Reiches kommen läßt, insgesamt 10 000 Arbeitskräfte. Natürlich läßt es sich Nero nicht nehmen, den ersten Spatenstich zu tun. Ganz aus Gold ist sein Arbeitsgerät, und das Erdreich trägt er höchstkaiserlich in einer Kiepe davon. Daß ihm Cassius Dio später unterstellt, er habe den Kanal »aus Langeweile« in Angriff genommen, grenzt an Verleumdung. Denn spätestens seit dem Jahr 64 ist die Realisierung großer Bauvorhaben fester Bestandteil von Neros Politik. Der Bau des Kanals von Korinth liegt eindeutig auf dieser Linie. Andere Quellen sind da objektiver. Flavius Philostratus bewertet das Vorhaben als Neros wichtigstes, Pausanias preist es aufgrund der enormen Handelserleichterungen, Suetonius beurteilt es positiv, und Plinius der Ältere hält es sogar für notwendig.

Im Hafen von Lechaion wird mit dem Durchstich begonnen. Tatsächlich wird ein Fünftel der Kanalstrecke fertiggestellt. Nach Neros Tod jedoch stellt man die Arbeiten sofort ein. Als man 18 Jahrhunderte später,

106 Lieber Kitharöde als Kaiser. Nero flüchtet vor den Erfordernissen des Kaiseramtes in eine Scheinexistenz als Künstler. Schwarzfigurige griechische Vase mit Kithara-Spieler.

am Ende des 19. Jahrhunderts, das Projekt erneut in Angriff nimmt, werden die Arbeiten, die von 1881 bis 1893 dauern, an der gleichen Stelle aufgenommen wie von Nero, und man gibt dem Kanal den Verlauf, den schon Neros hervorragende Techniker dafür vorgesehen hatten.

Mitte November läßt Nero allen griechischen Städten eine Nachricht zukommen, damit sich am 28. des Monats möglichst viele griechische Bürger in Korinth versammeln: Er habe große Dinge zu verkünden. Seine Botschaft: »Unerwartet, Männer von Griechenland, ist das Geschenk, das ich euch machen will. Nicht aus Mitleid indes, allein aus

Wohlwollen erweise ich euch nun diese Wohltat, und euren Göttern sei Dank, deren Schutz und Geleit ich allzeit erfahren habe, zu Wasser und zu Lande, daß sie mir Gelegenheit geben zu solcher Wohltat. Andere Kaiser haben Städte freigelassen: Nero allein eine ganze Provinz.«

107 Nero plant, einen Kanal durch die Landenge von Korinth zu bauen. Obwohl mit den Arbeiten begonnen wird, erfüllt sich dieser Traum erst Ende des vorigen Jahrhunderts.

Natürlich handelt es sich nicht um eine vollständige Freiheit, die Außenpolitik untersteht weiterhin Rom, aber es ist wohl auch keine leere Geste, denn als Vespasianus Kaiser wird, hat er nichts Eiligeres zu tun, als sie zu annullieren. Nach der Unabhängigkeitserklärung untersteht Griechenland nicht länger einem römischen Statthalter und braucht keine Abgaben mehr zu zahlen. Neros Befreiung Griechenlands ist ein beachtlicher diplomatischer Erfolg, der die Treue der östlichen Völker festigt – ohne große Kosten.

DAS ENDE

Während Nero in Griechenland Triumphe feiert, bereitet man in Rom seinen Untergang vor, allen voran der Adel aus den bekannten Gründen. Aber auch das Volk murrt: Die Getreideschiffe kommen unregelmäßig, einige sind sogar für den Krieg in Judäa konfisziert worden. Zudem sind die Staatskassen leer, was zur sehr säumigen Auszahlung des Solds führt. Ein Fehler, der keinem Herrscher je gut bekommen ist.

Neros Polizeichef Helius bemüht sich persönlich zum Kaiser. Er appelliert an Nero, so schnell wie möglich zurückzukehren. Und Nero kommt. Anfang 68 sticht er trotz Sturm in See. Nur um Haaresbreite entgeht er dem Untergang. Er läßt alles aus den Galeerensklaven herausholen, schafft die Überfahrt über die Adria in nur sieben Tagen. Er landet in Brindisi, fährt weiter nach Neapel, wo er sich kurz aufhält, und reist dann über Antium und Alba Longa nach Rom.

Die Hauptstadt empfängt Nero mit Jubel. Welch ein Anblick: schulterlanges Haar, gekleidet in eine purpurfarbene Toga, darüber ein mit Sternen besetzter Mantel, auf dem Kopf ein Kranz aus wilden Olivenzweigen, in der Hand der Siegeslorbeer aus Olympia. Nero gestaltet seinen Einmarsch wie einen Triumphzug. Gemeinsam mit ihm auf seinem vergoldeten, von zwei Schimmeln gezogenen Wagen steht der »besiegte« Kitharöde Diodorus, vorneweg die Augustianer, die neben den 1808 Siegeskränzen, die der Kaiser errang, auch Schilder mit den Namen der Ortschaften seiner Triumphe tragen. Nero wird gefeiert wie ein siegreicher Feldherr, ein Feldherr der Kunst, nicht des Krieges. Natürlich zieht ihm auch dieser Auftritt den Zorn der Konservativen zu, die durch Neros »Posse« die Würde der traditionellen Triumphzüge herabgewürdigt sehen. Sicher liegt dem Kaiser nichts ferner. Er ist erfüllt von einer geradezu kindlichen Freude und läßt seine Siegeskränze in seinem Schlafzimmer aufstellen. Doch trotz der gewaltigen Ausmaße dieses Raumes finden nicht alle Platz. Daher läßt er sie am Obelisken beim Circus Maximus anbringen.

Nach diesem gigantischen Triumph folgt der Fall: Mitte März trifft in Rom die Nachricht ein, daß der junge Statthalter von Gallien, Julius Vindex, sich erhoben hat. Nero hält sich zu diesem Zeitpunkt in Neapel auf und mißt der Sache keine große Bedeutung bei. Tatsächlich verfügt Vindex nur über wenige Truppen, und die traditionell nerotreue Provinzhauptstadt Lugdunum (Lyon) schließt sich dem Aufstand des Statthalters nicht an.

Eher beiläufig schreibt Nero einen Brief an den Senat, in dem er seine Abwesenheit mit einem Halsleiden entschuldigt und diesen auffordert, Vindex zu verurteilen. Doch in der Zwischenzeit ist Vindex nicht untätig. In einer Botschaft an Galba, den Statthalter von Hispania Tarraconensis, fordert er diesen auf, sich dem Aufstand anzuschließen, und verspricht ihm seine Unterstützung, wenn er sich zum Kaiser ausrufen lasse.

Den steinreichen, geizigen Senator Servius Sulpicius Galba, der inzwischen 73 Jahre alt ist, hat Nero im Jahr 60 zum Statthalter in Spanien ernannt, als sein Verhältnis zum Senat noch einigermaßen in Ordnung war. Galba hat sich auf diesem Posten durch eine Mischung von Grausamkeit und Nachgiebigkeit hervorgetan. Sein Motto: »Niemand kann wegen seines Nichtstuns zur Rechenschaft gezogen werden.« Deshalb ist er mit den kaiserlichen Legaten aneinandergeraten und hat gute Gründe, Neros Zorn zu fürchten. Galba ist ein farbloser, ängstlicher Mann, und die Botschaft von Vindex versetzt ihn in große Angst. Er befindet sich dadurch in einer mißlichen Lage. Entweder riskiert er seinen Kopf als Hochverräter oder als Parasit. Er tut das, was er am besten kann: nichts. Doch ihm bleibt nichts anderes übrig, als Farbe zu bekennen, denn schon fordert ihn der nerotreue Statthalter von Aquitanien auf, ihm gegen den Verräter Vindex zur Seite zu stehen. Den entscheidenden Impuls, sich gegen Nero aufzulehnen, erhält Galba jedoch aus Rom. Wenn auch der physische Ursprung der Revolte in der Provinz liegt, ist ihr Kopf doch der Senat. Diesmal hat die Aristokratie die Absicht, sich Nero ein für allemal vom Hals zu schaffen.

108 Monster oder mißverstandenes Genie? Nero, Opfer des Cäsarenwahns oder übelmeinender Biographen?

Am 2. April beschließt Galba endlich zu handeln. In einer in Cartagena veröffentlichten Proklamation stellt er sich offen gegen Nero und bezeichnet sich selbst als »Legat des Senats und des Römischen Volkes«. Unterstützt wird er vor allem von Marcus Otho, dem Statthalter von Lusitanien, dem Exgatten Poppaeas und Neros altem Freund.

Als Nero Galbas Proklamation erhält, wird er ohnmächtig. Doch er erholt sich schnell, improvisiert einige Spottverse auf die Anführer der Revolte, geht wie üblich am Abend ins Theater, findet sogar

Zeit, einem Schauspieler eine Grußnote zukommen zu lassen. Erst am nächsten Tag beginnt er Gegenmaßnahmen einzuleiten. Im Senat läßt er Galba zum Staatsfeind erklären, danach veranlaßt er die notwendigen militärischen Schritte. Drei Legionen beziehen in Norditalien Stellung, zur Verteidigung von Lugdunum entsendet er die brandneue Phalanx »Alexander der Große«. Außerdem wird am Kap Misenum unter den Seeleuten mit der Aushebung einer weiteren Legion begonnen.

In Germania superior, den Aufrührern am nächsten, steht der Statthalter Lucius Verginius Rufus mit drei Legionen. Von seinem Verhalten hängt es ab, ob Galba und Vindex erfolgreich sind. Es ist seine Pflicht, die revoltierenden Truppen anzugreifen. Und er greift an, aber wie in Zeitlupe. Endlich, Ende Mai, stellt er sich dem bunt zusammengewürfelten Haufen von Vindex entgegen und gewinnt. Daraufhin nimmt sich Vindex das Leben.

Galba steht nun allein da. Mit nur einer Legion verschanzt er sich auf der Iberischen Halbinsel und wartet auf seinen Untergang. Mittlerweile stehen die Rheintruppen, der Kommandant von Germania inferior, Fonteius Capito, die Statthalter von Dalmatien und Pannonien hinter dem Kaiser. In dieser Situation wartet alles auf ein deutliches Signal von Nero. Vielleicht hätte es schon ausgereicht, an der Spitze einer treuen Legion gegen Galba zu marschieren. Doch Nero verhält sich passiv.

Ist er nun Kaiser oder Künstler? Nero hat in Griechenland Blut geleckt. Er kokettiert mit dem Gedanken, den Thron zu räumen oder ihn mit Galba zu teilen. Schließlich wird Neros Unentschlossenheit selbst seinen Anhängern zuviel. Nach und nach wenden sich alle Galba zu. Schließlich verläßt ihn auch der berüchtigte Tigellinus. Er bringt sich in Sicherheit, läßt sich beurlauben. Er ist tatsächlich krank, er hat Krebs. Dafür, daß er den Kaiser im Stich läßt, wird er schließlich von Galba mehr als reich belohnt – mit der Schonung seines Lebens. Nach der Flucht des Tigellinus liegt alles in den Händen des zweiten Prätorianerpräfekten Nymphidius Sabinus. Für den Medizinhistoriker Hans Schadewaldt macht sich Sabinus eine typische Eigenschaft Neros zunutze. Zeit seines Lebens mißt Nero persönlichen Gesprächen und Ratschlägen mehr Bedeutung bei als der politischen Realität. Er vertraut dem Rat des Sabinus ganz und gar, und das wird ihm zum Verhängnis. Denn Sabinus wird nicht müde, Nero einzureden, er sei von allen verlassen, das gesamte Heer sei gegen ihn. Er unterbreitet ihm gerüchteweise, daß auch der Statthalter von Ägypten, Tiberius Alexandrus, zögere und sogar der getreue Turpilianus ihn verraten habe. Alles Unsinn. Doch Nero hat keine Möglichkeit, die Aussagen zu überprüfen. Tacitus schreibt in seinen Historien – und in diesem Falle kann man ihm sicher vertrauen: »Nero wurde mehr durch Botschaften und Gerüchte als mit Waffengewalt gestürzt.« Schließlich bringt Sabinus den Kaiser dazu, das »Goldene Haus« zu verlassen und sich in einen Palast bei den Vervilianischen Gärten zu begeben. Als dies geschehen ist, eilt er mit einigen Senatoren zum Prätorianerlager und verkündet, Nero sei nach Ägypten geflohen. Der Rest ist Umsturzroutine. Den Soldaten verspricht man Gold, 30 000 Sesterzen für jeden Prätorianer, 6000 für jeden Legionär, wenn sie Galba zum Kaiser ausrufen würden. Das Geld erhalten sie nie.

Als Nero am Morgen des 9. Juni nach kurzem, unruhigem Schlaf aufwacht, merkt er sofort, daß etwas nicht stimmt. Es ist ruhig, zu ruhig. Seine Leibgarde ist unauffindbar. Alles haben sie mitgenommen, was ihnen wertvoll erschien. Angst, die sich lähmend ausbreitet. Wo ist meine goldene Kapsel mit dem Gift? Keine Angst vor dem Tod, Angst vor Schmerzen, daneben Sehnsucht nach Ruhe. Doch die Kapsel bleibt unauffindbar. Nur Phaon, Epaphroditus, Neophitus und Sporus sind bei ihm. Auch die schöne Statilia Messalina, seine Gattin, ist verschwunden.

Suetonius ist der einzige Chronist seiner letzten Stunden. Da Nero kein Gift zur Verfügung steht, schickt er Boten aus, um den Gladiator Spiculus, seinen alten Saufkumpan, oder den erstbesten herbeizuschaffen, der bereit wäre, ihn zu töten. Doch niemand kommt. Nero ruft mit einem Rest von Galgenhumor: »Habe ich denn weder Freund noch Feind?«

Um nicht gleich erkannt zu werden, wirft er sich einen alten Mantel um die Schulter und streift die Sklavenmütze über. Eine Verkleidung, die ihm in der Vergangenheit bei seinen nächtlichen Ausflügen gute Dienste geleistet hat. Die Flucht führt die kleine Gruppe am Prätorianerlager vorbei. Nero hört, daß seine Truppen Galba zum Kaiser ausrufen. Schließlich muß die Gruppe die Pferde zurücklassen und zu Fuß durch Dornensträucher weitergehen. Nero ist barfuß, Phaon breitet seinen Mantel aus, damit Nero sich nicht die Füße verletzt. Als sie zu einer Sandgrube gelangen, bittet Phaon Nero, sich zu verstecken, bis sich die anderen einen Weg gebahnt hätten. Nero weigert sich und sagt: »Ich will nicht lebendigen Leibes unter die Erde gehen.«

Die Dornen zerkratzen seine Haut, zerfetzen den Mantel. Auf allen Vieren kriechend, gelangt er in einen Geheimraum. Seine Begleiter drängen ihn, sein Leben zu beenden. Doch Nero gibt sich nicht auf, verliert sich in Träumereien. Aber Phaon bleibt hart. Er reißt Nero in die Realität zurück. Schließlich gibt Nero den Befehle, eine Grube auszuheben, versehen mit etwas Wasser und Kleinholz, damit man ihn wenigstens würdevoll bestatten kann. Während der Vorbereitungen soll er immer wieder ausgerufen haben: »Welch ein Künstler stirbt in mir!«

Da klopft es an die Vordertür, ein Bote. Er meldet dem Kaiser, daß der Senat ihn zum Staatsfeind erklärt hat. Nero ergreift den Dolch, prüft die Schneide, steckt ihn jedoch wieder in die Scheide und sagt: »Meine Schicksalsstunde ist noch nicht gekommen.« Donnernde Pferdehufe, Stimmengewirr, hart hervorgepreßte Befehle – die Häscher sind da. Nun stößt sich der Herrscher des Erdkreises den Dolch in die Kehle. Blitzschnell eilt Epaphroditus herbei und vollendet den Stoß. In diesem Augenblick stürzt ein Centurio herein und versucht, als er den Kaiser sterbend am Boden liegen sieht, die Wunde zu verbinden. Nero, der diese Geste mißversteht, röchelt: »Das ist Treue.« Schließlich haucht er: »Zu spät!« Dann endlich erstarren die weit aufgerissenen Augen, und der Tod tritt ein. Von allen verlassen, halten ihm nur Acte, die erste Frau, die er liebte, und sein Geliebter Sporus die Treue bis zum Schluß. Neros Asche wird im Familiengrab der Domitier auf dem Pincio beigesetzt.

Zwei Jahre nach seinem Tod tritt ein falscher Nero auf. Im ganzen Reich, vor allem in den hellenischen Provinzen, wo Nero verehrt wird wie ein Gott, herrscht große Aufregung. Der Nero der antiken Geschichtsschreibung, dieses Monster auf dem Kaiserthron, hat wohl niemals existiert. Und trotz dieser neuen wissenschaftlichen Erkenntnis, haben Tacitus, Cassius Dio und auch Suetonius ihr Ziel erreicht: so vorbogen und verdreht haben sie das Bild dieses Mannes, daß sich dahinter seine wahre Identität fast völlig verbirgt.

Literaturverzeichnis

Eck, Werner: Agrippina – die Stadtgründerin Kölns, 2. Auflage. Köln 1993.

Esser, Albert: Cäsar und die julisch-claudischen Kaiser im biologisch-ärztlichen Blickfeld. Leiden 1958.

Fini, Massimo: Nero. München 1994.

Grant, Michael: Nero. London 1970.

Lewin, Louis: Die Gifte in der Weltgeschichte. Berlin 1920. Nachdruck Hildesheim/Gentenberg 1983.

Lissner, Ivar: So lebten die römischen Kaiser. Olten 1969.

Neumeister, Christoph: Das antike Rom. München 1991.

Stützer, Herbert Alexander: Das antike Rom. Köln 1986.

Suetonius, Gaius S. Tranquillus: Sämtliche erhaltenen Werke, übertragen von Adolf Stahr, neu bearbeitet von Franz Schön und Gerhard Waldherr. Essen 1987.

Tacitus, Publius Cornelius: Annalen. Übertragen von Carl Hoffmann. München 1979.

CHINAS ERST

Bernd Liebner
und Cheng Wei

EINE TOURISTENATTRAKTION

Es ist ein heißer Nachmittag im August 1996. Wie an allen touristisch attraktiven Orten Chinas drängt sich auch in Lintong bei Xi'an eine große Menschenmenge am Eingang zum Grabhügel des Ersten Kaisers. Das Kaisergrab schön in die Mitte, mit dem Zoom noch etwas näher ran und klick. »One Dollar please!« Ein Mann, dem man seine bäuerliche Herkunft ansieht, streckt fordernd seine Hand aus.

Seine hervorstehenden Backenknochen fallen sofort ins Auge und berühren uns auf merkwürdige Art: 1,5 Kilometer weiter östlich haben wir mehr als tausend ähnliche Gesichter gesehen. Der einzige Unterschied: Jene sind Tausende von Jahren alt, aus Ton, und dieser spricht plötzlich Englisch.

Der 29. März 1974 war ein ganz normaler Tag, doch für viele Bauern von Lintong sollte sich das Leben von da an grundlegend ändern. Yang Zhifa und Yang Peiyan aus dem Dorf Xiyang gruben 1,5 Kilometer östlich vom Grabhügel einen Brunnen. Plötzlich stießen sie in etwa 2 Metern Tiefe auf etwas, das sie für ein Tongefäß hielten. Als sie weitere Tonscherben fanden, stellten sie fest, daß es sich um Teile einer Figur handelte. Sie informierten sofort die Behörden …

Am 1. Oktober 1979, zum 30. Jahrestag des Bestehens der Volksrepublik China, erschienen dann vor den Augen einer staunenden Weltöffentlichkeit Tausende von Tonfiguren und zeigten den Menschen des 20. Jahrhunderts in allen Details, wie eine 7000 Mann starke chinesische Armee des 3. vorchristlichen Jahrhunderts aussah. Und seitdem müssen die Bauern von Lintong und ihre hübschen Töchter Englisch lernen, zumindest »Hello« und »Dollar«.

109 (Vorhergehende Doppelseite) Mit 60 000 Mann macht sich der Erste Kaiser auf seine letzte Inspektionsreise. (Filmszene)

Unzählige attraktive Reiseführerinnen, in einer Hand eine gelbe Fahne, in der anderen ein kleines, billiges Megaphon, führen seitdem Touristen aus aller Herren Länder in die großen Hallen mit den Kriegern des Kaisers. Wenn man als Deutscher in diesem babylonischen Sprachen- und Stimmengewirr plötzlich die vertrauten Klänge von »Stille

Nacht, heilige Nacht« hört, hat das mit Weihnachten nichts zu tun, sondern eine dieser Tourismussirenen versucht, mit der Erkennungsmelodie ihre Schäfchen um sich zu scharen.

Xi'an ist eine alte Stadt mit einer sehr langen Geschichte. Von 1126 v. Chr. an war sie Hauptstadt von mehr als zehn Dynastien, und in ihrer Umgebung sind heute viele geöffnete und ungeöffnete Kaisergräber zu bewundern. Doch über kein Grab wird soviel gerätselt wie über das des Ersten Kaisers, Qin Shihuangdi, obgleich davon nur ein Hügel zu sehen ist. Unter den zahlreichen Kaisern Chinas war er einer der bedeutendsten, denn er war der Einiger des Reiches.

Sein Vater ist ein Prinz des Qin-Reiches, der als Geisel im Staate Zhao lebt. Während der Zeit der »Streitenden Reiche« ist so etwas üblich, denn die Regionalstaaten machen sich gegenseitig die Vorherrschaft streitig. Und will ein König einem anderen garantieren, ihn nicht anzugreifen, überläßt er ihm einen seiner jüngeren Söhne als Geisel.

Während seines Aufenthalts im Zhao-Reich nimmt der Vater des späteren Ersten Kaisers die Konkubine eines reichen Geschäftsmanns namens Lü Buwei zur Frau. Etwa zehn Monate später, im Januar des Jahres 259 v. Chr., kommt Ying Zheng, der spätere Kaiser, zur Welt. Das »Zheng« in seinem Namen verweist auf den Monat seiner Geburt. »Zheng Yue« ist im chinesischen Kalender der Monat Januar. Im Alter von 13 Jahren wird er König von Qin.

Eines der ungelösten Rätsel der chinesischen Geschichte ist bis heute die wahre Herkunft des Ersten Kaisers. War er der leibliche Sohn des Königs Zhuangxiang oder das untergeschobene Kind des reichen Kaufmanns Lü Buwei? Der Geschichtsschreiber Sima Qian aus dem 2. Jahrhundert v. Chr. bemerkt dazu: »Lü Buwei hatte die beste Tänzerin und schönste Kurtisane der Stadt Handan zur Geliebten genommen, und sie erwartete ein Kind. Zhuangxiang sah sie und verliebte sich ... Er fragte, ob er sie haben könne. Lü Buwei war zunächst wütend ..., doch als er sich überlegte, welcher Vorteil ihm daraus erwachsen könne, gab er ihm das Mädchen zur Frau. Sie verschwieg ihm, daß sie schwanger war. Nach der normalen Zeit der Schwangerschaft gebar sie den Sohn Ying Zheng.«

Ist das eine böswillige Unterstellung des konfuzianischen Geschichtsschreibers, der den Ersten Kaiser haßt, weil er mit seinen Gesinnungsgenossen nicht gerade zimperlich umging? Oder werden dieses und andere schlimme Gerüchte schon während der Qin-Dynastie aufge-

bracht? Der Kaiser hat seit der Einigung des Reiches die konfuzianischen Gelehrten gegen sich, da er ihnen damit die Möglichkeit nimmt, von einem Fürstenhof zum anderen zu ziehen, und vielen damit die Existenzgrundlage und ein wesentliches Element ihres Selbstverständnisses raubt. Oder ist an der Behauptung doch etwas Wahres? Immerhin erfährt man aus der gleichen Quelle, daß Lü Buwei nach dem Tod von Ying Zhengs Vater die Rolle des Erziehers übernimmt und Ratgeber und Kanzler des jungen Königs ist, bis publik wird, daß er ein Verhältnis mit dessen Mutter hatte. Hat Ying Zheng vielleicht unter diesen Gerüchten gelitten, und ist dadurch sein geradezu zwanghaftes Bemühen zu erklären, als legitimer Nachfolger der legendären Herrscher Chinas zu erscheinen? Wann immer er bei seinen Inspektionsreisen am Grab eines dieser Herrscher vorbeikommt, läßt er großartige Zeremonien abhalten, um »seine Ahnen« zu verehren. Und an vielen Stellen des Reiches werden große Steintafeln aufgestellt, die über seine Vorfahren und seine Großtaten Auskunft geben.

Das Rätsel seiner Herkunft wird wohl so lange ungelöst bleiben, bis man eines Tages vielleicht die Gräber von Vater und Sohn öffnet und ihre »genetischen Fingerabdrücke« vergleicht. Doch am Verlauf der historischen Ereignisse und ihrer Darstellung wird sich nichts ändern – besonders nicht an der Tatsache, daß mit der Thronbesteigung des dreizehnjährigen Ying Zheng eine der größten Epochen der chinesischen Geschichte beginnt.

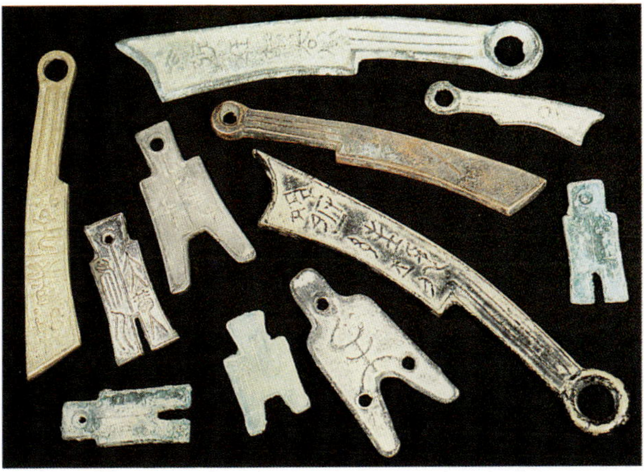

110 ***(Linke Seite) 7000 Tonkrieger bewachen seit über 2000 Jahren in 1,5 Kilometern Entfernung das Grab des Ersten Kaisers.***

111 ***(Links) Vor der Reichseinigung gab es in den sieben Staaten die unterschiedlichsten Münzen.***

112 Nach der Vereinigung gelten im gesamten Reich die Ban Liang, Münzen, die in ähnlicher Form bis zum Anfang unseres Jahrhunderts in China üblich waren.

Mehrere Jahrhunderte lang sind in China während der Zeit der »Streitenden Reiche« erbitterte Kriege um die Vorherrschaft geführt worden, aus denen schließlich sieben größere Königreiche hervorgehen: Qin, das mächtigste, Qi, Chu, Han, Zhao, Wei und Yan. Jeder dieser Staaten träumt von der Einigung Chinas unter seiner Oberherrschaft. Erwin Wickert schreibt über Qin: »Der Staat Qin lag an der Westgrenze Chinas; jenseits der Grenze begannen die Wüsten. In der Bevölkerung des Landes gab es schon eine beträchtliche Anzahl Tataren, wie sie nebenan, in den Wüsten außerhalb der zivilisierten Welt, der chinesischen Welt, lebten. Qin war unter den Fürstenstaaten des alten China, was Sparta für Griechenland oder Preußen für Deutschland war. Man rümpfte die Nase über diesen unkultivierten Staat, in dem das einfache Leben zur Tugend erhoben wurde, aber man respektierte und fürchtete ihn.

›Die Leute von Qin haben die gleichen Sitten wie die Barbarenstämme Rong und Di‹, sagte man im Zentrum der zivilisierten chinesischen Welt. ›Sie haben das Herz eines Tigers und eines Wolfes. Sie haben keine Ahnung vom guten Ton, von den verwandtschaftlichen Beziehungen und von anständigem Benehmen ...‹« Außerdem verweisen die Kritiker damals auf einen entscheidenden Mangel: »Man hielt in Qin nichts von Konfuzius und den Konfuzianern. Sie waren dort nicht gelitten. Die Herren von Qin kümmerte dieses Urteil der Umwelt nicht. Von den Konfuzianern und dem Humanismus des Konfuzius wollte man in der Tat nichts wissen. Man hielt seine Lehre für eine weltfremde Ideologie. Der Staat Qin stützte sich auf die moralfreie Macht- und Staatsphilosophie Shang Yangs, der einmal Kanzler gewesen war und dessen Lehre und Politik Qin stark gemacht hatten.«

Der junge König Ying Zheng beginnt also nicht bei Null, als er mit 13 Jahren an die Macht kommt. Die Grundlage für die Vereinigung ist bereits gelegt, er muß diesen Prozeß nur vollenden. Außerdem stehen ihm zwei der fähigsten Männer zur Seite: Lü Buwei, sein Ziehvater, den er zum Kanzler macht, und der junge Li Si, ein Schützling Lü Buweis. Alle wichtigen politischen Entscheidungen werden von diesem Kanzler und seinem Stab gefällt.

Die Königsmutter und ihr Liebhaber Lao Ai sind der zweite wichtige Machtfaktor im Reich. Lü Buwei hat das Paar zusammengebracht, da er befürchtet, daß sein Verhältnis zu dieser Frau entdeckt werden könnte, wenn er sich zu oft bei ihr aufhält. Lao Ai hat die Stelle eines Eunuchen im Gefolge der Königsmutter inne, scheint aber ein ganzer Mann gewesen zu sein, denn er zeugt zwei Kinder mit ihr.

Mit zunehmendem Alter entwickelt Ying Zheng jedoch eigene Ambitionen, und es stört ihn, die Macht mit anderen teilen zu müssen. Der Konflikt zwischen Lü Buwei und dem jungen König ist unausweichlich. Kurz vor dem 22. Geburtstag Ying Zhengs im Jahre 238 v. Chr., dem Tag der Regierungsübernahme, kommt es zum Bruch.

Als der König von der Existenz seiner Halbbrüder erfährt, organisiert Lao Ai eine Palastrevolte, um ihn zu entmachten und damit seinen eigenen Kindern den Weg zum Thron zu ebnen. Die Revolte wird jedoch schnell niedergeschlagen, Lao Ai und 20 seiner Anhänger werden von Pferden in Stücke gerissen. Seine beiden Kinder steckt man in Lederbeutel und prügelt sie zu Tode. 4000 Familienmitglieder der Rebellen werden ihrer Ämter enthoben und in entfernte Grenzregionen verbannt. Auch Lü Buwei verliert seinen Posten und wird ein Jahr später in die Provinz Sichuan verbannt. Auf dem Weg dorthin nimmt er sich das Leben. Selbst die Mutter des Königs muß die Hauptstadt Xianyang (unweit des heutigen Xi'an) für mehrere Jahre verlassen.

Mit der blutigen Niederschlagung dieser ersten Revolte beweist der junge König, daß er das Land mit eiserner Hand regieren kann. Er nimmt nun selbst die Zügel in die Hand und bereitet sich darauf vor, mit seiner Armee nach Osten zu ziehen, um die sechs anderen Königreiche zu erobern und China zu vereinigen.

Im Jahre 221 v. Chr. ernennt sich Ying Zheng zum »Qin Shihuangdi«, zum »Ersten erhabenen Kaiser von Qin«. Gemeinsam mit seinem neuen Berater Li Si führt er in China das Kaisertum ein, das sich über 2000 Jahre lang halten soll. Er erläßt zahlreiche neue Gesetze und vereinheitlicht die verschiedenen Schriftformen. Selbst heute können die Chinesen noch die Schriftzeichen aus jener Zeit lesen. Außerdem standardisiert er die Spurbreite der Wagen, das Geld sowie die Maße und Gewichte, läßt ein Straßennetz anlegen, das in seiner Ausdehnung größer ist als das des römischen Reiches. Und gegen die Barbaren aus dem Norden, die Xiongnu, verbindet er die schon existierenden Teilstücke zur ersten Großen Mauer.

DIE QUELLEN

Etwa 65 Jahre nach dem Tod Qin Shihuangdis, im Jahre 145 v. Chr., wird 200 Kilometer nordöstlich von Hancheng in der Provinz Shaanxi ein Junge geboren, der schon im Alter von zehn Jahren beginnt, alle Bücher über die Qin-Zeit zu lesen. Mit 20 Jahren fängt er an, das chinesische Kaiserreich, das inzwischen von der Han-Dynastie beherrscht wird, zu bereisen, die historischen Stätten zu besuchen und alle Sagen, Legenden und Berichte über die Frühgeschichte seines Landes zu sammeln. Später wird aus diesem Jungen, Sima Qian, der Hofgeschichtsschreiber der Han-Dynastie. Daß das ein gefährlicher Beruf ist, wird diesem ersten, »heiligen« Historiker, wie die Chinesen ihn später nennen, bald klar: Da er für einen General, der sich den Barbaren aus dem Nordwesten, den Xiongnu, ergab, Partei ergreift, wird er vor die Wahl gestellt, zu sterben oder sich kastrieren zu lassen. Er entscheidet sich für die Demütigung des Eunuchendaseins, um seine Geschichte fertigstellen zu können. So schreibt er einem Freund, er ziehe es vor, in Ungnade zu leben, »weil in meinem Herzen Dinge sind, die ich noch nicht vollständig äußern konnte«. Obwohl der Kaiser ihn schließlich wieder in Gnaden aufnimmt, bleibt Sima Qian verbittert, lebt zurückgezogen und konzentriert sich ganz auf sein monumentales Werk über die frühe chinesische Geschichte.

113 Titelseite des »Shi Ji«, der »Historischen Aufzeichnungen« des Sima Qian, dem ersten Geschichtswerk der Chinesen.

Diese Sammlung mit dem Titel »Shi Ji«, »Historische Aufzeichnungen«, besteht aus 130 Kapiteln, größtenteils Biographien. Es ist das erste große Geschichtswerk Chinas, umfaßt über eine halbe Million Schriftzeichen, setzt 3000 Jahre zuvor ein und endet mit der Han-Dynastie. Dieses Werk, das zum Vorbild für alle nachfolgenden Historikergenerationen wird, prägt das Bild, das sich die

Chinesen von ihrer frühen Geschichte machen.

In seinem Denken ist Sima Qian zutiefst von der konfuzianischen Philosophie geprägt, was in all seinen Bewertungen und in den Personendarstellungen deutlich wird. Er wählt besonders Ereignisse aus, die geeignet sind, Charakterfestigkeit und Pflichtbewußtsein einer Person zu zeigen. Im Unterschied zu römischen Biographien interessiert er sich nicht für Wendepunkte in der persönlichen Entwicklung oder für das Besondere einer Persönlichkeit.

Die Kapitel über die Qin-Zeit nehmen den breitesten Raum ein und sind voller Informationen und Details über das Königreich. Sie gelten als die wichtigste Quelle über Qin Shihuangdi. Alle anderen, späteren Werke basieren mehr oder weniger auf dem »Shi Ji«.

114 Das älteste Porträt des Ersten Kaisers aus der chinesischen Enzyklopädie »Sancai Tuhui«.

Qin Shihuangdis Aussehen beschreibt Sima Qian so: »Der König von Qin hat die Nase einer Wespe, Augen wie Schlitze, eine Hühnerbrust und die Stimme eines Schakals.« Leider gibt es kein zeitgenössisches Porträt, das älteste, wenn auch idealisierte Bild Qin Shihuangdis stammt aus der Ming-Dynastie, ein Holzdruck in der Enzyklopädie »Sancai Tuhui«, die um 1609 erscheint. Spätere Portraits idealisieren Qin Shihuangdi noch stärker. Sie zeigen einen würdigen alten Herrscher, der die Güte eines weisen Landesvaters ausstrahlt, die in krassem Gegensatz zu den Beschreibungen im »Shi Ji« stehen.

Über den Charakter des Ersten Kaisers weiß Sima Qian zu berichten: »Er kennt keine Gnade und besitzt das Herz eines Tigers oder Wolfes. Ist er in Schwierigkeiten, so erniedrigt er sich selbst, hat er Erfolg, verschlingt er skrupellos jeden Mann ... Wenn er das gesamte Reich erobert, werden alle Bewohner seine Sklaven. Mit einem Menschen wie ihm kann man es nicht lange aushalten.« An anderer Stelle heißt es: »Der Kaiser ist dickköpfig und eigenwillig, er hält sich für einzigartig, seitdem er das ganze Reich erobert hat. Er vertraut nur noch seinen strengen Gerichten.«

Sima Qian führt einige Beispiele für die Despotie des Herrschers an: »Als der Kaiser einmal zu seinem Palast am Liangshan fuhr, äußerte er sein Unbehagen, als er vom Berg aus sah, was für ein riesiges Gefolge sein Kanzler hatte. Einer der Eunuchen berichtete das dem Kanzler, der daraufhin sofort sein Gefolge verkleinerte. Der Kaiser war darüber sehr wütend. Er sagte: ›Da hat jemand geplaudert!‹ Als keiner der Eunuchen, die er persönlich verhörte, das zugeben wollte, ließ er alle, die damals zugegen waren, festnehmen und töten.« Daß Qin Shihuangdi 460 Konfuzianer zur Abschreckung lebendig begraben läßt, wertet Sima Qian als Zeichen der Despotie, die nicht einmal vor dem eigenen Sohn des Kaisers haltmacht: Als sein erster Sohn Fu Su ihn davon abhalten will, wird er an die Grenze im Norden verbannt.

Aber Qin Shihuangdi ist auch ein kluger, starker, entschlossener und fleißiger Herrscher, der sich persönlich um alle großen und kleinen Probleme kümmert. Täglich bewältigt er ein festes Aktenpensum, das er mittels einer Waage genau überprüft. Es wird berichtet, er sei nie schlafen gegangen, bevor er nicht die selbst festgelegte Aktenmenge durchgearbeitet hatte. Außerdem unternimmt er in zehn Jahren fünf Inspektionsreisen durch sein Reich. Viele Orte besucht er mehrfach. Da das Reisen zu jener Zeit äußerst strapaziös und für einen Kaiser, der um seine Sicherheit bangen muß und nicht an jedem beliebigen Ort übernachten kann, überdies gefährlich ist, läßt er über das ganze Reich verteilt mehr als 400 Paläste bauen. Auch darin überragt er sämtliche späteren Kaiser.

Doch Qin Shihuangdi zeigt zuweilen erstaunlich menschliche Züge. So fragt er vor einem großen Feldzug seine Generäle, wie viele Soldaten sie brauchen. Ein junger erklärt, er benötige 200 000 Mann. Ein alter General dagegen, der bereits vier Kriege gewonnen hat, fordert 600 000. Da beschimpft ihn Qin Shihuangdi und wirft ihm vor, er sei zu alt. Der alte General läßt sich beleidigt in den Ruhestand versetzen. Doch als der junge General den Krieg verliert, fährt Qin Shihuangdi persönlich zu dem alten Mann, entschuldigt sich und bittet ihn, das Kommando wieder zu übernehmen. Der läßt sich überreden, erhält seine 600 000 Mann und gewinnt prompt die Schlacht.

Um die »Historischen Aufzeichnungen« für den Leser anschaulicher zu machen, greift Sima Qian zu allen Mitteln literarischer Gestaltung und flicht immer wieder persönliche Kommentare ein. Oft verknüpft er alte Volkssagen mit historischen Fakten, so daß es in vielen Fällen schwierig ist, Dichtung und Wahrheit zu trennen. Das gilt auch für folgende Anekdote: Im Herbst 211 v. Chr. wurde ein Bote, der sich auf dem Weg zum Palast befand, spät nachts in den Bergen von einem Mann angehalten, der ihm eine Jade für den Kaiser mit den Worten überreichte: »In diesem Jahr wird der Erste Drache sterben.« Als der Bote fragte, was das zu bedeuten habe, war der geheimnisvolle Fremde verschwunden. Der Bote überbrachte dem Kaiser die Jade und erzählte, was vorgefallen war. Nach langem Schweigen meinte Qin Shihuangdi: »Diese Berggeister überblicken von der Zukunft immer nur ein Jahr.« Und als er sich in seine Privatgemächer zurückzog, bemerkte er nebenbei: »Mit dem Ersten Drachen ist der erste Mensch gemeint.« Als er die Jade von seinem Schatzmeister untersuchen ließ, stellte der fest, daß es sich dabei um einen Stein handelte, den der Kaiser einst auf einer Inspektionsreise in den Yangzi geworfen hatte. Die Geschichte, etwas mehr ausschmückt, würde in eine Sammlung chinesischer Gespenstergeschichten passen.

Außer solchen unterhaltsamen Anekdoten benutzt Sima Qian auch immer wieder sogenannte literarische Floskeln, etwa wenn es um Zeitangaben geht. So berichtet er über die Verwüstung des Efang-Palastes am Ende der Qin-Dynastie, der Palast habe drei Monate lang gebrannt. Diese Angabe soll keine exakte Zeit wiedergeben, sondern »drei Tage«, »drei Wochen« oder »drei Monate« drückt lediglich aus, daß etwas tage-, wochen- oder gar monatelang dauert. Diese Vermischung von literarischer Gestaltung und exakter historischer Beschreibung wirft bis heute immer wieder Probleme auf. Das gilt auch für die Tatsache, daß Sima Qian ausführlich über Kriege und militärische Zusammenhänge berichtet, doch kaum Informationen über wirtschaftliche und soziale Bedingungen gibt. Um etwas darüber zu erfahren, muß man sich auf andere Quellen stützen.

Im Jahre 1975 wird in der Provinz Hubei in Shuihudi im Kreis Yunmeng eine bedeutende archäologische Entdeckung gemacht: In einem Grab aus der Qin-Zeit werden 1150 beschriebene Bambustäfelchen gefunden. Es handelt sich dabei um ca. 28 Zentimeter lange und 0,6 Zentimeter breite Leisten aus Bambus, die von oben nach unten beschrieben und mittels Bindfäden zu einem fortlaufenden Text verknüpft sind. Auf diese Form der Aufzeichnung geht übrigens die alte chine-

115 Zur Abschreckung läßt der Erste Kaiser 460 Intellektuelle lebendig begraben.

sische Schreibweise von oben nach unten und von rechts nach links zurück, die heute noch in Taiwan, Hongkong und Singapur verbreitet ist. Der Tote, ein Beamter der Qin-Dynastie namens Xi, hatte von 262 bis 217 v. Chr. gelebt und der Lokalverwaltung angehört. Die »Bambustäfelchen von Yunmeng« enthalten neben amtlichen Dokumenten, chronologischen Aufzeichnungen wichtiger militärischer Ereignisse zwischen 306 und 217 v. Chr., Bruchstücken eines Kodexes und Diskussionen von Rechtsfragen eine Dokumentensammlung mit dem Titel: »Wie man ein guter Beamter wird.«

Dieses Material erlaubt es den Historikern, die Entwicklung von Recht und Verwaltung in der Zeit der »Streitenden Reiche« und während der Herausbildung des chinesischen Zentralstaates genau zu verfolgen. Das Rechtssystem im Land Qin geht auf Shang Yang zurück, einen führenden Vertreter der sogenannten Schule der Legalisten, der von ca. 390 bis 338 v. Chr. lebte. »Statt auf dem Grundgedanken des ethisch-religiösen Gefühls (= des Konfuzianismus, Anm. d. A.) baute er seine Gesellschaft auf dem des Rechts, der vom Herrscher verordneten Norm auf«, schreibt Otto Franke.

Die Reformen des Shang Yang werden zur Zeit des Ersten Kaisers von dessen Berater und Kanzler Li Si weitergeführt und haben die

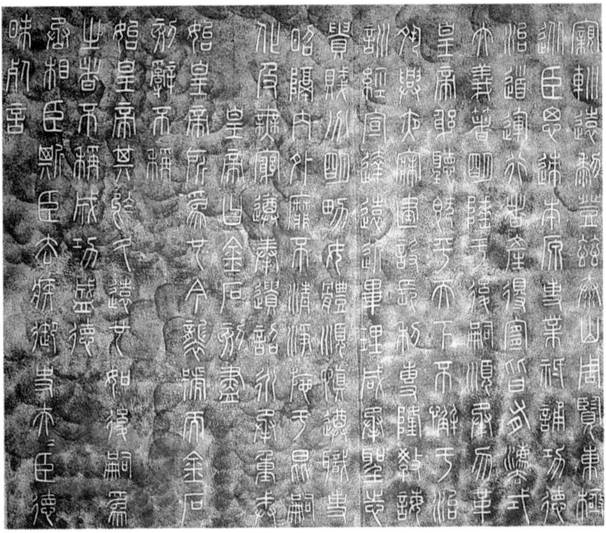

116 Text der Stele, die einst auf dem heiligen Berg Taishan stand zur Verherrlichung der großen Leistung des Ersten Kaisers.

Stärkung der wirtschaftlichen und politischen Macht des Staates und die Errichtung eines autokratischen Systems zum Ziel. So werden die Privilegien des Adels beschnitten, das ganze Land wird in Bezirke eingeteilt, denen von der Zentrale eingesetzte Beamte vorstehen. Statt des überkommenen patriarchalischen Familiensystems wird die Bevölkerung in Fünfer- und Zehnergruppen eingeteilt, in denen die Pflicht zur Denunziation besteht, jeder für jeden verantwortlich ist und folglich Strafen nicht nur den Schuldigen, sondern die ganze Gruppe ereilen. Hintergrund dieses Systems ist die Vorstellung, daß der Mensch von Natur aus schlecht ist und nur durch Abschreckung und harte Strafen erzogen werden kann. Han Fei, der am Hofe Qin Shihuangdis umgebracht wird, formuliert den Leitsatz: »Wenn man durch Strafen herrscht, wird das Volk sich fürchten. Weil es sich aber fürchtet, wird es keine Verbrechen begehen; die Leute werden sich an dem freuen, was sie genießen. Wenn man aber das Volk mit Tugend regiert, wird es lax. Wenn es einmal lax ist, wird Unordnung herrschen. Wenn es aber Unordnung gibt, dann werden die Leute unter dem leiden, was sie gar nicht gewollt haben.«

Was das in der Realität bedeutet, illustrieren einige Beispiele, die auf den Bambustäfelchen von Yunmeng angeführt werden: Aus einer

Gruppe von fünf Leuten hat einer Geld gestohlen. Daraufhin wird allen fünfen der linke Fuß abgeschlagen, sie werden durch ein Zeichen auf der Stirn als Diebe gebrandmarkt und müssen für 30 Tage zur Zwangsarbeit. Wenn jemand in der Öffentlichkeit zu sagen wagt: »Die Feinde sind sehr stark«, erhält er dafür die Todesstrafe. Schon der Diebstahl geringerer Mengen von Maulbeerbaumblättern kann mit 30 Jahren Frondienst bestraft werden.

Diese Rechtsnormen werden von den nachfolgenden Dynastien ebenso übernommen wie die von Qin Shihuangdi vereinheitlichten Maße und Gewichte und die gesamte Verwaltung. Dennoch kommt man schon in den Annalen der nachfolgenden Han-Dynastie zur Auffassung: »Die Qin zerstörten die Gesetze der frühen Könige und beseitigten die auf Regeln der Sittlichkeit gegründeten Funktionen ... Alles unter dem Himmel verfiel in Trauer und sann auf Rache, bis es schließlich zum Aufstand gegen die Qin kam.«

Um sich und seine Verdienste für das Reich darzustellen, aber auch, um die neuen Normen allgemein publik zu machen, läßt der Erste Kaiser auf seinen fünf Inspektionsreisen durch sein Reich sieben beschriftete Steinstelen mit einem Bericht über seine Taten errichten, deren Texte von Li Si verfaßt worden sein sollen. Diese Stelen haben zwar das Qin-Reich überlebt, und wir verfügen über Kopien der darauf verzeichneten Texte – unter anderem auch in den »Historischen Aufzeichnungen«, in denen die vollständigen Texte von fünf der sieben Stelen zu finden sind –, doch die meisten dieser Steine sind inzwischen zerstört. Heute steht nur noch einer davon im Museum für chinesische Geschichte in Beijing, auf dem noch 84 Schriftzeichen lesbar sind, und außerdem gibt es den Rest einer Stele in einem Tempel am Fuße des heiligen Berges Taishan.

Eine andere Quelle sind die »Annalen der frühen Han-Dynastie«. Ihr Autor, Ban Gu, der von 32 bis 92 n. Chr. lebte, befaßt sich im ersten Teil ausführlich mit den Ursachen des Untergangs der Qin-Dynastie. Außerdem liefert er wertvolle Informationen über das Rechtssystem und die sozialen Probleme.

Das unmittelbarste Anschauungsmaterial sind aber die zahlreichen archäologischen Funde, die in unserem Jahrhundert gemacht wurden. Dabei verdanken wir der Terrakotta-Armee viele Erkenntnisse über das Militär und die Kunst. Die Reste des Palastes von Xianyang sind eine wertvolle Quelle für die Architektur jener Zeit.

DIE EINIGUNG DES REICHES

Durch die Niederschlagung der Revolte des Lao Ai im Jahre 238 v. Chr. bringt der zweiundzwanzigjährige König und spätere Kaiser von Qin seine Widersacher im Inneren des Reiches zum Schweigen und kann sich nun den äußeren Feinden zuwenden. Sein Vorgehen ist dabei ebenso raffiniert wie skrupellos: Mit Diplomatie und Geld gelingt es ihm, den führenden Militärstrategen seiner Zeit, Wei Liao, aus dem Staat Wei abzuwerben. Gemeinsam kommen sie zur Einsicht, daß sie viel erreichen können, indem sie Zwietracht unter den anderen sechs Staaten säen. Dies geschieht etwa, indem man Verbrecher, die sich nach Qin geflüchtet haben, zu hochgestellten Beamten befördert, sie mit viel Geld versieht und dann in die Nachbarländer zurücksendet, um diese in infamster Weise gegeneinander aufzuhetzen.

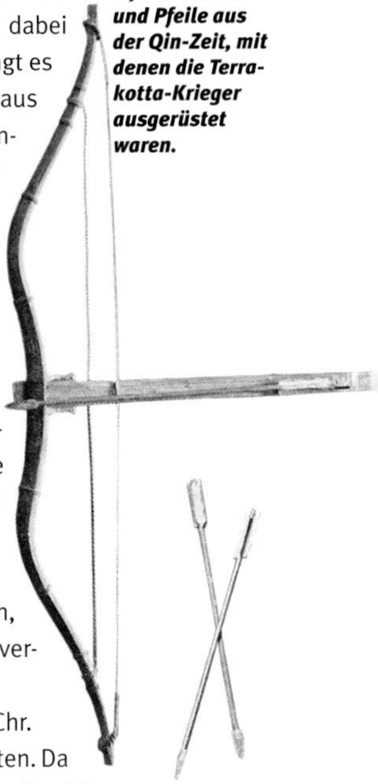

117 Armbrust und Pfeile aus der Qin-Zeit, mit denen die Terrakotta-Krieger ausgerüstet waren.

Nachdem diese Saat aufgegangen ist, »fegte er die sechs Staaten hinweg wie der Herbstwind die welken Blätter«, heißt es in den »Historischen Aufzeichnungen«. Am Ende des Vereinigungskrieges haben die Gegner der Qin 1 650 000 Gefallene zu betrauern. Die Not und das Elend dieses Krieges sind heute kaum noch vorstellbar, und vor diesem Hintergrund scheint die Grundannahme der Legalisten, daß der Mensch von Natur aus schlecht sei, durchaus verständlich.

Den ersten großen Kriegszug beginnt Qin Shihuangdi 231 v. Chr. gegen das relativ kleine Han, den schwächsten Nachbarn im Osten. Da die nur 300 000 Mann starke Armee von Han keine Chance gegen die viel größere der Qin hat, schickt der König der Han den angesehenen Philosophen Han Fei, einen der führenden Denker der Legalisten, nach Qin, um das Unheil von Han abzuwenden. Doch obwohl der Kaiser den Denker sehr verehrt und seine Ideen großen Einfluß in Qin haben, gelingt es Han Fei nicht, die Qin-Führung davon zu überzeugen, erst Zhao anzugreifen. Aufgrund einer Intrige Li Sis wird er gezwungen, sich im Gefängnis mit vergiftetem Wein das Leben zu nehmen.

Trotz des Ungleichgewichts der Kräfte dauert der Krieg gegen das Königreich Han zwei Jahre. Zwar müssen die Han im ersten Jahr große Gebietsverluste hinnehmen, doch kann der Staat erst unterworfen

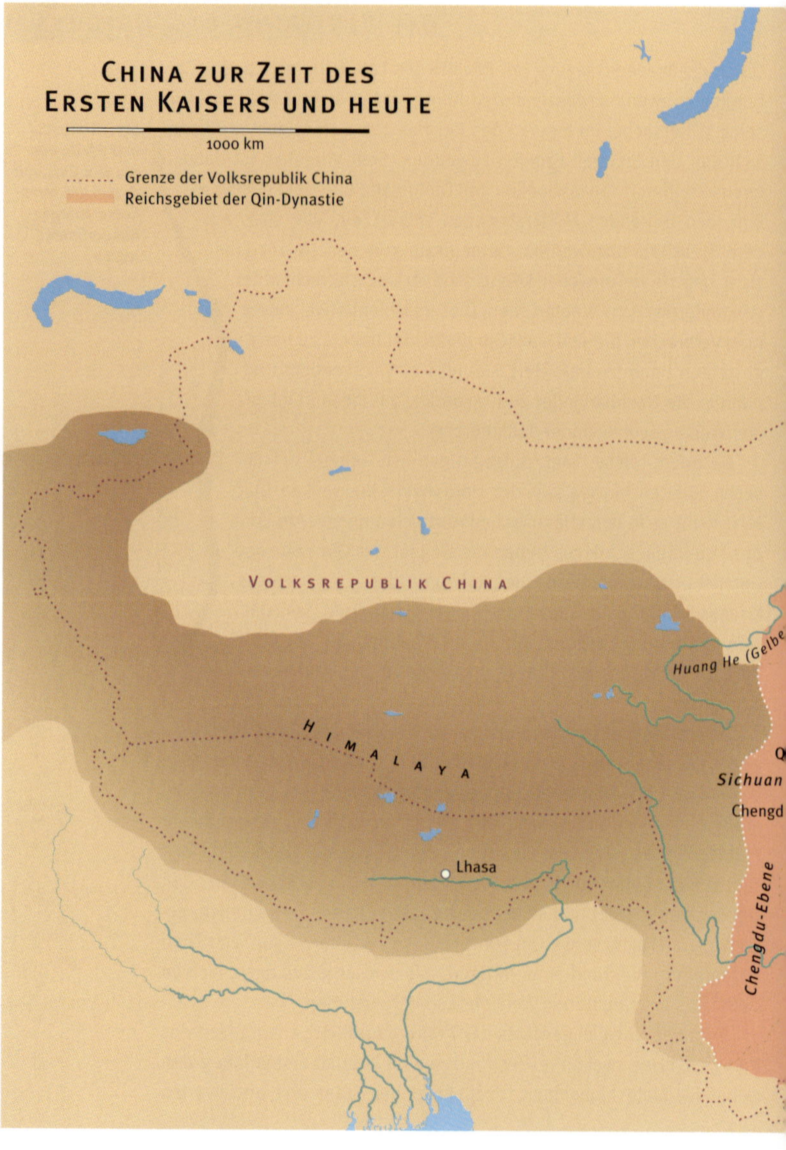
CHINA ZUR ZEIT DES ERSTEN KAISERS UND HEUTE
1000 km
Grenze der Volksrepublik China
Reichsgebiet der Qin-Dynastie
VOLKSREPUBLIK CHINA
Huang He (Gelbe
HIMALAYA
Sichuan
Chengd
Lhasa
Chengdu-Ebene

Yan
Beijing
Bohai Meer
Korea
Honshu
Tôkyô
Japan
Shingû
Penglai
Chengshan
Qingdao
Langya
Zhao
Pingyuan
Guangzongxian
Shandong
Qi
Kyûshû
Wei
Jiangsu
Gelbes Meer
Hancheng
Yu Chi
Xianyang
Xi'an
Shanghai
Han
Shaanxi
Shuihudi
Hubei
Chu
Jiang (Yangtze)
Guangzhou

werden, als es im zweiten Kriegsjahr gelingt, den König gefangenzunehmen. Zuvor sterben Tausende von Menschen auf den Schlachtfeldern, werden Städte geplündert, Felder und Weiden zerstört, das Vieh geschlachtet. Zehntausende geraten in Gefangenschaft, die Männer als Sklaven, die Frauen als Konkubinen.

Als nächstes unterwirft Qin Shihuangdi im Jahr 228 v. Chr. das große Zhao, das mächtigste der sechs Länder, das im Nordosten an Qin grenzt. Qin Shihuangdi greift Zhao, das sich im Krieg mit Yan befindet, überraschend an. In einer ersten großen Schlacht fallen über 100 000 gegnerische Soldaten. Doch auch viele weitere Gefechte bringen nicht den erhofften Sieg, sondern es bedarf einer Hungersnot und der Tatsache, daß der König von Zhao seinen fähigsten General töten läßt – aufgrund eines Gerüchts, das Qin Shihuangdis Spione am Hof der Zhao streuen –, um den Sieg der Qin sicherzustellen.

Zwei Jahre später, 226 v. Chr., unterliegt den Qin die 500 000 Mann starke Armee von Yan, 225 die ebenso starken Streitkräfte der Wei, bevor Qin Shihuangdi sich 223 seinem stärksten Gegner stellt, dem Reich Chu, das 1 Million Mann unter Waffen hat. Nach dessen Eroberung unterwirft er 221 schließlich als letztes Qi, das den über 1 Million Soldaten der Qin nur 600 000 Krieger entgegenstellen kann. Wie unvorstellbar diese Zahlen für europäische Verhältnisse sind, illustriert ein Vergleich mit der Völkerschlacht bei Leipzig im Jahre 1813: Dort standen sich auf seiten der Alliierten 205 000 Mann und 190 000 Soldaten Napoleons gegenüber.

Innerhalb von zehn Jahren hatte Qin Shihuangdi den Traum seines Großvaters und Vaters verwirklicht: Das von langen Kriegen und schrecklichen Hungersnöten heimgesuchte Land ist erstmals geeint. Wie ist es möglich, daß er sein Ziel innerhalb so kurzer Zeit erreicht? Viele Historiker haben nach Antworten gesucht und im wesentlichen fünf Gründe für den Erfolg von Qin gefunden: Der erste liegt zweifellos in seiner geographischen Lage. Es liegt im Westen Chinas, jenseits der anderen sechs Länder und geschützt einerseits durch den Gelben Fluß und andererseits durch Gebirge. So ist das eigene Territorium leicht zu verteidigen und kann ungestört die Kriegsvorbereitungen treffen, während alle anderen Staaten ständig der Bedrohung ihrer Nachbarn ausgesetzt sind.

Ein zweiter Vorteil liegt darin, daß das Qin-Reich seine landwirtschaftlichen Erträge durch die systematische Bewässerung der Chengdu-Ebene und durch den Bau des Zheng-Guo-Kanals nach 246 v. Chr. beträchtlich steigert. Ironischerweise ist der Bau dieses Kanals das Resultat einer List des Han-Reiches, das sich als unmittelbarer östlicher Nachbar besonders bedroht fühlt. Der König von Han weiß, daß in Qin ausländische Wissenschaftler und Denker gern aufgenommen werden und wichtige Positionen erreichen, und schickt daher einen seiner fähigsten Ingenieure, Zheng Guo, mit dem Plan für den Bau eines riesigen Kanals an den Hof des jungen, unerfahrenen Ying Zheng. Qin soll, sieht der Plan vor, durch das aufwendige Projekt für Jahre so geschwächt werden, daß es nicht in der Lage ist, Krieg zu führen. Ying Zheng läßt sich auf das Projekt ein, investiert unglaubliche Geldmengen und riesige Menschenmassen und strapaziert damit die Ressourcen seines Reiches über die Maßen. Als er die List durchschaut, will er den Ingenieur Zheng Guo sofort hinrichten lassen, doch dem gelingt es, sich noch einmal Gehör zu verschaffen: »Diese List wird dem Reiche Han nur wenige Jahre helfen, aber der Kanal wird für 400 Generationen ein großer Vorteil für das Qin-Reich sein.« Damit rettet er nicht nur seine Haut, sondern der 150 Kilometer lange Kanal, der den Fluß Jing mit dem Luo He verbindet, erhält sogar den Namen seines Erbauers. Durch das Projekt gelingt es, 40 000 Hektar Land fruchtbar zu machen – eine Quelle des Reichtums für Qin.

Der dritte Grund für den Erfolg des Qin-Reiches liegt in der militärischen Ausrichtung des gesamten Lebens. Wie man noch heute an den Tonkriegern in Xi'an erkennen kann, ist das Militärwesen des Landes auf Angriff ausgerichtet. Die besondere Stärke der Qin-Armee liegt darin, daß Infanterie und Kavallerie gemeinsam operieren. An die Stelle der kleinen Adelsheere der frühen Feudalzeit, die nicht anders als die Griechen der »Ilias« mit dem Streitwagen ins Feld zogen, treten nun Massenheere und große Kavallerieeinheiten. Man entwickelt ganz neue Formen der Kriegführung: Die Bauern werden zum Kriegsdienst gezwungen und ziehen zu Abertausenden leichtbewaffnet ins Feld. Da sie keine schweren Panzer tragen, sind sie sehr leichtfüßig und schnell. Mit unbeschreiblicher Brutalität fallen sie über ihre Feinde her. Diese neue Form des Massenkrieges, neue Belagerungs- und Kampftechniken sowie deutlich bessere Waffen – von den Nomaden im Nordwesten übernommen – machen Qin sehr schnell zum stärksten Staat im damaligen chinesischen Territorium.

Zum vierten werden in Übereinstimmung mit der militärischen Denkweise Mut und Tapferkeit schon sehr früh besonders belohnt.

118 Die Rekonstruktion des Palastes Nr. 1 in Xianyang mit zwölf gewaltigen Statuen, die aus den eingezogenen Waffen hergestellt wurden.

Die Bambustäfelchen von Yunmeng berichten davon, daß selbst Sklaven, die im Krieg ihren Mut beweisen, belohnt werden.

Last, but not least erweist sich die Offenheit des Qin-Reiches für Ausländer als wesentlicher Vorteil. Besonders im Militär steht auch Fremden, die sich als begabt erweisen, der Weg in die höchsten Positionen offen. So weiß man, daß von 659 bis zur Regierungszeit Qin Shihuangdis über 70 Ausländer als hochrangige Generäle und Minister dienen. Auch der Erste Kaiser erhebt zwei Ausländer in Spitzenpositionen: den Kanzler Li Si, der aus Chu stammt, und den bedeutendsten General, Meng Tian, aus dem Reich Qi. Philosophen, Schriftsteller und Künstler zieht es dagegen eher selten nach Qin. Vielleicht deshalb, weil sogar die Kunst in erster Linie auf das Militär ausgerichtet ist. Von den sogenannten »Schönen Künsten« hält man nicht sehr viel.

Welches auch immer die Gründe für seinen Erfolg gewesen sein mögen, König Ying Zheng von Qin weiß seine Stellung nach der Reichseinigung zu festigen. So ernennt er sich nach vollbrachter Tat zum

»Ersten erhabenen Kaiser von Qin«, Qin Shihuangdi, und legt fest, daß alle folgenden Herrscher gezählt werden sollen, also den Titel »Zweiter erhabener Kaiser von Qin« usw. tragen. Über einen zweiten Kaiser kommt das Qin-Reich allerdings nie hinaus.

Um das Land zu befrieden, läßt der Erste Kaiser in sieben großen Etappen über 4 Millionen Menschen umsiedeln, mehr als ein Viertel der damaligen Gesamtbevölkerung des Reiches. Zum einen müssen alle Adligen mit ihren Familien am Hof in Xianyang leben, um der direkten Kontrolle des Kaisers zu unterstehen. Zum anderen etabliert er die Einheit seines Landes, indem er es mit einem Netz von Straßen, Kanälen, Mauern und Palästen überzieht – gewaltige Bauprojekte, für die Millionen von Menschen als Zwangsarbeiter rekrutiert und in der Umgebung der Baustellen angesiedelt werden.

Schließlich läßt der Kaiser, um jedem Versuch, gegen die neue Herrschaft zu revoltieren, den Boden zu entziehen, alle Waffen einsammeln. In der Hauptstadt Xianyang werden sie zu Glocken und zwölf gewaltigen

Statuen von angeblich jeweils 30 Tonnen Gewicht umgeschmolzen, die in den Höfen und Palästen aufgestellt werden.

Die letzte Inspektionsreise

Seit den Anfängen der chinesischen Kultur wurden die Herrscher so bestattet, daß sie gen Süden blickten. Doch mit diesem uralten Brauch wird in der Qin-Zeit gebrochen, schon vor dem Ersten Kaiser. Wie man an den Tonfiguren der Terrakotta-Armee und an einigen bereits geöffneten Qin-Gräbern erkennt, blicken die Toten seit jener Zeit gen Osten. Experten vermuten, daß auch Qin Shihuangdi in seinem Grab Richtung Osten sieht. Warum dieser Wandel?

Wenn man sich die geographische Lage des Qin-Reiches im äußersten Nordwesten Chinas vergegenwärtigt, scheint die Vermutung plausibel, daß damit die Hoffnung der Qin-Herrscher auf die Vereinigung Chinas unter ihrer Herrschaft zum Ausdruck kommt. Da dieser Traum sich für Qin Shihuangdi erfüllt hat, bleibt die Frage, warum er und die Tonkrieger trotzdem noch nach Osten blicken. Ist darin die Angst vor einem Aufstand der besiegten Königreiche zu erkennen?

In einigen Weissagungen gegen Ende seiner Regierungszeit heißt es, es gäbe am östlichen Himmel Zeichen für einen neuen Kaiser. Vermutlich soll die Armee der Tonkrieger jederzeit gegen diese imaginären Feinde losschlagen können. Oder liegt es daran, daß Qin Shihuangdi im Landesinneren geboren ist und zeitlebens eine Sehnsucht nach dem Meer hat? Vier seiner fünf Inspektionsreisen unternimmt er Richtung Osten, und die Orte, an denen er sich am liebsten und längsten aufhält, liegen alle am Meer. Wenn er also in seinem Grab nach Osten blickt, könnte das der Ausdruck dieser Sehnsucht sein. Wahrscheinlich auch der Sehnsucht nach Unsterblichkeit. Mehrmals schickt er Menschen über das Meer, um nach einem Elixier der Unsterblichkeit zu suchen. Aber was gibt es im Osten des damaligen Xianyang, des heutigen Xi'an?

Wir haben uns im Herbst 1996 auf die Suche gemacht und die Route seiner letzten Inspektionsreise nachvollzogen. Ausgerüstet wie zu einer Großexpedition mit fester Kleidung, Reiseproviant für mehrere Wochen, Eß- und Trinkgeschirr, einer Kiste voll chinesischer Medizin, Aspirin und Kohletabletten, Taschenlampen, unserer Kamera-, Ton- und Lichtausrüstung, ist der Bus, in dem normalerweise 20 Personen Platz haben, so vollgestopft, daß unser zehnköpfiges Team nur mit Mühe darin sitzen kann. Als einziger Deutscher inmitten der chinesischen Film- und Fernsehschar bin ich zunächst verwundert über die Aufmachung unserer Mitarbeiter, die einer Räuberbande alle Ehre gemacht hätte, und über das tiefe Mißtrauen dieser Großstadtmenschen aus Beijing gegenüber der Provinz. Jeder nimmt sein eigenes Eßbesteck und einen Teebecher mit, weil sie glauben, auf dem Lande sei alles so schmutzig, daß sie nichts anrühren könnten. Dann staune ich, wie peinlich genau alle Genehmigungen für mich eingeholt werden, da die Reise oftmals durch Gebiete geht, die für Ausländer noch nicht geöffnet sind. Die Vorbereitungen für die vergleichsweise kleine Gruppe nehmen mehrere Tage in Anspruch, und wir fragen uns, wie lange es wohl im Jahre 210 v. Chr. gedauert haben mag, bis der riesige Troß des Ersten Kaisers zum Aufbruch bereitstand.

Von der gelben Lößerde der Provinz Shaanxi geht die Fahrt bei Tag und Nacht, bei Wind und Wetter, bei Sonne und Regen gen Osten. Wie heute die Staubwolken der endlosen Lastwagenkolonnen auf ungepflasterten Straßen zuweilen die Sonne verdunkeln, geschah das auch damals, durch das Meer der schwarzweißen Fahnen, den Staub des Zuges der 60 000 Menschen, der unzähligen Pferde und Wagen, die sich mit Qin Shihuangdi auf seiner letzten Inspektionsreise befanden. Die Strapazen, die uns auf einer solchen Reise selbst im 20. Jahrhundert und in einem klimatisierten Reisewagen erwarten, haben wir uns vorher nicht klargemacht: 10 000 Kilometer Piste in einem Gewühl von Millionen von Radfahrern, Fußgängern, Lastwagen, Pkws und Eselskarren, die von allen Seiten auf uns zustürzen und um jeden Meter freier Straße kämpfen. Dabei können wir uns glücklich schätzen, wenn wir mit 20 Stundenkilometern vorankommen. Diese Situation kommentiert jemand in unserem Wagen mit den Worten: »Der Erste Kaiser muß sehr weise gewesen sein, daß er schon vor 2000 Jahren bis zu 70 Meter breite Hauptstraßen bauen ließ.«

Noch eine Gemeinsamkeit hat unsere Dreh- mit der Inspektionsreise Qin Shihuangdis: Auch wir können abends nicht irgendwo anhalten und übernachten, wo wir gerade angekommen sind, denn man darf als Ausländer nicht in jedes Hotel. Es muß internationalem Standard entsprechen und für Ausländer freigegeben sein. Manche Regionen sind so arm, daß sie für ausländische Touristen überhaupt gesperrt sind. Das gilt besonders für Fernsehteams. Wir hatten uns vorgestellt, daß wir uns mit unserem Bus frei von Abfahrt- und Ankunftszeiten der Züge und

119 *Die letzte Inspektionsreise führte den Kaiser auch an einem der beliebtesten Ausflugsziele Chinas vorbei, am Huang Shan, dessen Gipfel im Nebel von zahllosen chinesischen Malern dargestellt wurden.*

Flugzeuge bewegen könnten, doch wir müssen bald feststellen, daß dies nicht der Fall ist. Die Tatsache, daß ein Ausländer im Team ist, versetzt uns unter besonderen Druck, wir sind gezwungen, auch bei unberechenbaren Straßenverhältnissen unsere geplante Strecke zu schaffen, selbst wenn es drei Uhr morgens wird.

Wahrscheinlich hält es Qin Shihuangdi des öfteren in seiner unbequemen Kutsche nicht mehr aus und will anhalten, so daß der alte Kanzler mahnt: »Majestät, es tut mir leid, wir können uns nicht aufhalten, wir müssen den nächsten Palast erreichen.« Wie oft hören wir ähnliche Bemerkungen, wenn wir in wunderschöner Landschaft drehen wollen. In den »Historischen Aufzeichnungen« heißt es: »Qin Shihuangdi ließ allein in der Küstenregion Hunderte von Palästen bauen. Die Gefahr von Attentaten war so groß, daß er es nicht wagen konnte, irgendwo unterwegs zu übernachten.« Aufgrund dreier mißglückter Anschläge ist der Kaiser äußerst mißtrauisch. Der erste hat dabei besondere Berühmtheit erlangt. Die Geschichte wird sowohl in der ältesten erhaltenen chinesischen Novelle erzählt, »Prinz Dan von Yan«, als auch auf einem für die chinesische Malerei höchst bedeutsamen Werk dargestellt. Es ist das erste Bild, auf dem ein Künstler versucht, eine Geschichte zu erzählen.

Es geschieht im Jahre 227 v. Chr., also sechs Jahre vor seiner Ausrufung zum Weltenherrscher. Der Anschlag wird vom mutigsten Mann seiner Zeit, Jing Ke, verübt, der in den Diensten des Prinzen von Yan, einem Staat in der Region des heutigen Beijing, steht. Um der Eroberung durch Qin zu entgehen, veranlaßt der König von Yan ein Attentat auf Ying Zheng. Jing Ke wagt sich mit seinem Begleiter Wu Yang an den Hof des späteren Ersten Kaisers und überbringt ihm den Kopf seines Todfeindes, Yuqi, einst einer der wichtigsten Generäle, der nach Yan übergelaufen ist. Außerdem eine Karte von Dukeng, dem größten Gebiet in Yan. In der Novelle heißt es: »Als sie nach Xianyang kamen, meldete der Palastwart Meng: ›Der Kronprinz Dan von Yan fürchtet sich vor der Majestät des großen Königs; darum bringt er Euch dar das Haupt des Fan Yuqi und die Karte von Dukeng. Er begehrt, Euer Vasall an der nördlichen Grenze zu werden.‹

Darüber freute sich der König von Qin. Die ganze Hofschar umstand seinen Platz; vor der Estrade die Hellebarden zählten nach Hunderten. So empfing er die Gesandten von Yan. Jing Ke trug das Haupt des Yuqi, Wu Yang die Karte. Glocken und Pauken erschallten zugleich; die ganze Schar der Diener rief: ›Er möge ewig leben!‹

Da fürchtete Wu Yang sich sehr; keinen Fuß vermochte er vor den anderen zu setzen, leichenfahl ward er im Gesicht.

Den König von Qin wunderte das, doch Jing Ke blickte sich nur um nach Wu Yang, trat vor und entschuldigte ihn: ›Er ist nur ein kleiner

120 Ein Modell des Reisewagens, mit dem der Kaiser seine Reisen unternahm, wurde unweit seines Grabes gefunden.

Mann von den Barbaren der nördlichen Grenzmark. Noch niemals hat er einen Himmelssohn erblickt. Möget Ihr, o Majestät, ihm ein Weilchen gewähren, damit ich meinen Auftrag vor Euch zu Ende bringe!‹

›Jing Ke möge sich erheben‹, sprach der König, ›und die Karte von Dukeng überreichen.‹

Er öffnete die Karte. Als sie ganz aufgerollt war, zeigte sich der Dolch. Da ergriff Jing Ke mit der linken Hand den Ärmel des Königs von Qin; mit der rechten Hand zielte er auf seine Brust und schmähte ihn also: ›Schon lange habt Ihr Yan nachgestellt; gierig bedrückt Ihr das Land innerhalb der vier Meere. Nicht weiß man, ob Ihr je genug bekommen werdet. Yuqi war schuldlos, doch habt Ihr seine Sippe ausgerottet. Ich, Jing Ke, will nun für das ganze Land innerhalb der vier Meere Rache üben. Der König von Yan und Prinz Dan sind krank; die mir gewährte Frist ist bald um. Folgt Ihr meinem Rat, sollt Ihr leben. Wo nicht, seid Ihr des Todes!‹ …

Der König aber drehte sein Schwert nach hinten, zog es heraus, riß sich dann den Ärmel los und sprang über den Wandschirm, um zu fliehen. Da zog Jing Ke seinen Dolch und warf ihn nach dem König. Der Dolch schnitt ihm ein Ohr ab und fuhr in eine bronzene Säule, daß die Funken sprühten. Gleich wandte sich der König zurück und hieb dem Jing Ke beide Hände ab. Da lehnte sich Jing Ke an eine Säule und lachte. Ausgestreckt sitzend schmähte er also: ›Wehe, daß der Staat nicht gerächt, daß meine Tat nicht gelungen ist!‹« Der Attentäter wird getötet und ist in China genauso berühmt wie der Erste Kaiser.

Ein wichtiger Punkt an der Route der letzten Inspektionsreise ist der Taishan in der Provinz Shandong, der heiligste der fünf heiligen Berge

***121** Das Attentat des Jin Ke wurde auf einer Steinschnitzerei aus der Han-Zeit dargestellt. Es ist das erste chinesische Bild, auf dem eine ganze Geschichte erzählt wird.*

Chinas. Er nimmt diese herausragende Stellung ein, weil er der östlichste Berg ist und der Osten in China besonders verehrt wird. Von allen Kaisern seit der Vorzeit wird erwartet, daß sie während der Blütezeit ihrer Regierung den Taishan besteigen und dort eine Zeremonie abhalten. Im Jahre 219 v. Chr. hatte sich auch Qin Shihuangdi bei einer früheren Inspektionsreise mit 70 Konfuzianern an den Fuß des Taishan begeben, um seine Zeremonie vorzubereiten. Sie wiesen ihn bei dieser Gelegenheit darauf hin, daß die Wagenräder der kaiserlichen Kutsche mit Stoff umwickelt sein müßten, damit die Erde, das Gestein und die Pflanzen des heiligen Berges nicht verletzt würden. Er tat dies als absurdes Geschwätz ab und befahl, eine Straße für ihn zu bauen.

Später fuhr er dann von Süden her auf den Taishan und ließ dort eine Stele errichten, auf der seine Leistungen und Heldentaten der Nachwelt überliefert wurden. Über die Zeremonie für den Himmelskaiser ist nichts bekannt, aber es gibt verschiedene volkstümliche Erzählungen über den Abstieg. Darin heißt es, der Kaiser sei in ein Unwetter geraten, das der Gott des Berges geschickt habe, um ihn zu bestrafen. Drei Kiefern zeigten jedoch Mitleid und beschützten ihn mit ihren Zweigen. Der Kaiser ernannte sie daraufhin zu Ministern fünften Grades.

Am Fuße des Taishan existiert im Tempel des Berggottes (Dai Miao) noch ein 62 Meter langes und 3,30 Meter hohes Wandbild aus der Song-Dynastie, auf dem eine Inspektionsreise des Berggottes dargestellt wird. Das Bild zeigt alle wichtigen Aspekte eines solchen Unternehmens: die Abreise aus dem Palast, die Gruppe auf der Reise, die Rolle der Wachmannschaften, der Empfang in einem Ort, die Verabschiedung und die Rückkehr in den Palast. Alle Hauptakteure und der Troß, insgesamt 675 Figuren, sind sehr lebendig dargestellt. Dabei handelt es sich zwar nicht um die Reise eines Kaisers, sondern um die des Berggottes, doch diente eine kaiserliche Inspektionsreise wohl als Vorlage, so daß wir uns heute anhand dieser Darstellung ein Bild davon machen können, wie so eine Reise verlaufen ist.

Wie kostbar dieses Bild ist, haben wir zu spüren bekommen. Eine Drehgenehmigung von der obersten Provinzbehörde in der Tasche, erscheinen wir mit unserem Team und »Großem Licht« in diesem Tempel und werden freundlich empfangen. Doch einer der Wächter bittet uns zu warten, sein Chef wolle mit uns reden. Als dieser nach ungefähr einer Stunde endlich auftaucht, bedauert er, uns keine Drehgenehmigung erteilen zu können. In den letzten 20 Jahren sei das Bild von keinem Team

122 ***Die älteste chinesische Darstellung einer Inspektionsreise; auf ihr wird die Reise des Berggottes des heiligen Berges Taishan dargestellt.***

gefilmt worden, weil man befürchte, die Farben könnten durch das grelle Licht verblassen. Wir verweisen auf unsere Erlaubnis von der obersten Provinzverwaltung. Bei langwierigen weiteren Verhandlungen, die der Leiter des Tempels mit unserem Aufnahmeleiter führt, kommt heraus, daß zwar der höchste Chef zugestimmt habe, daß der Verantwortliche vor Ort sich aber übergangen fühle und in dieser »gefährlichen Situation« niemand einen Fehler machen will. Unser Aufnahmeleiter vor Ort erklärt dazu, daß gerade der erste, zweite und dritte Bürgermeister des Ortes wegen Korruption hingerichtet worden seien – was uns an die drakonischen Strafen der Qin-Zeit erinnert, und so ziehen wir unverrichteter Dinge wieder ab. Um die Vorgesetzten in der Provinzverwaltung nicht bloßzustellen, wird uns jedoch gestattet, die Stele, die Qin Shihuangdi auf dem Taishan hat aufstellen lassen, zu drehen und später einen Fotografen zu schicken, der das Bild von der Inspektionsreise des Berggottes aufnehmen darf.

Den Sonnenaufgang auf dem Taishan zu erleben ist für jeden Chinesen noch heute eines der größten Erlebnisse. Auf dem 1524 Meter hohen östlichsten Gipfel Chinas geht die Sonne morgens früher auf als auf allen anderen Bergen dieses riesigen Reiches.

123 ***Beamte und Würdenträger erwarten ihren Herrscher. Auf diesem 62 Meter langen Wandbild werden alle wichtigen Ereignisse einer kaiserlichen Inspektionsreise geschildert.***

Die Sonne, Tai Yang, das heißt »Großes Yang«, in China besonders verehrt, steht für das starke, helle, positive, männliche Prinzip. Wer dem Himmel nah sein will, muß dem Taishan ein Opfer darbringen. Seit über 2000 Jahren sind über 72 dynastische Herrscher auf diesen Berg gestiegen, um mit ihrem Opfer Himmel und Erde, Yang und Yin, in Einklang zubringen, denn auf dieser spirituellen Abgleichung basiert ihre Autorität, das »Mandat des Himmels«.

Es ist schon ein besonderes Gefühl, wenn man morgens vor fünf Uhr auf dem Taishan steht und die Sonne dann auch wirklich zu sehen ist – die Gipfel liegen sehr oft in den Wolken. Wenn man die ersten Strahlen dann über dem östlichen Horizont gerade ahnen kann, bricht plötzlich aus Tausenden von Kehlen ein »Oh!« und »Ah!«, und man fühlt sich an ein Fußballstadion erinnert, wenn nach 89 Minuten endlich das erste Tor für die einheimische Mannschaft fällt. Sieht man sich dann um und blickt in die jungen Gesichter der unvorstellbaren Menschenmenge, die angestrengt nach Osten starrt, fühlt man plötzlich, warum der Taishan und der Osten für die Chinesen so wichtig sind. Doch die Ernüchterung stellt sich ein, wenn man den Ort bei hellem Sonnenlicht wieder verläßt. Er sieht aus, als hätte hier ein Volksfest stattgefunden. Die Warnung der

Konfuzianer an Qin Shihuangdi, »die Erde, das Gestein und die Pflanzen des heiligen Berges dürfen nicht verletzt werden«, sind lange verklungen, und die »chinesischen Volksmassen« wollen sie ebensowenig hören wie ihr Erster Kaiser.

Auf seiner letzten Inspektionsreise will Qin Shihuangdi den Taishan nicht besuchen. Hat er das Gefühl, den Zenit seiner Herrschaft überschritten zu haben? Wahrscheinlich wirft er aus seinem Wagen nur einen kurzen Blick auf den heiligen Berg und fährt dann weiter gen Osten. Wir folgen ihm auf seinem Weg.

Nach einigen Tagen erreichen wir seinen Lieblingsort Langya im Süden der Provinz Shandong. Den »Historischen Aufzeichnungen« zufolge ist er im Jahre 219 v. Chr. zum ersten Mal hier, und es gefällt ihm so gut, daß er drei Monate bleibt. Damals läßt er 30 000 Familien dorthin umsiedeln, die für zwölf Jahre von staatlichen Pflichtdiensten befreit werden. Auf einem Hügel wird die Langya-Terrasse für große Versammlungen angelegt. Auch hier läßt er eine Stele errichten, auf der seine Verdienste um das Reich gerühmt werden. Sie ist noch zum Teil erhalten und steht heute im Museum für chinesische Geschichte in Beijing. In Langya finden wir nur eine moderne Kopie der Stele auf der unter anderem folgender Text zu lesen ist: »Maße und Gewichte werden durch ihn festgelegt und gerecht vereinheitlicht, / er regelt das Dasein aller Lebewesen. / Er taucht auf diese Weise die Angelegenheiten der Menschen in helles Licht, / und er führt Vater und Sohn in Eintracht zusammen. / Die Weisheit, Nächstenliebe und Gerechtigkeit seiner Heiligkeit lassen das Idealbild der Tugend hell und klar erstrahlen.«

Welche Rolle der Erste Kaiser im allgemeinen Bewußtsein der Chinesen heute noch spielt, zeigt eine riesige Anlage für Touristen, mit Denkmälern, Tempeln und Parks am Lieblingsort des Kaisers. Alles ist bestens vorbereitet für die Besucher, doch die lassen auf sich warten, weil die Verkehrsverbindungen in dieser Gegend der Provinz Shandong noch mangelhaft sind.

Als wir den Hügel am Meer besteigen, haben wir einen herrlichen Blick auf einen kilometerlangen, menschenleeren Strand. Auf dem Gipfel stoßen wir auf eine Gruppe riesiger weißer Statuen. Die zentrale Figur ist unverkennbar Qin Shihuangdi, der mit der rechten ausgestreckten Hand in Richtung Osten auf das Meer zeigt, wo gerade die Sonne aufgeht. Neben ihm steht Xu Fu, der Seefahrer, den der Kaiser mehrmals aussendet, das Elixier der Unsterblichkeit zu suchen. Im

Jahre 219 v. Chr. trifft er ihn hier zum ersten Mal, und Xu Fu erzählt: »Im Meer befinden sich drei Götterberge namens Penglai, Fangzhang und Yingzhou. Unsterbliche wohnen dort. Wir bitten, nach einer rituellen Reinigung mit einer Schar von Knaben und Mädchen auf die Suche nach diesen Inseln aufbrechen zu dürfen.« Als der Kaiser Xu Fu im Jahre 210 v. Chr. während seiner letzten Inspektionsreise wiedersieht, ist er verärgert, da der das »Elixier der Unsterblichkeit« noch immer nicht gefunden hat. Der Kaiser hatte seinen Unmut darüber schon an 460 Konfuzianern ausgelassen, die er lebendig begraben ließ, und eine Bücherverbrennung angeordnet, wie die »Historischen Aufzeichnungen« berichten: »Ich habe alle Schriftwerke des Reiches gesammelt und diejenigen verbrannt, die ohne Nutzen waren. Ich habe Scharen von Gelehrten und Alchimisten zusammengeholt, um eine Regierung des Friedens zu beginnen, in der Hoffnung, daß die letzteren wunderbare Kräuter finden würden ... Statt dessen haben sie Millionen verschwendet, ohne irgendein Elixier zu beschaffen.«

Es ist fast ein Wunder, daß Xu Fu, der Initiator dieser Aktionen, nicht hingerichtet wird. Er muß besonderes Format haben, daß es ihm gelingt, in dieser schwierigen Situation dem Kaiser zu erklären, warum er die Inseln nicht erreichen konnte: Angeblich hatten ihm riesige Wale den Weg versperrt. Qin Shihuangdi schickt Xu Fu noch einmal auf die Suche. Von dieser letzten Fahrt kehrt er nie zurück. Trotzdem wird auf der landeinwärts gerichteten Seite des Hügels ein Tempel errichtet, in dem eine Statue des Xu Fu verehrt wird.

Der schöne Hügel am Meer, der angenehm warme Herbsttag und der schöne, menschenleere Strand erwecken in uns zum ersten Mal auf dieser langen Reise die Lust, an einem Ort länger zu bleiben. Wir verstehen ein wenig die Sehnsucht Qin Shihuangdis nach dem Osten, der ihm neben der schönen Landschaft auch die Unsterblichkeit verheißt und Macht und Herrschaft über ein Reich, das 10 000 mal 10 000 Jahre bestehen soll.

Das Elixier der Unsterblichkeit

Als wir zum ersten Mal die Statue des Xu Fu sehen, sind wir überrascht. In den »Historischen Aufzeichnungen« erscheint er als Betrüger, der die Gier des Kaisers auf das Elixier der Unsterblichkeit ausnutzt. Wir hatten eigentlich immer den Eindruck, daß es sich bei dem kurzen Hinweis um

124 Das Treffen des Ersten Kaisers mit dem Daoisten Xu Fu, der ihm das Elixier der Unsterblichkeit beschaffen soll. (Ein Denkmal in Langya)

eine Anekdote Sima Qians ohne große historische Bedeutung handelt, die nur dazu dient, den Kaiser lächerlich zu machen. Bei unseren Recherchen stoßen wir dann aber auf eine Fülle von Details, die ein völlig anderes Bild ergeben.

Zunächst wird deutlich, daß der Historiker Sima Qian zwar den Ersten Kaiser als Narren auf der absurden Jagd nach dem Elixier der Unsterblichkeit hinstellt, der einen Betrüger ausschickt, um die Inseln der Seligen zu suchen. In einem anderen Kapitel seiner »Historischen Aufzeichnungen« berichtet Sima Qian dagegen sehr ernsthaft über die Existenz dieser Inseln. »Seit den Fürsten Wei (378–343 v. Chr.) und Xuan (342–324) und dem König Zhao (311–279) von Yan fing man damit an, Leute aufs Meer hinauszusenden, um nach den drei Geisterbergen Penglai, Fangzhang und Yingzhou zu suchen, die angeblich im Bohai-Meer liegen sollen. Sie sind gar nicht weit von den Menschen entfernt, das Schlimme besteht nur darin, daß meist in dem Augenblick, da man sie beinahe erreicht hat, das Schiff von einem Wind erfaßt und weggetragen wird. Einmal aber gab es Schiffsleute, die ganz nahe herankommen konnten. Da sahen sie, daß auf den Inseln nur ›Unsterbliche‹ wohnen, die die Medizin des ewigen Lebens erlangt haben. Alle Wesen dort, Vögel und Tiere, sind von klarstem Weiß, die Paläste und Tore aus reinstem Gold und Silber. Die Schiffsleute waren aber noch nicht gelandet, sondern sahen all das nur in wolkenhafter Ferne. Als sie wirklich angelangt zu sein glaubten, versanken jedoch die drei Geisterberge im Wasser, und ein ihnen entgegenblasender Wind trieb das Boot ab. Sie gelangten niemals wieder dort hin.«

Erst in unseren Tagen wird eine spektakuläre Entdeckung gemacht: In der Nähe des Ortes Penglai, der an der Bohai-Bucht in der Provinz

Shandong liegt, wird eine sehr selten auftretende Fata Morgana beobachtet und mit Fernsehkameras festgehalten. Sie liefert eine Erklärung für das Aufkommen der Idee von den Inseln der Unsterblichen. Sieht man sich diese Bilder an, wird deutlich, wie die Beschreibung bei Sima Qian zustande gekommen ist: In dem kleinen Ort Penglai, den es auch heute noch gibt, haben Menschen während der Zeit der »Streitenden Reiche« eine Fata Morgana gesehen und sind diesem Phänomen mit Schiffen nachgefahren. Als sich die Lichtverhältnisse änderten, verschwanden die Inseln im Nichts. Der Name »Penglai« für einen der Berge der Seligen stammt also von diesem Ort, und es ist anzunehmen, daß Xu Fu von dieser Erscheinung gehört hatte und seinem Kaiser einen Dienst erweisen wollte, als er ihm davon berichtete. Dieser Mann scheint zu seiner Zeit ziemlich wichtig gewesen zu sein, denn es gibt noch heute viele Sehenswürdigkeiten in den östlichen Provinzen, die auf ihn und diese Begebenheiten zurückgehen, etwa »Die Stadt der tausend Jungen« (Qian Tong Cheng) in der Provinz Shandong. Der Ortsname geht wahrscheinlich auf die erste Reise des Xu Fu zurück, als er, wie es heißt, mit 1000 unschuldigen Jungen und Mädchen aufgebrochen ist. Der Ort wurde damals als Sammellager gegründet, von dem aus die »Expedition« aufgebrochen ist. Ebenfalls in der Provinz Shandong gibt es in der Nähe von Qingdao (Tsingtau), am Berg Lao, eine Xu-Fu-Insel. Nach der Überlieferung soll Xu Fu einst hier gewohnt haben. Nördlich der Insel liegt das Dorf Deng Ying (= Besteigen des Yingzhou, eines der drei göttlichen Berge im Meer). Hier soll sich ebenfalls ein Sammellager eines der Expeditionsteams befunden haben. Außerdem liegt im Kreis Huang Shan Guan in der Provinz Shandong ein »Dorf der Familie Xu« (Xu Jia). In einem der Ahnentempel wird noch heute ein Bildnis Xu Fus verehrt, und in der Provinz Jiangsu leben angeblich noch Nachfahren. Schließlich gibt es in Jiangsu im Kreis Ganju ein weiteres Dorf namens Xu Fu, in dem auch ein Bild dieses Mannes verehrt wird.

Es ist sehr wahrscheinlich, daß der folgende Bericht über die erste Reise zum Teil auf Tatsachen beruht, jedenfalls was die Angaben über eine weitere Reise angeht. »Als er ohne etwas zurückkehrte, erfand Xu Fu eine Ausrede und sprach: ›Ich habe einen großen Gott im Meer gesehen, der zu mir sagte: „Bist du der Gesandte des West-Kaisers?“ Als ich bejahte und er mich fragte, was ich wolle, sagte ich: „Ich möchte Euch um die Medizin bitten, die das Leben verlängert.“ „Die Geschenke, die dir der König von Qin mitgegeben hat", erwiderte der Gott, „sind aber zu dürftig. Dafür kannst du dir die Medizin ansehen, sie aber nicht mitnehmen." Darauf entließ er uns nach dem Südosten, und wir erreichten die Insel Penglai. Ich sah das Tor des Qi-Cheng-Palastes. Und dort stand ein Bote des Herrschers der Insel von bronzener Farbe mit einem Drachenleib, von dem Strahlen ausgingen, die den ganzen Himmel erleuchteten. Ich grüßte ihn zweimal und fragte, welche Gaben ich bringen müsse, um die Medizin zu bekommen. „Wenn du uns Söhne und Töchter aus den besten Familien herbeischaffst sowie Handwerker von jeder Art, dann sollst du die Medizin bekommen." Auf diesen Bericht hin war Qin Shihuangdi hocherfreut, ließ 3000 Knaben und Mädchen zusammenbringen und überantwortete sie Xu Fu zusammen mit den Samen der fünf Getreidearten und Handwerkern der verschiedensten Spezialisierungen. Xu Fu stach in See und fand schließlich ein ruhiges, fruchtbares Land. Dort ließ er sich nieder, machte sich zum König und kehrte nie wieder zurück.«

Die Beschreibung der ersten Reise klingt phantastisch und wird vom Autor als Ausrede bezeichnet. Bei unseren Dreharbeiten in Japan haben wir aber eine Fülle interessanter Spuren entdeckt, die darauf hinweisen, daß diese letzte Reise auf Tatsachen beruht. Daraus ergibt sich folgendes Bild: Nach dem Tod Qin Shihuangdis bricht Xu Fu mit 3000 Jungen und Mädchen, ungefähr 100 Handwerkern und einer großen Zahl von Soldaten in einem großen Schiffskonvoi aus der jetzigen Provinz Shandong auf (diese Zahlen finden sich auch in japanischen Quellen). Sie durchqueren die Bohai-Bucht, fahren durch das Gelbe Meer an der Korea-Straße vorbei und landen zunächst auf der japanischen Insel Kyûshû. Nach kurzem Aufenthalt segeln sie weiter und erreichen schließlich die Gegend beim heutigen Shingû im Kreis Kumano. Von dort aus brechen sie ins Inland auf, da sie in der Ferne den Fuji sehen, den sie für den gesuchten Penglai-Berg halten. Viele von ihnen siedeln sich um den Fuji herum an und beeinflussen die Entwicklung der japanischen Kultur nachhaltig.

Für die Richtigkeit dieser Hypothese sprechen eine Reihe von Fakten: Vor ihrer Ankunft befanden sich die Bewohner Japans noch in der Phase der Jomon-Kultur (das entspricht unserer schnurkeramischen Kultur). Ungefähr um das Jahr 200 v. Chr. ist jedoch eine deutliche Veränderung zu beobachten. So weisen etwa Keramiken der neuen »Yayoi-Kultur« Ähnlichkeiten mit Töpferwaren aus der Qin-Zeit auf.

Zudem sehen einige japanische Historiker in der Yayoi-Kultur keine kontinuierliche Weiterentwicklung der Jomon-Kultur, sondern vielmehr seien Einflüsse einer fremden Zivilisation festzustellen, die sich vor allem in Ackerbau, Keramikherstellung und bei der neu eingeführten Seidenraupenzucht zeigten.

Im Jahre 1982 veröffentlichte der taiwanesische Wissenschaftler Pan Shansong ein Buch, in dem er zu dem Schluß kommt, Xu Fu sei der »Tenno«, der Kaiser der »Yayoi«-Zeit, gewesen. Japanische Historiker haben zwar Schwierigkeiten mit dieser These, doch lassen sich in vielen japanischen Orten heute noch Xu-Fu-Ahnentempel finden, und in Shingû, wo sich sein Grab, ein Xu-Fu-Park und ein Xu-Fu-Schrein befinden, stellt der Text auf einer alten Steintafel fest, daß er der erste legendäre Kaiser Japans sei.

Noch heute kann man in aller Frühe und selbst bei schlechtestem Wetter zahlreiche Bewohner von Shingû an einem heiligen Berg namens Penglai vor dem Xu-Fu-Schrein beobachten, wie sie sich in alle vier Himmelsrichtungen verbeugen, in die Hände klatschen und dann die Glocke läuten. Sie verehren Xu Fu, der ihnen eine besondere Form des Walfangs zeigte, die dort bis heute praktiziert wird. Dabei wird das Tier mit verschiedenen Booten in eine Bucht getrieben und in der Nähe des Strandes erlegt – eine Technik, die auch Qin Shihuangdi auf seiner letzten Inspektionsreise angewendet haben soll.

An manchen sehr klaren Tagen kann man von Shingû aus den Fuji, den heiligen Berg Japans, sehen. Leicht vorstellbar, daß Xu Fu mit seinen Leuten dorthin aufgebrochen ist. Wenn man sich ihm nähert, fühlt man sich unweigerlich an folgende Beschreibung des Penglai-Berges aus alten chinesischen Quellen erinnert: »Ein Berg, dessen Spitze in die Wolken ragt und dick von weiß glitzerndem Schnee bedeckt ist, das ist Penglai. Am Fuß des Berges ringelt sich allerlei Drachengetier. Deswegen scheuen sich alle artfremden Lebewesen, dem Berg nahe zu kommen.«

Xu Fu und seine Begleiter scheinen jedoch bis zum Fuji vorgedrungen und dort geblieben zu sein, denn in der Umgebung des Berges kommt heute noch in Familiennamen das alte chinesische Schriftzeichen für Qin vor, das im Japanischen »Hata« ausgesprochen wird. Dieses Zeichen wurde dem Namen der betreffenden Person hinzugefügt, wie man noch auf dem Grabstein von Xu Fu in Shingû lesen kann: »Grab des Xu Fu aus Qin.«

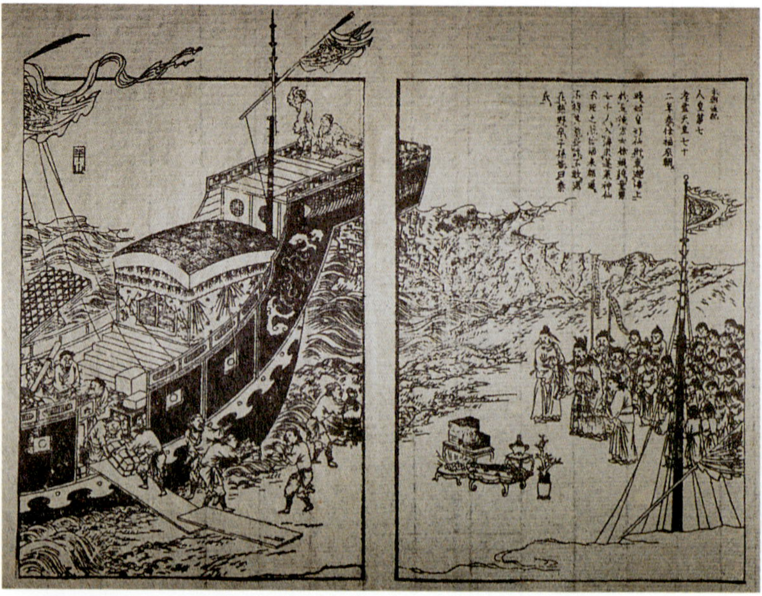

***125** Japanische Darstellung der Landung des Xu Fu in Shingu auf der Hauptinsel Honshu.*

EIN NATÜRLICHER TOD?

Nach dem Gespräch mit Xu Fu hat Qin Shihuangdi einen Traum, in dem er mit einem Meeresgott kämpft, der in Erscheinung eines Menschen auftritt. Seine Traumdeuter sehen in den Meeresgöttern böse Geister, die verschiedenste Formen wie Riesenfische, Seeschlangen oder Drachen annehmen. Sie müßten vertrieben werden, damit die guten Geister zum Vorschein kommen können. Daher beschließt der Kaiser, eines dieser Tiere mit einer Mehrladearmbrust zu erlegen. Er zieht mit seinem Troß von Langya aus an der Küste Shandongs entlang, aber es zeigt sich weit und breit kein Wal. Erst als er am östlichsten Zipfel Chinas anlangt, kann er sein Vorhaben realisieren.

In Zhifu an der Chengshan-Spitze, die auch das »Chinesische Kap der guten Hoffnung« genannt wird, ist noch der Ort zu besichtigen, an dem er den Wal tötete. Die Beschreibung in den »Historischen Aufzeichnungen« und die Örtlichkeiten zeigen, daß der Kaiser dabei genauso vorgegangen ist, wie es Xu Fu später den Japanern zeigt: Er erlegt das

Tier mit seiner Mehrladearmbrust von einem erhöhten Punkt in einer Bucht aus, nachdem seine Helfer es ihm vom offenen Meer her zugetrieben haben. Erst nachdem er so den guten Geistern den Weg geebnet hat, macht er sich auf den Weg nach Westen.

***126** Am Fuße des heiligen Berges Fuji in Japan findet man noch heute in vielen Familiennamen das chinesische Zeichen qin oder chû, von dem sich unser Wort »China« herleitet.*

Wir sind auf den Spuren des Ersten Kaisers an dieser windigsten Ecke Chinas. An einer Klippe steht ein Denkmal mit der Aufschrift »Das Ende des Himmels«, das man kaum fotografieren kann, weil man vom Wind weggeblasen wird. Bis vor kurzem war dies militärisches Sperrgebiet der chinesischen Marine. Überall sieht man noch Radarstationen und versteckte Geschützrohre in den Büschen. Hier steht ein Tempel, in dem Qin Shihuangdi noch heute als Gott verehrt wird. In einem zweiten Raum wird der Sonnengott verehrt, der hier jeden Morgen aus dem Meer auftaucht und seinen Weg über das chinesische Festland beginnt.

Nicht weit vom Tempel entfernt ist der Punkt an der Küste markiert, an dem Qin Shihuangdi den Wal getötet haben soll. Außerdem stoßen wir hier auf Reste der sogenannten Qin-Brücke (Qin-Qiao), die ins Meer zu den Inseln der Unsterblichen hinausführt. Man sieht den Kaiser dort noch förmlich stehen, wie er sehnsüchtig in die Ferne blickt, ob die Gesandtschaft mit dem Elixier der Unsterblichkeit zurückkehrt.

Als der Inspektionszug den Ort Pingyuan in der heutigen Provinz Hebei erreicht, erkrankt der Kaiser plötzlich. Da er es haßt, wenn jemand in seiner Gegenwart über den Tod spricht, wagt es niemand, ihn auf die Ernsthaftigkeit seines Leidens anzusprechen. Schließlich wird ihm die Bedrohlichkeit seiner Situation bewußt, und er schickt seinen Vertrauten Meng Yi, den Chef der Leibwache, zum heiligen Berg Taishan, wo er Opfer darbringen und um die Genesung des Kaisers beten soll. Außerdem schreibt Qin Shihuangdi einen Brief an seinen ältesten Sohn Fu Su, in dem er ihn auffordert, General Meng Tian den militärischen Oberbefehl zu übertragen und nach Xianyang zurückzukehren, um die Beerdigungsfeierlichkeiten vorzubereiten. Dieser Brief hat Fu Su nie erreicht.

Im Juli des Jahres 210 v. Chr. stirbt Qin Shihuangdi im Alter von 50 Jahren in Shaqiu, Pingtai. Der kleine Ort liegt in der Provinz Hebei, nordwestlich von Guangzongxian. Hier steht heute mitten in der Landschaft nur ein kleines Denkmal, das an dieses Ereignis erinnert.

Doch was war der Grund für den Tod des Kaisers? Diese Frage stellt sich, da sich der Herrscher in keinem hohen Alter befand. In den Quellen steht nichts von Leiden, von gesundheitlichen Problemen. Zudem hat Qin Shihuangdi die strapaziöse Inspektionsreise angetreten, muß sich also fit genug fühlen. Befragt man die Quellen, stellt man fest, daß es seltsamerweise kaum etwas gibt, was über den Bericht Sima Qians hinausgeht. Keine Vermutungen, bösen Gerüchte, Unterstellungen, wie es sie zu so vielen Ereignissen aus Qin Shihuangdis Leben gibt. Auch in den »Historischen Aufzeichnungen« finden wir keine Spekulationen über den unerwarteten Tod. Dort wird nur berichtet, wie der hinterlistige Eunuch Zhao Gao erst den Brief an den Thronfolger unterschlägt und dann vom dreizehnjährigen Sohn Hu Hai sowie von Li Si, die befürchten, ihre Stellung zu verlieren, wenn der erste Sohn Fu Su und sein Vertrauter Meng Tian die Macht übernähmen, die Zustimmung erhält, das Testament zu fälschen.

Die Beziehung zwischen dem Obereunuchen Zhao Gao und dem ersten Sohn des Kaisers scheinen von jeher schlecht gewesen zu sein, nicht besser ist sein Verhältnis zum wichtigsten General des Reiches, Meng Tian, und zu dessen Bruder, dem Chef der Leibwache, Meng Yi, beide enge Vertraute Qin Shihuangdis. Verschlagen, wie er ist, bemerkt Zhao Gao, daß der Kaiser von seinen 30 Söhnen und 15 Töchtern den

18. Sohn, Hu Hai, bevorzugt. Deshalb nimmt sich der Eunuch der Erziehung des Jungen an und fördert ihn nach Kräften. Er ist es auch, der beim Kaiser durchsetzt, daß Hu Hai an der fünften Inspektionsreise teilnehmen darf.

Bei dieser Interessenlage ist es nicht verwunderlich, daß der Historiker Zhu Xing in einem kürzlich erschienenen Artikel zu der Vermutung kommt, Qin Shihuangdi sei von dem Eunuchen und seinen Komplizen vergiftet worden. Bei genauerer Überlegung spricht manches für die Richtigkeit dieser Vermutung: Die spätere geschichtliche Entwicklung zeigt, wie Zhao Gao erst seinen Zögling wirklich zum Kaiser macht, dann seinen Mitwisser Li Si beseitigt und nach kurzer Regierungszeit auch Hu Hai in den Tod treibt, um selbst den Thron zu besteigen, was ihm aber nicht gelingt. Dem Mann wäre eine solche Tat durchaus zuzutrauen, seine Machtgier scheint Motiv genug.

Verwunderlich ist in diesem Zusammenhang auch, daß Li Si sich mit auf der Inspektionsreise befindet. Bei allen früheren Reisen des Kaisers blieb er in der Hauptstadt und führte von dort aus die Regierungsgeschäfte. Nicht weniger verdächtig erscheint, daß der Chef der Leibwache während einer Inspektionsreise, einem höchst gefährlichen Unternehmen für den Kaiser, weggeschickt wird. Selbst wenn man dahinter keine Intrige Zhao Gaos sieht, haben die drei Verschwörer von dem Augenblick an, als der vertraute Leibwächter des Kaisers zum Taishan geschickt wird, freie Hand. Denn nun befinden sich nur der Kanzler Li Si und die Eunuchen, die Verbündeten Zhao Gaos, in der unmittelbaren Umgebung Qin Shihuangdis.

Kurz nach seiner Ernennung zum Zweiten Kaiser läßt Hu Hai alle seine Geschwister umbringen, familiäre Rücksichten scheint er nicht zu kennen. Ist es da unwahrscheinlich, daß er auch am Mord an seinem Vater beteiligt ist, der seinen von Zhao Gao eifrig geschürten Machtplänen im Wege stand?

In der chinesischen Geschichte sind zahlreiche Kaiser von Eunuchen getötet worden. Warum kommen die konfuzianischen Geschichtsschreiber also nicht auf die Idee, das könnte auch beim Ersten Kaiser der Fall gewesen sein? Hier sind wir auf Vermutungen angewiesen: Möglicherweise wollen sie Qin Shihuangdi nicht als Opfer darstellen, denn damit hätte man ihm Sympathien bei der Nachwelt verschafft.

Sima Qian schildert die Ereignisse nach dem Tod des Kaisers ausführlich. Auch die hätten ihn eigentlich nachdenklich machen müssen.

Er beschreibt, wie der Eunuch und seine beiden Komplizen einen gefälschten Brief des Kaisers an seinen ersten Sohn, den designierten Thronfolger Fu Su, schicken. Darin werden er und General Meng Tian aufgefordert, sich das Leben zu nehmen, weil sie im Kampf gegen die Nomaden versagt haben. Nachdem die Botschaft auf den Weg gebracht ist, setzen sie die Inspektionsreise fort, als wäre nichts geschehen. Vom Tod des Kaisers wissen nur die Eingeweihten in der unmittelbaren Umgebung. Man inszeniert ein makabres Theater: Der tote Kaiser wird in einer besonders festen Karosse transportiert, in der es an den heißen Sommertagen nicht zu warm wird. In der offiziellen Kutsche sitzen Zhao Gao und einige mitverschworene Eunuchen. Wenn der kaiserliche Zug in einer größeren Ortschaft hält, werden die Berichte der örtlichen Beamten, Speisen und Geschenke in die Kutsche gereicht. Die Eunuchen erledigen die Arbeiten des Kaisers und reichen die bearbeiteten Dokumente mit den Entscheidungen wieder heraus. Auch Kabinettsitzungen finden wie gewohnt statt, so daß nicht einmal das Gefolge Verdacht schöpft.

So geht die Reise wie geplant über Monate weiter. Als die Leiche des toten Kaisers zu riechen beginnt, läßt man kurzerhand einen Wagen mit gesalzenem Trockenfisch hinter dessen Kutsche herfahren. Erst als die Nachricht vom Selbstmord Fu Sus eintrifft, wird die Fahrt abgebrochen, und man kehrt auf direktem Wege von Yulin, im Nordwesten der heutigen Provinz Shaanxi, nach Xianyang zurück. Dort wird der Tod des Kaisers öffentlich verkündet und der inzwischen einundzwanzigjährige

***127** An der Chengshan-Spitze, dem östlichsten Punkt Chinas, soll der Erste Kaiser einen großen Wal mit einer Mehrladearmbrust erlegt haben.*

Hu Hai zum Zweiten erhabenen Kaiser, »Ershi Huangdi«, ernannt. Die eigentliche Macht liegt aber in den Händen des Eunuchen Zhao Gao.

128 In den letzten Jahren seines Lebens hörte Qin Shihuangdi mehr auf das Orakel als auf seine Ratgeber.

Die darauffolgenden Ereignisse sind typisch für das Ende einer Dynastie: Mit unbeschreiblicher Brutalität kämpft jeder gegen jeden. Der alte Kanzler Li Si wird zum Selbstmord gezwungen, der Zweite Kaiser läßt auf bestialische Weise all seine Geschwister und Halbgeschwister öffentlich hinrichten und muß sich wenig später selbst das Leben nehmen. Als der Drahtzieher, Zhao Gao, selbst versucht, den Thron zu besteigen, wird er im Jahre 207 v. Chr. von Qin Shihuangdis Neffen getötet. Wenige Monate später, im Jahre 206 v. Chr., wird die Qin-Dynastie durch Bauernaufstände gestürzt. Das 10 000 mal 10 000 Jahre währende Reich, von dem Qin Shihuangdi träumte, hat ganze 15 Jahre gedauert.

So schlüssig die beschriebenen Ereignisse und Zusammenhänge zu dem Verdacht passen, daß Qin Shihuangdi von Zhao Gao ermordet wurde, gilt es doch, ihn durch Beweise zu erhärten. Aber alles, was wir finden, sind die Vermutungen des Historikers Zhu Xing. Statt dessen kommen wir, nachdem wir die Inspektionsreise mit einem relativ kleinen Team und modernen Transportmitteln nachvollzogen haben, zu einer ganz anderen Erkenntnis: Es ist durchaus vorstellbar, daß man am Ende einer solchen Reise einfach an Erschöpfung sterben kann. Als Begründung für den Tod eines Kaisers scheint das jedoch zu banal, so daß der

Historiker lieber darauf verzichtet. Letztlich bleibt der Tod Qin Shihuangdis wie seine Herkunft so lange ein Rätsel der Geschichte, bis man eines Tages sein Grab öffnet und den Leichnam untersuchen kann. Das heißt, wenn man ihn überhaupt findet.

Sima Qian weiß vom Ende Qin Shihuangdis noch eine Anekdote zu berichten, in der der Kaiser eine tragische Größe erreicht, wie man sie sonst nur von Helden in griechischen Tragödien kennt: Im Jahre 215 v. Chr. hatte ein daoistischer Priester geweissagt: »Qin wird durch Hu vernichtet.« Qin Shihuangdi tut daraufhin alles, was in seiner Macht steht, um diese Weissagung nicht wahr werden zu lassen. Er schickt seinen ältesten Sohn und seinen besten General an die Grenze im Norden, die in gigantischen Feldzügen die Nomaden, chinesisch »Hu«, zurückdrängen. Dann läßt er aus schon existierenden Mauern die 10 000 Li (= 5000 Kilometer) lange »Große Mauer« bauen. »Nachdem Qin die Welt geeinigt hatte, wurde Meng Tian ausgesandt, um mit einem Heer von 300 000 Leuten die (Nomadenstämme) Rong und Di im Norden zu verjagen. Er nahm ihnen das Gebiet südlich des Gelben Flusses und baute eine lange Mauer, deren Verlauf dem Gelände angepaßt war und natürliche Hindernisse und Pässe mit einbezog. Sie begann in Lintao und erstreckte sich bis östlich des (Flusses) Liao über eine Strecke von mehr als 10 000 Li. Nachdem sie den (Gelben) Fluß überquert hatte, wand sie sich gen Norden und berührte die Yang-Berge.«

Dieses gigantische Bauwerk, das in der Geschichte der Menschheit seinesgleichen sucht und von Millionen von Zwangsarbeitern errichtet wird, die zum großen Teil ihr Leben dafür geben, kann das Schicksal der Qin-Dynastie nicht abwenden. Kein anderes Bauwerk der Geschichte hat den Charakter eines Volkes so sehr geprägt wie diese »Große Mauer«, die dazu führt, daß die Chinesen sich in ihrer langen Geschichte immer wieder vom Rest der Welt isolieren. Hier muß allerdings erwähnt werden, daß von der »Großen Mauer« der Qin-Zeit nur noch Reste erhalten sind. Das Bauwerk wird in der Geschichte Chinas immer wieder erneuert und erweitert. »Die Große Mauer«, die die Touristen heute bewundern, stammt aus der Ming-Zeit.

Nach allen Bemühungen des Kaisers, ein 10 000 mal 10 000 Jahre währendes Reich zu schaffen, nach seinen glorreichen Feldzügen, seinen Maßnahmen zur Vereinigung des Reiches, seinen gigantischen Kanal-, Straßen-, Mauer-, Palast- und Grabbauten, seiner Suche nach Unsterblichkeit ist es sein kleiner, verhätschelter Lieblingssohn »Hu«, der das geweissagte Schicksal erfüllt und das Reich dem Untergang preisgibt. Das Übel, dem der Kaiser in der Ferne zu wehren sucht, nährt er in seiner unmittelbaren Nähe. Kein anderer chinesischer Kaiser erreicht diese tragische Größe. Sie erinnert an die Geschichte des Ödipus, der ebenfalls alles tut, um ein vorhergesagtes Schicksal abzuwenden, und es gerade dadurch erfüllt.

7000 Tonkrieger stehen vor einem Rätsel

Mehr als 30 Kaiser liegen in der Umgebung von Xi'an begraben, aber kein Grab erregt so sehr die Neugier und die Aufmerksamkeit der Menschen wie das des Qin Shihuangdi. Warum also, fragen wir, wurde es nicht längst geöffnet?

Chinesische Archäologen haben für solch ungeduldige Fragen kein Verständnis und nennen verschiedene Gründe: Man will die Armee der Tonkrieger erst vollständig ausgraben und konservieren, bevor man sich an das viel größere Projekt wagt. Zudem fürchtet man, daß die finanziellen Mittel und die Möglichkeiten der Konservierung nicht ausreichen werden. Bei der Bergung der Tonfiguren mußten sie die Erfahrung machen, daß ihre Bemalung, soweit sie noch vorhanden war, nicht am Ton haften blieb. Außerdem sind die Ausmaße des Grabes so riesig, daß man bisher nicht in der Lage war, eine ausreichend große Schutzhalle darüber zu errichten. Und schließlich macht der hohe Quecksilbergehalt des Bodens über dem Grab den Archäologen Sorgen; man befürchtet, daß man nicht unbeschadet ins Grab gelangen kann.

Unter der Erde verlaufen außerdem einige Wasseradern. Es kann noch nicht mit Sicherheit verhindert werden, daß beim Öffnen Wasser ins Grab läuft. Also müssen die 7000 Tonkrieger weiterhin Chinas größtes Rätsel bewachen. Oder wird dieses Warten vielleicht deshalb so in die Länge gezogen, weil Experten schon ahnen, daß das Grab leer ist? Bei verschiedenen Historikern finden sich Hinweise, daß die Grabanlage über der Erde am Ende der Qin-Zeit durch den Feldherrn Xiang Yu (232–202 v. Chr.) und seine Soldaten geplündert wurde. An der Terrakotta-Armee wurden die Spuren der Plünderung festgestellt, doch die Zugänge zum Grab lassen keine größeren Zerstörungen erkennen.

Die Diskussion über die Frage, ob das Grab des Ersten Kaisers schon zerstört ist, läßt sich bis in die Wei- und Jin-Dynastie zurückverfolgen und ist seither nicht abgebrochen. In seinen literarisch gestalteten

Kommentaren berichtet der Geograph Li Daoyuan von einem Hirten, dessen Ziege in ein Loch am Eingangstor zum Grab gefallen sei. Der Mann habe das Tier verfolgt und dabei aus Versehen das Grab in Brand gesteckt. Drei Monate lang soll Rauch aus dem Grabhügel gestiegen sein. Solche und ähnliche Geschichten werden immer wieder erzählt, doch in unserer Zeit neigt man eher zu der Annahme, das Innere des Grabes sei unversehrt, denn die 7000 Krieger lassen sich besser vermarkten, wenn sie ein Geheimnis hüten, als wenn sie sich vor einem leeren Grab langweilen.

Das große Rätsel regt jedenfalls Wissenschaftler, Journalisten, Filmemacher, Geschäftsleute und sogar Hellseher weiterhin dazu an, sich ihre Gedanken zu machen. Zahllose Artikel in Fachzeitschriften, Magazinen und Tageszeitungen verbreiten die skurrilsten Vermutungen, Hellseher beschreiben das Innenleben des Grabes genau, Geschäftsleute lassen es nachbauen und locken Touristen zur Besichtigung. Ihre Plastikschätze werden strenger bewacht als die echten Tonkrieger des Gottkaisers, und es bedarf langwieriger Verhandlungen, bis wir in diesem »Disneyland« der chinesischen Frühgeschichte drehen können. Überall haben wir den gleichen Eindruck: Je weniger konkrete Informationen es gibt, desto reicher blüht die Phantasie.

Es ist also nicht verwunderlich, daß der Erste Kaiser und sein Grab auch die Filmemacher immer wieder zu aufwendigen Produktionen anregt. Zwei dieser Filme sind in den letzten Jahren sogar bis auf den europäischen Markt vorgedrungen. In »Qin Yong« (»Der Krieger des Kaisers«) erwacht eine der Tonfiguren nach über 2000 Jahren wieder zum Leben und macht die merkwürdigsten Erfahrungen in einer vollkommen veränderten Welt. Der Held muß zu seiner Überraschung feststellen, daß an der Großen Mauer immer noch gebaut wird, und hat alle Mühe, skrupellose Antiquitätenhändler vom Grab seines Kaisers fernzuhalten. Dabei wird eindrucksvoll gezeigt, durch welche teuflischen Mechanismen die letzte Ruhestätte des Kaisers beschützt wird. Wenn die Baumeister der Qin-Zeit ebensoviel Phantasie hatten wie die Filmemacher unserer Tage, könnte es sein, daß die Grabkammer wirklich noch nicht geöffnet wurde.

Die Spekulationen über die Grabeinrichtungen gehen von wenigen Hinweisen in den »Historischen Aufzeichnungen« aus. Sima Qian schreibt darin, daß König Zheng von Qin, der spätere Erste Kaiser, im Jahr seiner Thronbesteigung (246 v. Chr.) den Befehl gab, am Fuß der

129 Die ältesten Reste der Großen Mauer stammen schon aus der Zeit vor dem Ersten Kaiser. Hier ein erhaltenes Stück Mauer aus dem Qi-Reich.

Li-Berge in der Nähe seiner Hauptstadt Xianyang mit dem Bau seiner Grabanlage zu beginnen. Der junge Monarch ist zu diesem Zeitpunkt erst 13 Jahre alt. Sima Qian berichtet von 700 000 zwangsrekrutierten Bauern, die für dieses Projekt aus allen Landesteilen herangezogen werden. Zunächst ist Li Si, der spätere Kanzler, für den Bau verantwortlich, und es wird berichtet, wie er sich in einem Schreiben an den jungen König wendet, da man beim Graben schon unterhalb der dritten Wasserader angekommen sei und kein Feuer mehr anzünden könne. Ying Zheng soll auf dem Schreiben nur lapidar vermerkt haben: »Stelle umgehen und 900 Meter entfernt weitergraben.« Es heißt, die drei Wasseradern wurden mit geschmolzener Bronze versiegelt, und die Baugrube wurde immer größer. Aufgrund von bisher getätigten Probegrabungen scheint die unterirdische Grabkammer gigantische Ausmaße zu haben: Sie mißt 460 Meter in der Länge und 392 Meter in der Breite. Die Gruft ist von einer etwa 4 Meter dicken und 4 Meter breiten Mauer aus luftgetrockneten Ziegeln umgeben und liegt zwischen 2,7 und 4 Meter unterhalb des Bodenniveaus. An der nördlichen, südlichen und westlichen Seite der Mauer befindet sich je eine Zugangsrampe zur Grabkammer, im Osten dagegen fand man fünf Tore, was auf die Ost-West-Ausrichtung der Anlage hinweist. Über den Bau berichtet Sima Qian: »Die Arbeiter gruben durch drei unterirdische Wasseradern, die sie abschnitten, indem sie Bronze hineingossen, um die Grabkammer zu errichten. Diese füllten sie mit Modellen von Palästen, Pavillons und Amtsgebäuden, ferner mit kostbaren Gefäßen und Steinen sowie wunderbaren Raritäten. Handwerker erhielten den Auftrag, auf Eindringlinge zielende Armbrüste mit mechanischen Selbstauslösern zu installieren. Die verschiedenen Ströme des Landes, der Yangzi und der Gelbe Fluß, und selbst der große Ozean wurden mit Quecksilber nachgeahmt, das eine mechanische Vorrichtung in Bewegung hielt. Oben waren Konstellationen des Firmaments dargestellt und unten das geographische Relief der Erde. Leuchter wurden mit Waltran gespeist, um zu gewährleisten, daß sie ohne zu verlöschen für immer brannten ... Schließlich pflanzte man Bäume und säte Gras auf dem Grabhügel, damit er wie ein Berg aussähe.« Nach Sima Qians Angaben soll der Grabhügel einst 115 Meter hoch gewesen sein. Die gewaltigen Erdmassen, die man für diesen Hügel benötigt, wurden in einem 2,5 Kilometer entfernten Gebiet ausgehoben. Dort ist daraus ein richtiges Gewässer entstanden, der Yu Chi (Fischsee).

Der Tumulus hat eine fast quadratische Grundfläche und mißt an seiner Basis 350 Meter in nord-südlicher und 345 Meter in ost-westlicher Richtung. Bei einer Vermessung des Grabhügels durch chinesische Archäologen im Jahre 1982 stellte man fest, daß er nur noch 55,05 Meter hoch ist. Im Laufe von über 2000 Jahren hat er durch Einsinken und Erosion also mehr als die Hälfte seiner Höhe verloren. Um und über diesem Tumulus gruppierten sich einst Tempel- und Palastgebäude, die von zwei Schutzwällen ummauert waren. Von dieser oberirdischen Architektur sind heute nur noch Fundamente erhalten.

Der Erste Kaiser beabsichtigte, sich mit seiner Grabanlage ein Modell der gesamten von ihm regierten Welt zu schaffen, somit hat man den Grabtumulus nach dem Vorbild einer idealen Anlage einer chinesischen Hauptstadt mit zwei rechteckigen Schutzwällen ummauert. Diese Wälle bestehen nach traditioneller Bauweise aus gestampfter Erde, besaßen ursprünglich wohl eine Höhe von 8 bis 10 Metern und waren mit Toreingängen an allen vier Seiten versehen. Heute sind nur noch einige Mauerreste im Süden erhalten. Ansonsten zeugen lediglich die etwa 8 Meter breiten Fundamente von ihrer Existenz. Funde von Dach- und Traufziegeln weisen darauf hin, daß an den Ecken der inneren Ummauerung Wachtürme gestanden haben müssen.

Laut den »Historischen Aufzeichnungen« fällt bereits vier Jahre nach dem Tod des Ersten Kaisers, im Jahre 206 v. Chr., General Xiang Yu (232–202 v. Chr.), der mit dem künftigen Kaiser der Han um die Nachfolge der Herrschaft über China kämpft, in der Reichshauptstadt Xianyang ein. Er plündert die Paläste und steckt sie in Brand. Ihm fallen auch die oberirdischen Gebäude der Nekropole Qin Shihuangdis zum Opfer.

Im Kommentar aus der Wei- und Jin-Dynastie schreibt der Geograph Li Daoyuan, daß mit dem Feldherrn Xiang Yu 300 000 Menschen in die Grabanlage des Ersten Kaisers eingedrungen seien. 30 Tage hätten nicht ausgereicht, um die darin enthaltenen Schätze herauszuschaffen. Ob diese Eintragung sich nur auf die oberirdischen Teile der Anlage bezieht oder die Gruft einschließt, geht aus dem Kommentar nicht hervor. Auffällig sind dabei wieder die Zahlenangaben: 3 Monate, 30 Tage, 300 000 Menschen, die man wahrscheinlich nicht so genau nehmen darf.

Seit 1981 hat man durch wissenschaftliche Forschungen und archäologische Funde einige Angaben des Historikers Sima Qian verifizieren können. Das Institut für Geophysik der Chinesischen Akademie der Wissenschaften hat zum Beispiel eine Bestätigung der Berichte über die Nachbildung des Ozeans und der Flüsse des Reiches mit Hilfe von Quecksilber geliefert. Bodenproben aus dem Inneren des Grabhügels weisen auf einer Fläche von 12 000 Quadratmetern eine außergewöhnlich hohe Konzentration von Quecksilber auf. Außerdem hat man in Xi'an eine Wandmalerei aus der Han-Dynastie gefunden, auf der Himmel und Erde so dargestellt sind, wie es Sima Qian in den »Historischen Aufzeichnungen« beschreibt.

In der Umgebung des Grabes ist man auf verschiedene Beigabendepots und Begleitbestattungen gestoßen. 20 Meter westlich fand man etwa zwei bronzene Staatskarossen mit Pferden und Wagenlenkern, die die Seele des Kaisers auch nach seinem Tode auf Inspektionsreisen durch sein Reich transportieren sollten. Merkwürdigerweise haben sie nur die halbe Größe der Originalfahrzeuge.

In der Süd-West-Ecke zwischen dem inneren und äußeren Wall wurde ein unterirdischer Pferdestall von 100 Metern Länge und 9 Metern Breite gefunden, in dem sich zwischen 300 und 400 Pferdeskelette und lebensgroße Terrakotta-Figuren als Wächter befanden. An der Ostseite entdeckte man außerdem 98 lebendig begrabene Pferde mit je einem sitzenden Terrakotta-Stallknecht. An der Westseite der Grabanlage wurden Beigabendepots mit den Überresten von Vögeln und seltenen Tieren sowie tönerne Tierwärterfiguren entdeckt. Sie waren in Tonsärgen zusammen mit einem tönernen Futternapf und einem Bronzering bestattet. Sie stellten wahrscheinlich den Lustgarten des Kaisers dar.

***130** Eine Rekonstruktion von Qin Shihuangs Sarg. Diese Plastikschätze werden strenger bewacht, als das echte Grab.*

Im Oktober des Jahres 1976 machte man östlich dieser Depots den bisher schaurigsten Fund: 17 Schachtgräber mit menschlichen Einzelgräbern. Sie waren zum Teil mit Seitenkammern für Beigaben ausgestattet, was auf den hohen Rang der Bestatteten schließen läßt. In den Gräbern fand man die Skelette von Männern und Frauen im Alter zwischen 20 und 30 Jahren, die offenbar alle eines gewaltsamen Todes starben, denn ihre Gliedmaßen waren zertrennt. Da die Grabbeigaben noch alle vorhanden und in traditioneller Weise aufgestellt waren, kann man davon ausgehen, daß sie grausam hingerichtet wurden. Die chinesischen Archäologen haben daraus den Schluß gezogen, daß es sich um die Geschwister und Halbgeschwister des Zweiten Kaisers handeln muß, der alle seine Familienmitglieder öffentlich hinrichten ließ, um jeden Zweifel an der Rechtmäßigkeit seiner Thronfolge im Keim zu ersticken. Für uns Menschen im Westen ist es kaum vorstellbar, daß man die Lebenden wie Schwerverbrecher öffentlich hinrichten läßt, die Toten dann aber mit kaiserlichen Würden bestattet.

Die größte Überraschung, die das Mausoleum des Ersten Kaisers bisher geboten hat, war aber die Entdeckung der Tonkrieger-Armee im Jahre 1974, denn sie wird in keiner historischen Quelle erwähnt. Anfänglich gab es sogar Zweifel daran, ob dieses »achte Weltwunder« überhaupt zu der Grabanlage gehört, doch seit man das Alter der Figuren genau bestimmen konnte, sind diese Zweifel ausgeräumt.

Wenn man versucht, die Terrakotta-Soldaten entwicklungsgeschichtlich einzuordnen, steht man zunächst vor einem Rätsel: Weder aus der vordynastischen Zeit noch aus der auf die Qin folgende Han-Dynastie sind Tonplastiken vergleichbarer Größe bekannt. Die Produktion lebensgroßer Figuren, noch dazu in so großer Zahl, setzt einen handwerklichen und organisatorischen Entwicklungsstand voraus, der sich weder in einer Frühphase ankündigt noch in einer Spätphase weiterwirkt. Wer waren die Handwerker, die diese monumentalen Grabfiguren herstellten? Auf welchen Traditionen bauten sie auf, und welche Innovationen waren erforderlich, um das grandiose Projekt des Ersten Kaisers zu realisieren?

In den »Historischen Aufzeichnungen« gibt es nur einen kleinen Hinweis auf die mögliche Existenz größerer Plastiken im Qin-Reich, den die Fachleute früher nicht ernst nahmen: Im Palast von Xianyang sollen riesige Bronzefiguren gestanden haben, die nach der Reichseinigung aus allen eingezogenen Waffen der besiegten Feinde gegossen wurden. Heute geht man von der Richtigkeit dieser Behauptung aus, man hat sogar herausgefunden, wann und wo diese Figuren verschwunden sind, und hat riesige Nachbildungen für den Palastnachbau anfertigen lassen. Doch wie kommt es, daß Sima Qian nichts von der Terrakotta-Armee erwähnt? Manche Historiker sind der Meinung, daß diese Figuren in der Qin-Zeit nichts Besonderes waren und deshalb nicht im Text auftauchen. Doch die einzigartigen Ausmaße der Grabanlage entkräften dieses Argument.

Yuan Zhongyi, der die Ausgrabungen seit dem ersten Tag leitet, verdeutlicht die Größe der Terrakotta-Armee. »Als wir anfingen, habe ich

***131** Unter diesem unscheinbaren Grabhügel in der Nähe von Xi'an befindet sich das größte Grabmal der chinesischen Geschichte.*

geglaubt, die Arbeit könnte in 10 bis 20 Tagen beendet sein, inzwischen arbeiten wir schon über 20 Jahre daran, und es ist noch immer kein Ende abzusehen«, sagt er im Interview. Seiner Meinung nach wußte Sima Qian nichts von den Tonfiguren, da deren Herstellung geheimgehalten wurde. Er berichtet nur, daß im Jahre 231 v. Chr. die Grabanlage in einen »Grabdistrikt« umgewandelt und nach dem nahegelegenen Berg Li benannt wurde. Als Verwaltungssitz diente eine umwallte, viertorige Stadtanlage mit zwei axial verlaufenden Marktstraßen und einem öffentlichen Richtplatz im Zentrum.

Nach der Reichseinigung im Jahre 221 v. Chr. soll der Erste Kaiser auf Anregung seines engsten Beraters Li Si über 700 000 Strafgefangene und Fronarbeiter aus allen Teilen des Reiches in den Grabdistrikt gebracht haben. Man hoffte, auf diese Weise den bereits bei seiner Thronbesteigungim Jahre 246 v. Chr. begonnenen Bau der Grabanlage zu beschleunigen und den gesteigerten Ansprüchen des Gottkaisers entsprechend zu erweitern. Im Jahre 213 v. Chr., kurz nachdem Li Si formell in die höchste Staatsposition des »Reichskanzlers zur Linken« aufgerückt war, sollen noch einmal 30 000 Haushalte dort angesiedelt worden sein. Man kann davon ausgehen, daß alle Arbeiten unter strengster Geheimhaltung durchgeführt wurden und man das gesamte Gebiet durch meterhohe Mauern vor den Augen der Außenwelt schützte. Wer hier als angeheuerter Handwerker oder als Zwangsarbeiter tätig war, kam nicht lebend wieder heraus. Nur so konnte man sicherstellen, daß nicht einmal Gerüchte über die Terrakotta-Armee nach draußen gelangten.

Yuan Zhongyi hat anhand von Namensstempeln und Signierungen, die an manchen Figuren entdeckt wurden, 85 Handwerksmeister ausmachen können. Wenn man davon ausgeht, daß jeder von ihnen zehn bis zwölf Hilfskräfte zur Verfügung hatte und daß noch weitere Arbeiter mit der Materialbeschaffung befaßt waren, dann wurden die Krieger von einer etwa tausendköpfigen Mannschaft hergestellt. Selbst bei unserem technischen Standard würde eine solche Gruppe unter einem Meister etwa drei Monate benötigen, um eine dieser lebensgroßen Figuren zu fertigen. Und alle Versuche, Kopien der Tonpferde in Originalgröße herzustellen, sind bislang gescheitert.

Die immer wieder geäußerte Behauptung, daß jede der Figuren ein Unikat sei und einen individuellen Ausdruck habe, muß relativiert werden: Anhand von Spuren im Inneren konnte man feststellen, daß die Figuren in einer seriellen Produktionsform hergestellt wurden.

Meistens wurden fünf oder zehn Figuren in einer Serie geschaffen. Für die Füße, den Rumpf, Arme, Hände und Kopf gab es vorproduzierte Formen, in die der Ton hineingedrückt wurde. Die Einzelteile wurden später, nachdem der Ton angetrocknet war, zusammengesetzt und mit Schlicker verbunden. Für ihren Zusammenhalt sorgten besonders entwickelte Zapfenverbindungen.

Bei den Köpfen hat man insgesamt acht verschiedene Gesichtsformen gefunden, was auf die Verwendung acht unterschiedlicher Modeltypen hindeutet. Die Individualisierung der Gesichter erfolgte erst in den letzten Arbeitsgängen, bei denen vorgefertigte Teilformen – Köpfe, Nasen, Schnauzer, Brauen und Ohren – unterschiedlichster Ausprägung so kombiniert wurden, daß daraus eine bunte Vielfalt höchst unterschiedlicher Physiognomien entstand. Den letzten individuellen Schliff erhielt jede Tonfigur durch das Einritzen und Modulieren von Frisuren, Bärten und Augen.

Wieviel Arbeit das macht, haben wir erlebt, als für unsere Dreharbeiten zwei solche Figuren hergestellt wurden. Allerdings war die serielle Herstellung dazu geeignet, auch weniger qualifizierte Arbeitskräfte, seien es nun Strafgefangene oder Frondienst leistende Bauern, zu beschäftigen. Die Fertigung modelgeformter Einzelteile konnte ohne weiteres von Nichtfachleuten übernommen werden. Die zur Herstellung der Terrakotta-Armee erforderlichen Arbeitsgänge waren im wesentlichen vorprogrammiert und kontrollierbaren Regeln unterworfen. Um ein befriedigendes Endergebnis zu erzielen, kam es nur darauf an, jeden einzelnen Arbeitsschritt möglichst perfekt durchzuführen.

Nach der Analyse von Yuan Zhongyi kann man die Handwerksmeister in zwei Gruppen einteilen: Die einen gehörten zu einer zentralen Palastwerkstatt und stammten vornehmlich aus dem Norden, aus der Umgebung der damaligen Hauptstadt Xianyang, ihre Figuren zeichnen sich durch einen kräftigen Körperbau, einen betont martialischen, heroischen Ausdruck und ein gleichbleibend hohes handwerkliches Niveau aus. Die Stücke der anderen, aus verschiedenen südlichen Regionen stammenden Meister zeigen dagegen eine größere Variationsbreite nicht nur der handwerklichen Qualität, sondern auch des Körperbaus und der individuellen Ausstrahlung. Charakteristisch sind zum Beispiel geschwungenere Körperhaltungen, unterschiedliche Körpertypen, z. B. dicke, hagere, kleine und schmächtige Krieger, stärkere Betonung der Altersunterschiede und lebendigere Vielfalt des phy-

siognomischen Ausdrucks. Er führt dies darauf zurück, daß die regionalen Werkstätten den Realitätssinn des gemeinen Volkes widerspiegeln, während die Palastwerkstätten einer strengeren staatlichen Kontrolle unterlagen, also stärker den idealisierenden Zielvorgaben des kaiserlichen Auftraggebers unterworfen waren.

Vollkommen rätselhaft ist bisher, wie Tonkörper von solch gewaltigem Ausmaß bei so stark variierender Wanddicke in einem Stück gebrannt werden konnten, ohne zu zerplatzen. Etwa 200 Meter südöstlich von Schacht 1 wurden die Reste eines Ofens von etwa 4 Quadratmetern Grundfläche gefunden. Man vermutet, daß die Figuren in geringer Stückzahl in vergleichsweise kleinen Öfen gebrannt wurden. Die Brenntemperaturen waren relativ niedrig und betrugen zwischen 950 und 1050 Grad Celsius. Deshalb spricht man auch von einer »Terrakotta«-Armee. Der Begriff bedeutet soviel wie »gebackene Erde« und bezeichnet unglasierte, bei relativ niedrigen Temperaturen gebrannte Ware, die nicht vollkommen wasserundurchlässig ist. Die Figuren wurden nach dem Brennen lackiert und dann mit einer farbigen Bemalung versehen. An noch vorhandenen Farbspuren kann man erkennen, daß die Gesichter und Hände der Krieger fleischfarben bemalt waren. Die Uniformen und Schuhe weisen noch 13 verschiedene Farbtöne auf. Ob die Farben militärische Ränge bezeichnen, läßt sich bisher noch nicht mit Bestimmtheit sagen.

An den meisten der heute gefundenen Tonfiguren haften nur Spuren der ursprünglichen farbigen Bemalung. Durch die Brandschatzungen des Generals Xiang Yu am Ende der Qin-Dynastie ging wohl der größte Teil der Bemalungen verloren. Die restlichen Farben verwitterten in der Feuchtigkeit der Erde. Ein besonderes Problem bei der Restaurierung der Figuren ist die Tatsache, daß die meisten der Pigmentreste, die heute gefunden werden, stärker am umgebenden Erdreich als am Scherben haften. Um die Bemalung zu erhalten, müssen also die Pigmente auf dem gebrannten Ton fixiert werden, ehe

man die Scherben vollständig von allen Erdresten befreit. Dazu sind umfangreiche Analysen der verwendeten Farben und Bindemittel vonnöten. Mit diesem Problem beschäftigt sich seit 1988 auch ein Restauratorenteam des Bayerischen Landesamtes für Denkmalpflege.

Die Terrakotta-Armee, die sich etwa 1,5 Kilometer östlich von der äußeren Umfriedungsmauer der Grabanlage des Ersten Kaisers befindet, symbolisiert die zentralisierte Macht des Ersten Kaisers und spiegelt seine Neigung zu imposanter Selbstdarstellung, zu Schöpfungen von nie gekannter Größe und Perfektion. Die riesige, unterirdische, über 20 000 Quadratmeter große Anlage enthält schätzungsweise über 100 hölzerne Streitwagen, 600 Pferde und 7000 Krieger aus Ton. Bisher hat man insgesamt vier Gruben entdeckt. Die größte davon ist der Schacht 1. Schacht 2 befindet sich 20 Meter nördlich davon. Der dritte liegt 25 Meter von der nordwestlichen Ecke des ersten entfernt. Zwischen den Schächten 2 und 3 stieß man auf eine weitere vorbereitete Grube, die keine Beigaben enthielt.

Die eigentliche Bedeutung dieses einzigartigen Komplexes ist noch immer Gegenstand wissenschaftlicher Diskussion. So behauptet Yuan Zhongyi, daß es sich bei der gesamten Grabanlage um eine Nachbildung der Hauptstadt Xianyang handle und die Tonarmee ihre Schutztruppe sei, die damals wirklich außerhalb der Stadt angesiedelt war. Manche Fachleute glauben dagegen, daß die Tonfiguren ein Ersatz für lebende Menschen seien, die in früheren Zeiten ihrem Herrscher ins

***132** (Linke Seite) Den individuell gestalteten Köpfen sollen lebende Krieger als Modell gedient haben.*

***133** (Links) Eine Gruppe von zehn bis zwölf Mitarbeitern brauchte ungefähr drei Monate, um eine Tonfigur herzustellen.*

Grab folgten. Einer vermutet gar, es handle sich bei der Anlage um eine Gedenkstätte für verdiente Soldaten. Das klingt jedoch wenig überzeugend, weil eine Gedenkstätte wohl eher über der Erde gebaut worden wäre. Wahrscheinlicher ist, daß man den riesigen Komplex im Zusammenhang von Nebengräbern mit Wagen und Pferden sehen muß, wie sie seit der Shang-Dynastie oft am Weg eines Herrschergrabes oder um ein Grab herum angelegt wurden. Die Zahl der Pferde und Wagen korrespondiert dabei mit der Zahl der bronzenen Ritualgefäße, in denen sich Macht und Lehensrang des Verstorbenen ausdrückten. Der Erste Kaiser, der das Einigungswerk seiner Vorfahren fortgesetzt und vollendet hatte, wollte nach seinem Tod von den Symbolen seiner Macht umgeben sein. So ließ er eine möglichst lebensnahe Formation der exerzierenden Truppe schaffen, damit sie ihn im Jenseits weiter begleiten möge.

Wie gewaltig dieser Eindruck noch heute ist, erlebten wir in Schacht 1. Als wir unser langes Gespräch mit Yuan Zhongyi abgedreht hatten und die Touristen langsam mit dem Tageslicht verschwanden, breitete sich eine unbeschreibliche Ruhe in der riesigen Halle aus, und wir konnten den Figuren nun völlig ungestört gegenübertreten, die etwas größer als normale Chinesen sind. Plötzlich war die Zeit von vor 2000 Jahren, der wir wochenlang hinterhergejagt waren, hautnah zu spüren. Die Fragen nach den Rätseln um Qin Shihuangdis Herkunft und Tod, nach dem Elixier der Unsterblichkeit und nach seinem Grab waren vergessen, auch die Herstellungstechnik der Figuren, ihre Bedeutung, ihr künstlerischer Wert wurden unwichtig. Hin und wieder streifte noch ein prüfender Blick ihre Kleidung, ihre Frisur, doch langsam überkam uns ein Gefühl tiefster Ruhe in der unmittelbaren Nähe einer dieser Figuren, und wir blickten in das Gesicht eines typischen Bauern aus der Provinz Shaanxi, konnten etwas spüren von seiner Freude, seiner Traurigkeit, seiner Gelassenheit, seiner Verzweiflung und auch etwas von seiner Entschlossenheit und seinem Zorn. Ein Dialog der Blicke schien sich durch dieses Verständnis herzustellen, obgleich uns mehr als 2000 Jahre voneinander trennten. Leben scheint sich nicht nur in Atemzügen und Pulsschlägen zu manifestieren.

Das gleißende Scheinwerferlicht, die Mitarbeiter, die Kamera und die gesamte Sphinx-Reihe waren unendlich fern, es gab nur noch diesen Augenblick, diese Begegnung, für die wir über 12 000 Kilometer durch China zurückgelegt hatten ...

Epochen der chinesischen Geschichte

Xia-Dynastie (legendär)	ca. 21 Jh. – ca. 16 Jh. v. Chr.
Shang- (Yin-) Dynastie	ca. 16 Jh. – 11 Jh. v. Chr.
Zhou-Dynastie	
Westliche Zhou-Dynastie	ca. 11. Jh. – 770 v. Chr.
Zeit der Frühlings- und Herbstannalen	770 – 476 v. Chr.
Zeit der Streitenden Reiche	475 – 221 v. Chr.
Erste Reichseinigung	
Qin-Dynastie	221 – 206 v. Chr.
Han-Dynastie	
Westliche Han-Dynastie	206 v. Chr. – 9 n. Chr.
Xin-Interregnum/Wang Mang	9 n. Chr. – 23 n. Chr.
Östliche Han-Dynastie	24 – 220
Erste Reichsteilung	
Die Drei Reiche	
Wei	220 – 265
Shu (Han)	221 – 263
Wu	222 – 280
Zweite Reichseinigung	
Jin-Dynastie	
Westliche Jin	265 – 316
Östliche Jin	317 – 420
Zweite Reichsteilung	
Südliche und Nördliche Dynastien	
(Liu-) Song-Dynastie	420 – 479
Qi	479 – 502
Liang	502 – 557

Chen	557–589
Nördliche Wei-Dynastie	386–534
Westliche Wei-Dynastie	535–557
Östliche Wei-Dynastie	534–550
Nördliche Qi-Dynastie	550–577
Nördliche Zhou-Dynastie	557–581
Dritte Reichseinigung	
Sui-Dynastie	581–618
Tang-Dynastie	618–907
Dritte Reichsteilung	
Zeit der fünf Dynastien	
Spätere Tang, spätere Jin, spätere Han, spätere Liang und spätere Zhou	907–960
Vierte Reichseinigung	
Song-Dynastie	
Nördliche Song-Dynastie	960–1127
Südliche Song-Dynastie	1127–1279
Liao-Dynastie (Qidan-Tataren)	916–1125
Westliche Liao-Dynastie	1125–1168
Jin-Dynastie (Jurchen-Tataren)	1115–1234
Yuan-Dynastie (Mongolen)	1271–1368
Ming-Dynastie	1368–1644
Qing-Dynastie (Mandschu)	1644–1911
Republik China	1912–1949
Volksrepublik China/ Republik China (Taiwan)	seit 1949

Literaturverzeichnis

Bauer, Wolfgang: China und die Hoffnung auf Glück. Paradiese, Utopien, Idealvorstellungen in der Geistesgeschichte Chinas. München 1974.

Buckley Ebrey, Patricia: China. Cambridge Illustrated History. Frankfurt 1996.

Cotterell, Arthur: Der Erste Kaiser von China. München 1981.

Geng Wu: Die Staatslehre des Han Fei. Wien 1979.

Gernet, Jacques: Die chinesische Welt. Die Geschichte Chinas von den Anfängen bis zur Jetztzeit. Frankfurt 1988.

Grießler, Margareta: China. Alles unter dem Himmel. Sigmaringen 1995.

Hulsewé, A.F.P. : Foundations and Limits of State Power in China. In: Schram, S.R. (Hg.): Law as One of the Foundations of State Power in Early Imperial China. London 1987.

Kausch, Anke: Krieger des Jenseits. Die Grabarmee des Ersten Kaisers von China. Ausstellungskatalog. Heidelberg 1995.

Ledderose, Lothar und Schlombs, Adele (Hgg.): Jenseits der Großen Mauer. Der Erste Kaiser von China und seine Terrakotta-Armee. Gütersloh/München 1990.

Loewe, Michael: Ways to Paradise. The Chinese Quest for Immortality. London 1979.

Prinz Tan von Yen. Hg. u. übs. v. Herbert Franke. Zürich 1969.

Sima Qian: Shiji. Engl. Übersetzung: Records of the historian, written by Szuma Chien, translated by Yang Hsien-yi and Gladys Yang. Hongkong 1974.

Twitchett, I., Denis Crispin, II. Fairbank, John King: The Cambridge History of China. Vol. 1, The Ch'in and Han Empires. New York 1986.

Wickert, Erwin: China von innen gesehen. Stuttgart 1982.

Wu Zilin, Guo Xingwen: Qin Shi Huang, the First Emperor of China. Hongkong 1988.

Xu Liaoran: Ershi Shiji Renmen Yanzhong de Qinshihuang. Beijing 1995. [Qin Shihuangdi mit den Augen des 20. Jahrhunderts gesehen.]

Zhang Wenli: Qin Shi Renwu Lun [Die berühmteste Person der Qin-Dynastie]. Xi'an 1993.

Zhang Wenli: Qin Shihuangdi Pingzhuan. Xi'an 1996. [Biographie Qin Shihuangdis]

Zhang Zhanmin: Qinling zhi mi qin tan. Xi'an 1992. [Neue Erkenntnisse über Rätsel zu Qin Shihuangs Grab]

Die Autoren

Jens-Peter Behrend. Geboren 1945, Studium der Soziologie, Amerikanistik und Theaterwissenschaft. Von 1974 bis 1980 Redakteur beim Sender Freies Berlin, danach freiberuflich als Autor und Regisseur zahlreicher Fernsehdokumentationen und Fernsehspiele.

Ingo Hermann. Geboren 1932, Studium der Theologie und Philosophie (Dr. theol. 1958). Seit 1963 Rundfunkautor und Redakteur. Ab 1969 Redaktionsleiter beim ZDF, Moderator und Autor. Deutscher Journalistenpreis. Adolf-Grimme-Preise.

Hans-Christian Huf. Geboren 1956, Studium der Geschichte und Germanistik in München und Bordeaux. Ab 1984 Mitarbeiter des ZDF, seit 1987 in der Redaktion »Kultur und Gesellschaft«. Leitender Redakteur der Fernsehserie »SPHINX – Geheimnisse der Geschichte«.

Günter Klein. Geboren 1956, Studium der evangelischen Theologie, Kunstgeschichte und Journalistik. Seit 1984 bei verschiedenen Fernsehsendern, darunter für vier Jahre beim Südwestfunk. Seit 1991 Redaktionsleiter bei der Ifage-Filmproduktion in Wiesbaden.

Bernd Liebner. Geboren 1942, Studium der Romanistik, Anglistik und Philosophie. Assistent an der Hochschule für bildende Künste (Filmklasse), danach freiberuflich als Autor und Regisseur von Fernsehspielen, Synchronisationen und Dokumentarfilmen. Preis der Deutschen Akademie der Darstellenden Künste, Adolf-Grimme-Preis.

Ulrich Lenze. Geboren 1947, Studium der Rechtswissenschaft und Politik in Hamburg und Bonn. Arbeitete als Verlagslektor und freier Journalist für Rundfunk und Zeitschriften. Seit 1982 Autor und Regisseur zahlreicher Fernsehfilme, Produzent bei der Multimedia-Gruppe, Hamburg.

Martin Papirowski. Geboren 1960, Journalist, Produzent, Publizist, Regisseur. Studium der Publizistik, Kommunikationswissenschaften, Geschichte und Politik. Gründung der Produktionsfirmen

»Media Team« (1981) und »team work« (1988). Ab 1981 zahlreiche Hörfunkfeatures und Hörspiele. Seit 1985 zahlreiche Fernsehreportagen, ab 1988 fast ausschließlich Dokumentarspielfilme.

Eike Schmitz. Geboren 1944, Studium der Klassischen Philologie und der Anglistik. Lehrtätigkeit an der Cornell University, USA, und an der Technischen Universität Berlin bis 1981. Seither freiberuflich tätig als Autor und Regisseur von Fernsehdokumentationen.

Nina Steinhauser. Geboren 1958, Studium der Geschichte, Germanistik und Erziehungswissenschaften in Mainz. Nach dem zweiten Staatsexamen ständige freie Mitarbeiterin der Redaktion »Zeitgeschichte« des ZDF, seit 1990 für verschiedene Fernsehanstalten als Autorin und Regisseurin tätig.

Bildnachweis

Archiv für Kunst und Geschichte, Berlin: 24, 27, 28, 29, 31, 32, 33, 35, 39, 44, 56, 61, 62, 70, 76, 77, 84, 86, 87, 89, 90, 91, 101, 104, 105, 106
Bildarchiv Preußischer Kulturbesitz, Berlin: 102, 108
Collection at Blair Castle, The, Perthshire: 42
dpa, Frankfurt/M.: 38
Gustav Lübbe Verlag (HRF): 96
Hermann, Ingo, Berlin: 20, 21, 22, 23, 25, 26, 30, 34, 36
Huf, Hans-Christian, Mainz: 1, 2, 3, 4, 5, 6, 7, 8, 9, 10, 11, 12, 13, 14, 15, 16, 17, 18, 19, hinteres Vorsatz
IFA-Bilderteam, München: 37
Klein, Günther, Wiesbaden: 59, 60, 63, 64, 65, 66, 67, 68, 69, 71, 72, 73, 74, 75, 78, 79, 80, 81, 82, 83, 85, vorderes Vorsatz
Laenderpress, Düsseldorf: 103, 107
Lenze, Ulrich, Hamburg: 40, 41, 43, 45, 46, 47, 48, 50, 51, 53, 54, 55, 57, 58
Liebner, Bernd, Hamburg: 109, 110, 111, 112, 113, 114, 115, 116, 117, 118, 119, 120, 121, 122, 123, 124, 125, 126, 127, 128, 129, 130, 131, 132, 133
National Galeries of Scotland, Edinburgh: 49
Papirowski, Martin, Dortmund: 88, 92, 93, 97, 98, 99, 100
Public Record Office Image Library, Kew: 52
Scala, Antella - Bagno a Ripoli (Florenz): 94, 95

Schon immer bot die Geschichte den Stoff für die besten Geschichten. Doch oft vermischen sich Tatsachen mit Gerüchten, so daß später nicht mehr genau unterschieden werden kann, was Realität war und wo die Fiktion anfängt ...

Wie war es möglich, daß **Alexander der Große** bereits als Jüngling den mächtigen Perserkönig besiegte und dann damit begann, den Rest der bekannten Welt zu erobern? Waren die **Wikinger** wirklich so wild, wie sie in den meisten Überlieferungen dargestellt werden? Dem Stauferkaiser **Friedrich II.** wurden magische Kräfte und grausame Experimente zugeschrieben – nur üble Nachrede? War die Reisebeschreibung von **Marco Polo** lediglich eine Erfindung des Kaufmanns? War **Lucrezia Borgia** tatsächlich eine »Satanstochter«, oder warum wurde ihr dies nachgesagt? Lange lebte **Rasputin** am Zarenhof und verfügte über großen Einfluß. War er ein Heiliger oder eher ein Dämon, der über unheimliche Kräfte verfügte?

Zur zweiten Staffel der erfolgreichen Fernsehserie »Sphinx – Geheimnisse der Geschichte« hat Hans-Christan Huf dieses Buch herausgegeben, in dem die namhaften Autoren der einzelnen Sendungen die Hintergründe dieser Rätsel ausführlich beleuchten.

ISBN 3-404-64158-2

BASTEI LÜBBE